Hinter den Gärten

ROSA LOY ~ NEO RAUCH

TEXT / INTERVIEW

Karlheinz Essl ❊ Bernhart Schwenk ❊ Tilo Baumgärtel ❊ Günther Oberhollenzer

PRESTEL
Munich · London · New York

ROSA LOY

NEO RAUCH

Hinter den Gärten

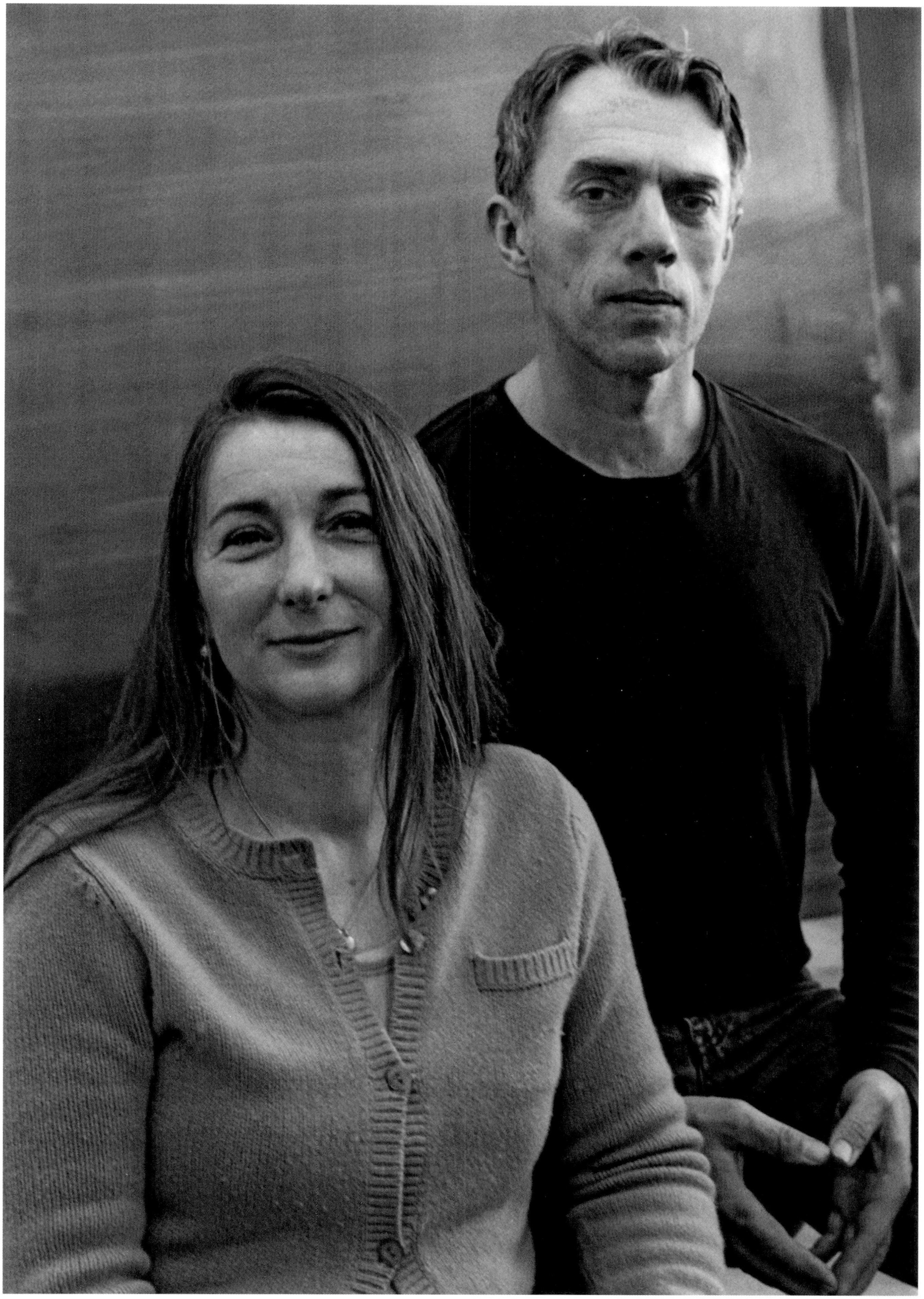

Inhalt

Content

Prof. Karlheinz Essl

Vorwort

Es muss wohl Anfang 2010 gewesen sein, dass ich Neo Rauch in seinem Leipziger Atelier besuchte. Er war gerade damit beschäftigt, die letzten Bilder für die groß angelegte Präsentation seines Werkes im Museum der bildenden Künste in Leipzig und in der Pinakothek der Moderne in München fertigzustellen, die anlässlich seines 50. Geburtstages parallel in den beiden Häusern stattfinden sollte. Es war vereinbart, dass ich aus dieser Serie zwei Bilder auswählen durfte, und es wurde mir gestattet, den Entstehungsprozess in mehreren Phasen mitzuverfolgen. Ich wusste das zu schätzen, weil es wirklich eine absolute Ausnahme von Neo Rauchs Regel darstellte, keine Besucher im Atelier zu empfangen.

Es war gerade Mittagszeit und Neo machte den Vorschlag, für uns „schnell ein paar Spaghetti" zu kochen, was ich überrascht, aber dankend annahm. In der Zwischenzeit war Rosa Loy vorbeigekommen, und während sich Neo mit Pasta und Pesto beschäftigte, machte die Künstlerin den Vorschlag, ihre neuen Bilder zu zeigen. Ihr Atelier liegt im selben Stockwerk des legendären Spinnereigebäudes in Leipzig, einige Räume von dem ihres Mannes entfernt. Ich war sehr neugierig, was mich erwarten würde, denn ich liebe Atelierbesuche – jene intime Atmosphäre, in der der Künstler/die Künstlerin arbeitet, seinen/ihren Gedanken nachhängt, Frustrationen und Glücksmomente erlebt, aber auch die Ordnung oder Unordnung zu sehen, die im Atelier herrscht, den Geruch der Farbe und die vielen optischen Eindrücke, die nur scheinbar belanglosen Gegenstände, die für den Künstler aber eine besondere Bedeutung haben, wahrzunehmen: ein faszinierender Kosmos, in dem Gedanken reifen und Werke Gestalt annehmen. Ich empfinde es immer als außerordentliches Privileg, Künstlerinnen und Künstler in ihrem Atelier besuchen zu dürfen.

In Rosas Atelier lehnten einige offensichtlich fertiggestellte Bilder verschiedenen Formats an den Wänden, Arbeiten, die von der Künstlerin nach einem langen Arbeitsprozess das Prädikat „fertig" bekommen hatten. Ich sah etwa ein Dutzend Bilder sehr genau an und war tief beeindruckt von Rosas künstlerischer Entwicklung. Ihr Thema ist die Rolle der Frau in einer immer komplizierter werdenden, von technischen Innovationen geprägten Welt: eine männerdominierte Gesellschaft, in der Frauen ihren eigenen Weg oft mühsam erkämpfen müssen. Dabei geht es ihr, so scheint mir, nicht um Gleichmacherei, sondern um die Realisierung spezifischer weiblicher Lebenskonzepte.

Ich habe Rosas künstlerisches Schaffen in den letzten Jahren verfolgt und auch schon einige Arbeiten erworben. Umso spannender war es für mich, nun die Gelegenheit zu bekommen, mich mit ihren jüngsten Werken vertiefend auseinanderzusetzen.

In der Zwischenzeit war das Mittagessen zubereitet und Neo stellte eine Schüssel dampfender Spaghetti auf seinen Ateliertisch. Ich habe das Essen in dieser besonderen Atmosphäre sehr genossen. Unser Gespräch drehte sich um die vielfältigen Aspekte der Kunst unserer Zeit, die verschiedenen künstlerischen Ansätze und das Finden der eigenen, individuellen, unverwechselbaren Ausdrucksform.

Die Arbeit an der Serie von Bildern für die zwei Geburtstagsausstellungen schritt zügig voran. Die zwei für mich vorgesehenen Werke hatten nun ihre endgültige Form gefunden, sodass ich meine damalige Zusage, diese Arbeiten in unsere Sammlung aufzunehmen, mit Begeisterung einhalten konnte.

Die Arbeit von Neo Rauch lernte ich kennen, als ich 2003 das erste Mal Leipzig besuchte. Gemeinsam mit sechs Leipziger Malerkollegen war er in einer Schau im damals noch provisorischen Ausstellungsgebäude des Museums der bildenden Künste vertreten. Unter fachkundiger Führung von Direktor Dr. Hans-Werner Schmidt haben meine Frau und ich diese Ausstellung besichtigt. Wir wollten mehr über die junge Leipziger Kunstszene erfahren. Nach mehreren Galerie- und Atelierbesuchen stand der Entschluss fest, den Künstlern und Künstlerinnen aus Leipzig eine Ausstellung im Essl Museum zu widmen. Bei deren Vorbereitung stand uns Dr. Hans-Werner Schmidt hilfreich zur Seite, der uns mit Künstlern und Galerien zusammenbrachte und auf viele unserer Fragen kompetente Antworten geben konnte. Die Eröffnung der Ausstellung mit dem Titel >Made in Leipzig< fand schließlich am 30. Juni 2006 im Essl Museum statt. Es war dies die erste Museumsausstellung der jungen Leipziger Kunstszene, mit 29 Künstlern und Künstlerinnen. Die Ausstellung wurde vom deutschen Bundespräsidenten a. D. Dr. Richard von Weizsäcker mit einer berührenden Ansprache eröffnet. Er war von der Qualität und der Vielfalt der Arbeiten tief beeindruckt. Aber auch das von Architekt Heinz Tesar erbaute Essl Museum hat großen Eindruck auf ihn gemacht. So äußerte er in seiner Eröffnungsansprache den bemerkenswerten Satz: „Wenn ich ein Bild wäre, würde ich gerne im Essl Museum hängen." Dieses Kompliment galt Heinz Tesar, dem wir das wunderbare Gebäude verdanken.

Werke von Neo Rauch wurden in den letzten Jahren kontinuierlich in unsere Sammlung aufgenommen, beginnend mit zwei Arbeiten aus seiner frühen Periode, die den Wendepunkt zwischen Abstraktion und figurativer Malerei markierten.

Die Kunst von Neo Rauch zählt wohl zu den großen Leistungen auf dem Gebiet der Malerei im ausgehenden 20. Jahrhundert. Das Studium an der Hochschule für Grafik und Buchkunst in Leipzig hat seine Arbeit geprägt, wobei Ansätze des realistischen Kunstbegriffs der DDR nach wie vor in den Bildern erkennbar sind. Seine fantastischen Bildwelten führen uns auf ungesichertes Terrain. Vermeintlich wohlbekannte Bildpartien erweisen sich bei näherer Betrachtung als Falle. Sie werfen uns wieder in die Ausgangsposition zurück und verwehren uns eine endgültige Definition. Der Maler selbst entschlägt sich jeglicher Interpretation und selbst die Titel der Bilder lassen uns oft im Dunkeln. Neben den Themen und den beeindruckenden Bildformaten ist es wohl die Malerei selbst, welche die Qualität seines Werks ausmacht – expressiv und ausdrucksstark. Es dauert oft Wochen und Monate, bis eine Arbeit dem kritischen Blick des Künstlers standhält und in die Kunstwelt entlassen werden kann.

Wir diskutierten ein Ausstellungsprojekt, das ich ins Auge gefasst hatte. Dabei wurde mir die Frage gestellt, ob ich mir eine gemeinsame Ausstellung des Künstlerpaares im Essl Museum vorstellen könnte. Es bedurfte keiner langen Überlegungen, um diesem Wunsch mit großer Freude und Begeisterung zu entsprechen. Dabei war mir sogleich bewusst, dass bei einem solchen Unterfangen das Künstlerpaar voll in das Konzept und die Gestaltung der Ausstellung eingebunden werden sollte. Dies bedeutete, dass die beiden bei der Auswahl der Bilder und der Präsentation freie Hand bekommen sollten. Es ist eine besondere Herausforderung, das Künstlerpaar in einer gemeinsamen Ausstellung zu zeigen, geht es doch darum, der individuellen Ausdruckskraft zweier so starker Künstlerpersönlichkeiten gerecht zu werden, um die Unterschiede, aber durchaus auch Gemeinsamkeiten deutlich werden zu lassen. Der Titel der Ausstellung wurde schließlich von den Künstlern selbst festgelegt:
›Rosa Loy und Neo Rauch: Hinter den Gärten.‹

Rosa Loy wollte für die Ausstellung vor allem neue Arbeiten schaffen, wobei auch die in unserer Sammlung befindlichen Bilder integriert werden sollten. Eine ähnliche Vorgangsweise wurde bei der Auswahl der Arbeiten von Neo Rauch ins Auge gefasst. Unsere eigenen Sammlungsbestände sollten mit Leihgaben, aber auch mit neuen Arbeiten aus dem Atelier ergänzt werden.

Begleitend zur Ausstellung erscheint dieser Katalog mit Beiträgen von Bernhart Schwenk und Tilo Baumgärtel sowie einem Interview, das der die Ausstellung begleitende Kurator des Essl Museums, Herr Günther Oberhollenzer, mit dem Künstlerehepaar in Leipzig geführt hat.

Mit dieser Ausstellung möchten meine Frau und ich ein Künstlerpaar ehren, bei dem die beiden Partner unabhängig voneinander besondere Beachtung in der Kunstwelt gefunden haben. Den Besuchern der Ausstellung bleibt es vorbehalten, Gemeinsamkeiten bzw. unterschiedliche Positionierungen zu entdecken und sich auf die Reise in die geheimnisvollen Welten von Rosa Loy und Neo Rauch einzulassen.

Es ist mir ein besonderes Anliegen, mich bei Rosa Loy und Neo Rauch von ganzem Herzen dafür zu bedanken, dass es uns möglich ist, die in dieser Form noch nie gezeigte Ausstellung in unserem Museum einem breiten Publikum zu präsentieren. Beide haben die Ausstellung von der ersten Idee bis zur Auswahl und Präsentation der Bilder mit großem Engagement begleitet. Ein Dankeschön auch an Herrn Günther Oberhollenzer, der die Ausstellung kuratorisch begleitet und das Interview mit dem Künstlerehepaar geführt hat. Mein Dank gilt weiters den Katalogautoren Bernhart Schwenk und Tilo Baumgärtel sowie dem Grafiker des Kataloges, Christian Sageder. Schließlich sei noch Bernhard Gollner und dem Aufbauteam gedankt, sowie allen Mitarbeiterinnen und Mitarbeitern des Essl Museums, die an diesem Projekt mitgewirkt haben.

Prof. Karlheinz Essl

Preface

It must have been early in 2010 that I paid a visit to Neo Rauch in his studio in Leipzig. He was just finishing the last paintings for the major presentation of his work at the *Museum der bildenden Künste* in Leipzig and the *Pinakothek der Moderne* in Munich, as a simultaneous show was being organised at both museums to mark his 50th birthday. We had agreed that I could choose two paintings from this series and I was allowed to witness their creation during several phases. I really appreciated this opportunity, since it was a rare exception from Neo Rauch's rule of never receiving visitors in his studio.

It was around lunchtime, and Neo suggested preparing "some quick spaghetti" for us, which I accepted with surprise but gratitude. Meanwhile Rosa Loy had dropped by, and while Neo was busy with the pasta and pesto, she offered to show me her new paintings. Her studio is on the same floor of the legendary *Spinnerei* in Leipzig, just a few doors away from her husband.

I was very curious about what I was about to see, for I love studio visits – this intimate atmosphere in which an artist works and pursues his or her ideas, experiences frustration and moments of happiness, but also witnessing the order or disorder in the studio, the smell of paint and the many visual impressions, the seemingly irrelevant items which hold a special meaning for the artist – a fascinating cosmos where ideas evolve and works of art take on definite shape. I always consider it an extraordinary privilege to be invited to visit artists in their studios.

In Rosa's studio, several obviously finished paintings of diverse formats were leaning against the walls; works that had been granted the "finished" verdict by the artist after a long working process. I had a close look at about a dozen paintings and was very impressed by her artistic development. The artist's work centres on the role of women in an increasingly complicated world marked by technical innovations: a male-dominated society in which women often need to struggle hard for empowerment. Her concern, it seems to me, is not equality at any price, but the opportunity for women to realise their specific life concepts. Since I have followed Rosa's work in recent years and also acquired a few pieces, it was all the more exciting for me to get a chance to confront her recent work more immediately.

Meanwhile lunch was ready and Neo put a steaming bowl of spaghetti on the studio table. I truly enjoyed having lunch in this very special atmosphere. Our conversation turned on the manifold aspects of current art, the diverse artistic approaches and ways of finding one's own unique form of expression.

Work on the series of new paintings for the two birthday exhibitions progressed rapidly. The two works earmarked for me had taken their final shape, so that I could confirm wholeheartedly my previous pledge to add these two works to our collection.

I became acquainted with the work of Neo Rauch when I first visited Leipzig in 2003. Together with six other painters from Leipzig he was represented at an exhibition in what was then still the temporary exhibition building of the *Museum der Bildenden Künste*. My wife and I saw the exhibition with the expert guidance of the museum director Hans-Werner Schmidt. We wanted to know more about the young Leipzig art scene. After several visits to galleries and studios, the decision was taken to dedicate an exhibition at the Essl Museum to the artists from Leipzig. Hans-Werner Schmidt was very helpful during the preparations, put us in contact with artists and galleries and provided competent answers to many of our questions. The exhibition at the Essl Museum entitled *>Made in Leipzig<* finally opened on 30 June 2006. It was the first exhibition of the young Leipzig art scene at a museum, grouping 29 artists. The exhibition was inaugurated by the former German President Richard von Weizsäcker with a touching speech. Not only was he deeply impressed by the quality and diversity of the art on display, but he was also very taken with the premises of the Essl Museum designed by the architect Heinz Tesar. In his inaugural speech he made this remarkable statement: "If I were a painting, I would like to hang at the Essl Museum." This compliment has to be shared with Heinz Tesar, to whom we owe this wonderful building.

In recent years, we continuously added works by Neo Rauch to our collection, starting with two pieces from his early period which introduced the transition from abstraction to figurative painting. Neo Rauch's art must be counted among the great achievements in painting as the 20th century drew to a close. His studies at the *Hochschule für Grafik und Buchkunst* in Leipzig left their imprint on his style, with intimations of the realistic notion of art prevailing in the GDR still perceptible in his pictures. His fantastic pictorial worlds lead us into uncharted territory. What we assume to be familiar images turn out to be clever traps throwing us back to square one and denying any lasting definition. The painter himself refrains from any interpretation, and even the titles of his paintings often leave us in the dark. Apart from his themes and the impressive formats, it is the painting itself that marks the quality of his work – expressive and significant. It will often take weeks or months of work until a painting meets the critical standards of the artist himself and is then released into the world.

We discussed an exhibition project that I had in mind, and I was asked whether I could imagine mounting a joint exhibition of the artist couple at the Essl Museum. I did not have to think long and hard to know that I would be delighted and enthusiastic to comply with this wish. I immediately knew that the two artists had to be fully involved in the conception and design of the exhibition, meaning that they were to be given carte blanche in the selection of the paintings and the presentation. It is a particular challenge to present these two artists together at one exhibition, since we must do justice to the very unique expressivity of each of these two strong artist personalities in order to highlight differences, but also commonalities.
The title of the exhibition was then chosen by the artists themselves:
>Rosa Loy und Neo Rauch: Hinter den Gärten<

Rosa Loy wanted to create mainly new works for the exhibition and integrate the paintings that are part of our collection. A similar approach was planned for the selection of works by Neo Rauch. Our own holdings were to be complemented by loans and newly created paintings.

The exhibition will be accompanied by a catalogue with contributions by Bernhart Schwenk and Tilo Baumgärtel, as well as an interview with the two artists conducted in Leipzig by Günther Oberhollenzer, the Essl Museum's supporting curator of the exhibition.

My wife and I are delighted to present this exhibition in celebration of an artist couple, in which each of the partners has found special recognition in the art world independently from each other. It will be left to the visitors to discover commonalities and differences in their work and to take pleasure in exploring the mysterious worlds of Rosa Loy and Neo Rauch.

I would like to express my heartfelt thanks to Rosa Loy and Neo Rauch for allowing us to present an exhibition which has never been shown before in this format to the general public at our museum. Both artists have shown incredible commitment to this project, from the first idea to the final presentation. My thanks also go to Günther Oberhollenzer, who has provided the curatorial support for this exhibition and conducted the interview with the artist couple. Furthermore I am indebted to the authors of the contributions to the catalogue, Bernhart Schwenk and Tilo Baumgärtel, and to Christian Sageder for the graphic design. Last but not least I would like to thank Bernhard Gollner and the installation team and the entire staff of the Essl Museum who have been involved in this project.

Bernhart Schwenk

Grüne Grenze

In unerforschte Randgebiete, reale wie imaginäre, zieht es Menschen, die für Neues offen sind. Auch Rosa Loy und Neo Rauch begeben sich in ihrem jeweiligen künstlerischen Schaffen auf solche Forschungsreisen. Als eine Expedition der speziellen Art allerdings muss ihre erste gemeinsame Ausstellung angesehen werden, die den langjährigen persönlichen Austausch der beiden Künstler erstmals unmittelbar vor Augen führt. Man sieht den Bildern, die über einen Zeitraum von 15 Jahren entstanden sind, die Nähe und Vertrautheit ihrer Urheber an und spürt doch sofort, dass hier zwei unterschiedliche Persönlichkeiten tätig sind. Aus dieser Perspektive lässt sich die gemeinsame Ausstellung als ein besonderes ästhetisches Terrain erleben, auf dem zwei künstlerische Hoheitsgebiete zusammenkommen. Weil es auf diesem Terrain jedoch keine gegenseitigen Kontrollen zu geben scheint und zumeist natürliche Gegebenheiten ein Hüben oder Drüben definieren, lässt sich zwischen den beiden Gebieten eine Art grüne Grenze vermuten.

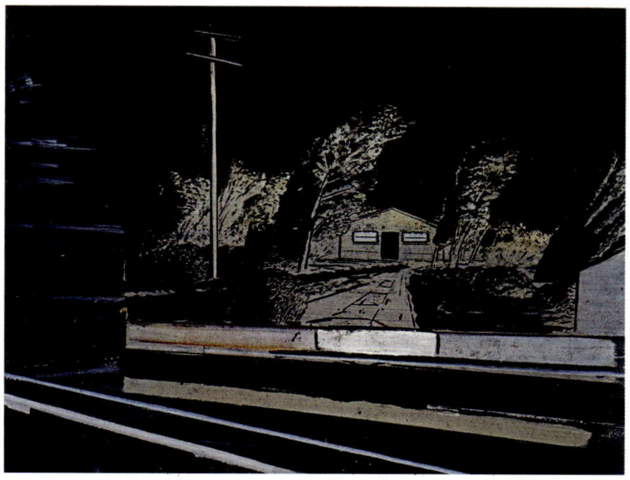

Neo Rauch
Garten im Sturm

Die Ethnologie kennt die besonderen Gepflogenheiten in geografischen Grenzregionen, auch die Linguistik hat die Eigenheiten der sich dort entwickelnden Sprachen intensiv untersucht. Man spricht von kreolischen Sprachen, in frankofonen Ländern vom »Patois«. Allerdings haben solche Bezeichnungen nicht selten einen leicht abwertenden Unterton, weil in Grenzregionen die Hochsprachen in ihrer Reinheit verändert, manchmal sogar verballhornt werden. Andererseits, darüber besteht Einigkeit, ist das Zusammenkommen unterschiedlicher Einflüsse immer eine frische Quelle lebendiger Ideen.

Zwei kleine, auf den ersten Blick eher unscheinbare Gemälde von Rosa Loy und Neo Rauch mögen Ausgangspunkt dieser Betrachtung sein, die sich dem ästhetischen Grenzgebiet der beiden Künstler widmet. *Garten im Sturm* von Neo Rauch und *Frisör Fem* von Rosa Loy sind annähernd gleichformatig, und sie sind auch fast gleichzeitig, genau gesagt in den Jahren 1997 und 1998, entstanden. Zunächst unscheinbar, wirken die beiden Bilder schon deshalb, weil ihnen zwei Hauptmerkmale fehlen, die für das malerische Œuvre sowohl von Loy als auch von Rauch charakteristisch sind. Zum einen verzichten sie auf die sonst starke, geradezu lustvoll eingesetzte Farbigkeit. Sowohl *Garten im Sturm* als auch *Frisör Fem* sind auf den ersten Blick monochrome Bilder. Fast könnte man an Grisaillen denken, jene außergewöhnliche Maltechnik des Mittelalters, die angewendet wurde, um Bildern eine größere Schlichtheit und Ruhe zu verleihen, ihnen den Eindruck einer allzu vertrauten Alltagsrealität zu nehmen und ihren Abstraktionsgrad zu erhöhen. Zum anderen sind auf den Bildern keine Figuren zu sehen. Der Garten wirkt verlassen, und auch der Friseursalon scheint leer zu sein. Gleichwohl ist die Existenz von

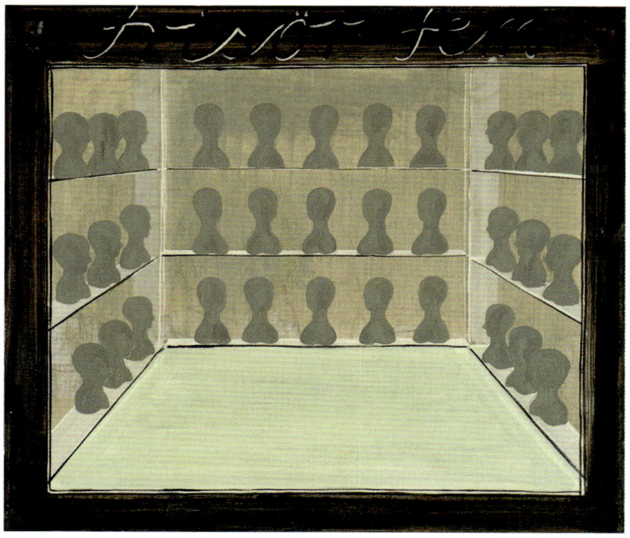

Rosa Loy
Frisör Fem

Menschen in beiden Fällen spürbar. Im einen Fall könnten sie Schutz im Haus gesucht haben, im anderen könnten sie sich als Kunden des Salons zu einem späteren Zeitpunkt einfinden.
Gerade die farbliche Reduziertheit der beiden Gemälde, aber auch die explizite Abwesenheit von Menschen in einer von Menschen gestalteten Umgebung lassen spezifische Qualitäten und Strukturen der Gemälde von Neo Rauch und Rosa Loy zutage treten, machen – wie bei einer Laboruntersuchung der Extrakt im Reagenzglas – grundsätzlich unterschiedliche Bildauffassungen deutlich. *Garten im Sturm* zeigt einen dunklen Außenraum. Fast scheint sich das kleine Haus unter den sich heftig biegenden Bäumen ducken zu wollen. Ein Gatter waagrecht montierter Balken riegelt das sturmgepeitschte Grundstück nach vorne ab. Weitere, darunter verlaufende Streifen könnten mit silbrig glänzenden Lichtreflexen assoziiert werden – oder mit einer abstrakten Fortsetzung des naturalistischen Haus-Garten-Motivs. Auch am linken Bildrand ist ein solch uneindeutiger Bereich zu sehen, die Fassade eines weiteren Hauses – oder eine energetische Zone, die Druck auf das zentrale Motiv ausübt, es geradezu an den rechten Bildrand zu schieben scheint. Der Garten zeigt sich so als ein Bild im Bild. Allerdings nicht geschützt, sondern wankend, eben: im Sturm.
Bei *Frisör Fem* hingegen fällt der Blick des Betrachters in einen fahl beleuchteten Innenraum, der sich deutlich stiller darbietet. Wie in einem Schattentheater reihen sich dort ringsum auf drei Etagen dunkle Büsten aneinander. Individuelle Gesichter oder Frisuren sind nicht zu erkennen. Das Moment dieser Verfremdung kehrt in einer Verdoppelung der räumlichen Zuordnung wieder. Denn Rosa Loy koppelt die Schaufensterillusion direkt an die Physis des Bildkörpers, indem sie das Bild durch einen gemalten Rahmen als eine Art Kasten definiert, dessen Oberfläche das Schaufenster abbildet – oder ein Ornament, das sich aus aufgereihten grauen Schattenbüsten zusammensetzt. Das Gemälde erweist sich als Bild und Objekt zugleich, als imaginierter Raum und realer Gegenstand. Dreidimensionale Illusion und zweidimensionales Ornament fallen in eins.
Rosa Loy irritiert den Betrachterblick, indem sie ihn bündelt, spiegelt, doppelt. Neo Rauch hingegen erschüttert und entgrenzt den Blick, indem er die Existenz des Raums selbst infrage stellt. Die beiden kleinen frühen Bilder könnten somit jene durchaus vergleichbaren, aber letztlich unterschiedlichen bildnerischen Territorien repräsentieren, von denen aus Rosa Loy und Neo Rauch agieren. Sie bauen jeweils auf Grundstrukturen auf, die sich auch in neueren Bildern der beiden Künstler finden.

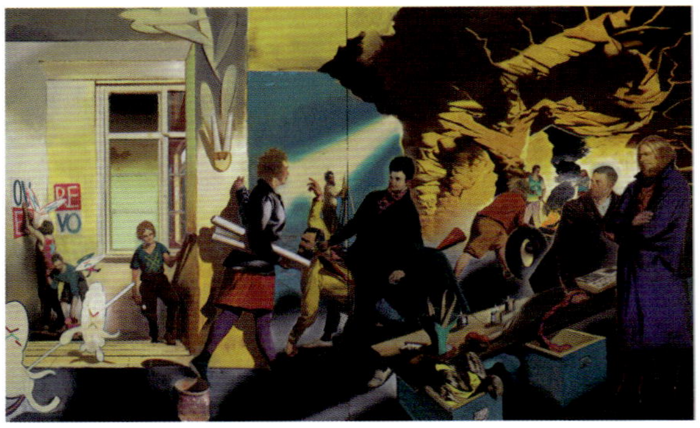

Neo Rauch
Revo

In seinem 2010 entstandenen, panoramatisch angelegten Gemälde *Revo* kombiniert Rauch mehrere ineinander übergehende und miteinander verschränkte Raumzonen. Ein Treppenhaus auf der linken Bildseite führt in einen landschaftlich wirkenden Bereich, der sich rechts in einer Art Höhle fortsetzt und nach hinten in einen lichtdurchfluteten Bereich öffnet. Figuren agieren in diesem komplexen Raumgebilde, suggerieren einen Handlungszusammenhang. Im Treppenhaus ist man damit beschäftigt, Blätter zu montieren oder abzunehmen, auf denen die Lettern R, E, V und O – aus denen sich der Bildtitel zusammensetzt – zu lesen sind. In ihnen lässt sich der Anfang des Worts »REVOLUTION« ebenso erkennen wie eine Umkehrung des englischen Wortes »OVER«.
Das Bild von Neo Rauch wirft viele Fragen auf, die etwa lauten könnten: Welche Rolle spielen Rituale, Regeln und Reformen? Wie funktionieren Konventionen in einer Gesellschaft, die sich zunehmend individualisiert? Welche Freiheit möchte der Einzelne für sich persönlich erreichen und wie viel Freiheit möchte er der Gesellschaft zugestehen? Unmittelbar verwertbare Antworten gibt das Bild selbstverständlich keine, doch es macht sichtbar, wie fragil sich heute Bereiche wie

Natur und Kultur, Möglichkeit und Wirklichkeit oder Traditionen und Zukunftsvorstellungen zueinander verhalten – insbesondere wenn es darum geht, Grenzen zu erhalten oder aufzulösen, Halt zu bieten oder ein Gleichgewicht herzustellen.

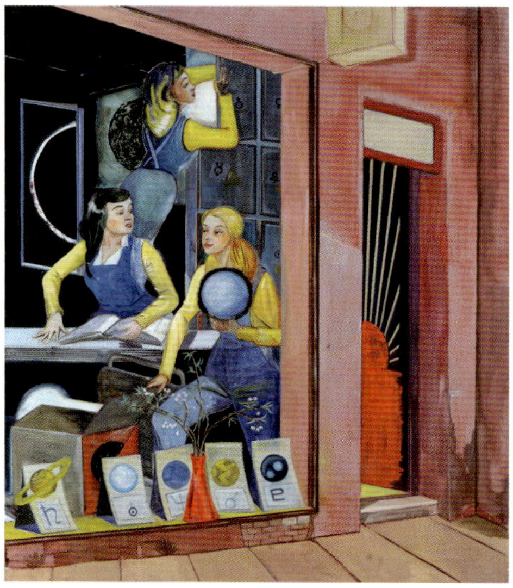

Rosa Loy
Planetenladen

Der *Planetenladen* von Rosa Loy aus dem Jahr 2009 kombiniert gleichfalls Außen- und Innenraum, allerdings irritiert weniger die Komposition des Bildes, das dem Betrachter einen eindeutigen Standpunkt zuweist, als das gezeigte Motiv: Drei junge Frauen in blauen Arbeitsschürzen sind mit einem Buch und Blättern beschäftigt, auf denen Planetensymbole abgebildet sind, sowie Zeichen, bei denen es sich um deren astronomische und astrologische Entsprechungen handeln könnte.

Wie Neo Rauch bezieht somit auch Rosa Loy in ihr Gemälde grafische Elemente ein, die symbolische Bildfunktionen übernehmen. Wie Rauch zeigt Loy dem Betrachter eine Welt der Aufklärung, die zu vergessen scheint, dass die Vergrößerung des Wissens auch das Potenzial der Antiaufklärung, die Kräfte des Mystischen und Übersinnlichen, letztlich aber nicht eindeutig Dechiffrierbaren in sich trägt.

Sollten in ihrem *Planetenladen* tatsächlich Gestirne zum Kauf angeboten werden, wie es der Bildtitel suggeriert? Oder wird hier eher gedeutet und vermittelt? Vielleicht geht es um die Aura, die Kraftfelder der Himmelskörper. In jedem Fall findet diese Beschäftigung mit dem unendlichen Universum und seiner offenen Entsprechung in Form von Zeichen mit dem Schauplatz des kleinen Ladengeschäfts eine klare Rückbindung, eindeutige Rückversicherung und Erdung.

In den Bildkosmen von Neo Rauch und Rosa Loy gibt es also Erzählelemente, die sich aufeinander zu beziehen scheinen. Doch dürfte sich die gemeinsame künstlerische Sprache auf ein vergleichbares ästhetisches Vokabular beschränken. Konkrete wechselseitige Einflüsse lassen sich – wie bei einer ethnologischen Untersuchung – nicht endgültig entschlüsseln. Doch für eine einander inspirierende Gemeinschaft wäre eine solche Untersuchung ohnehin nicht zielführend.

Viel entscheidender ist die Feststellung, dass die Fundamente, auf denen die Bilder der beiden Künstler aufbauen, vollkommen unterschiedlich, möglicherweise gegensätzlich sind. Rauchs ins Bild gesetzte Weltauffassung ist grundsätzlich erschüttert und fragmentiert, die von Loy grundsätzlich stabil und kohärent. Entsprechend lassen sich das Moment des Divergenten und der Hang zur Auflösung einerseits sowie die Tendenz zur konstruktiven Ordnung und Bündelung von Blickrichtungen andererseits fast durchgängig beobachten.

Diese Beobachtung deckt sich übrigens auch mit der Sicht der Künstlerpartner auf das Schaffen des jeweils anderen. So beschreibt Neo Rauch das Bildverständnis von Rosa Loy als ein »Ausbalanciertsein in der Lotrechten durch Erdbindung einerseits und Drang und Vermögen andererseits, dem hohen Gewölk des Unfassbaren ein eigensinniges Ornament aufzusticken«[1]. Umgekehrt spürt Rosa Loy bei der Betrachtung eines Gemäldes von Neo Rauch die Bedrohtheit eines Orts, der eigentlich »wie gemacht [ist] zur Kunst der Kontemplation durch verwurzelnde, hochzufrieden stellende meditative Erdarbeit«[2].

Im Yin und Yang werden Gegensätze nicht geleugnet, sondern in einen harmonischen Einklang gebracht. In vergleichbarer Weise sind die unterschiedlichen Bildterritorien von Rosa Loy und Neo Rauch trotz der fundamentalen Unterschiede mit höchstem Respekt füreinander verbunden.

---

(1) Neo Rauch über Rosa Loy, in: Rosa Loy. Manna, Ausst.-Kat. Kunsthalle Gießen, Ostfildern bei Stuttgart 2011, S. 230.

(2) Rosa Loy über Neo Rauch, in: Hans-Werner Schmidt und Bernhart Schwenk (Hg.), Neo Rauch. Begleiter, Ausst.-Kat. Museum der bildenden Künste Leipzig und Pinakothek der Moderne, München, Ostfildern bei Stuttgart 2010, S. 93 f.

Bernhart Schwenk

Green Border

Uncharted territories – be they real or imaginary – attract people who are eager for novelty. Rosa Loy and Neo Rauch are among those who venture forth on such expeditions in their respective artistic pursuits. An expedition of a very special kind is how one must see their first joint exhibition, the first to present the longstanding personal exchanges between the two artists for public viewing. The exhibition presents paintings which have been created over a period of 15 years, and which speak to the closeness and intimacy between their creators but never leave any doubt as to their distinct personalities. From that perspective, the joint exhibition can be considered a unique aesthetic landscape where two artistic realms meet. As there seem to be no border controls between them, and 'here' and 'yonder' are mostly defined by natural circumstance, one may assume that only a kind of green border separates the two realms.

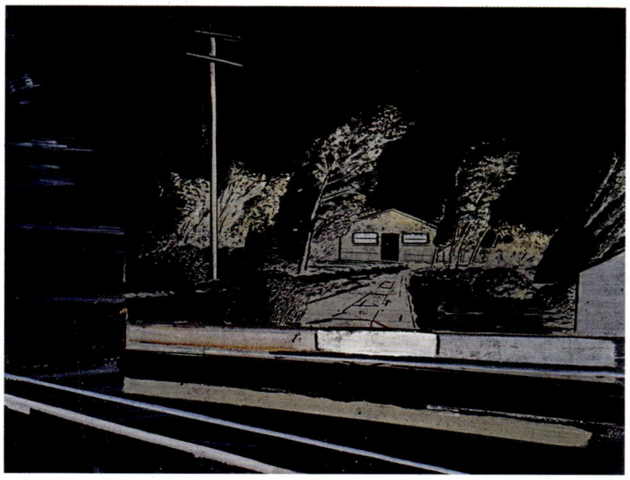

Neo Rauch
Garten im Sturm

Ethnologists are very aware of the special types of habitus evolving in border regions, and linguists have studied closely the particular language characteristics developing there. Terms that come to mind are 'creole' languages, or patois in French-speaking countries. At times these terms tend to carry a slightly condescending note, because a standard language may be altered and sometimes even changed out of all recognition in border regions. On the other hand, there is agreement about the fact that the mingling of different influences is always a wellspring for vibrantly new ideas.

Two small paintings by Rosa Loy and Neo Rauch may serve as a starting point for this reflection on the aesthetic border regions inhabited by the two artists. *Garten im Sturm* by Neo Rauch and *Frisör Fem* by Rosa Loy are almost identical in size and were created around the same time, namely in 1997 and 1998, respectively. Inconspicuous at first glance, they impress simply because they lack two main features that normally characterize the paintings of both Loy and Rauch. First of all, they are devoid of the otherwise strong colours they love to use. Both *Garten im Sturm* and *Frisör Fem* are kept in monochrome, almost reminiscent of grisaille, this extraordinary medieval painting technique that artists used so as to give paintings more simplicity and calm, lift from them the dominion of all too familiar everyday reality and invest them with a higher level of abstraction. Secondly, there are no figures in the paintings. But while the garden looks abandoned and the hairdresser's salon empty, a human presence can still be felt. In one case people might have sought shelter in the house, in the other the customers might come later to have their hair done.

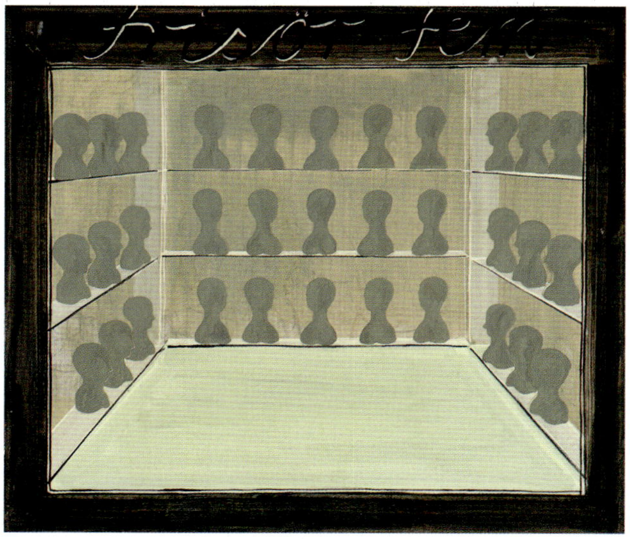

Rosa Loy
Frisör Fem

It is this very reduction in colours and the explicit absence of human figures in a manmade environment which brings to light the specific qualities and structures in the paintings of Neo Rauch and Rosa Loy and highlights the fundamental differences in approach, as though investigating the concentrated extract of a substance in a test-tube.

Garten im Sturm presents a dark outside area. The small house almost seems to duck under the fiercely bent trees. A gate consisting of horizontal planks shields the windswept plot of land towards the front. Stripes further down could be associated with silvery light reflections – or with the abstract continuation of the naturalistic house-and-garden motif. The left-hand side edge of the painting contains another indefinite area which might be the façade of a second house – or it may be an energy zone that exerts pressure on the central motif, almost pushing it towards the right-hand edge. The garden thus appears as a picture within the picture, albeit not protected but swaying – in a storm, as the title suggests.

In *Frisör Fem,* the viewer's glance lands in a darkly lit interior markedly calmer in character. As in a shadow theatre, there are dark busts lining shelves on three levels. Individual faces or hairdos cannot be made out. This motif of anonymisation is revisited in the spatial arrangement, since Rosa Loy connects the shop window illusion directly to the physical aspect of the painting by surrounding it with a painted frame that defines the canvas as a kind of cabinet whose surface displays the shop window – or an ornamental composition of a line of grey shadow busts. The work is both a picture and an item, both an imagined room and a real-life object. Three-dimensional illusion and two-dimensional ornament coincide.

Rosa Loy irritates the viewer's glance by bundling, mirroring and duplicating it, whereas Neo Rauch unsettles it and dissolves all boundaries by challenging the existence of the space itself. Hence, these two small early frames may well represent those comparably, but ultimately diverse, pictorial territories from which Rosa Loy and Neo Rauch operate. Both are based on fundamental structures that are also found in more recent work by the two artists.

In his panorama-like painting *Revo* from 2010, Rauch combines several intricately entangled spheres. A staircase on the left leads onto a landscape-like area which in turn transforms into a kind of cave on the right and opens into a light-flooded zone towards the rear. Figures are at work in this complex structure, suggesting an overarching connected plot. In the stairwell people are mounting or removing posters showing the letters R, E, V and O – making up the title of the painting. They may well represent the beginning of the word »REVOLUTION« or perhaps a reversal of the English word »OVER«.

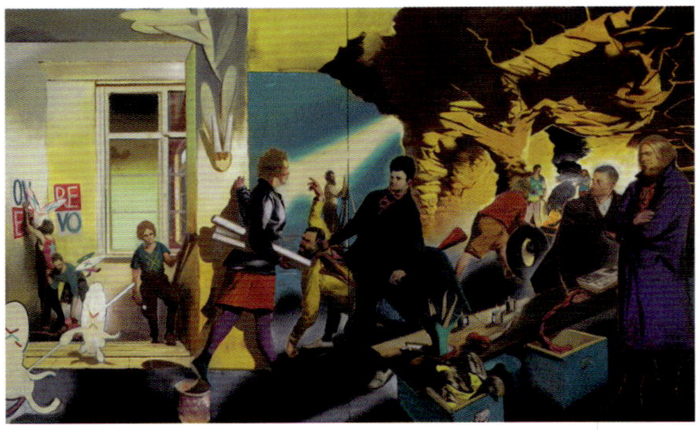

Neo Rauch
Revo

This painting by Neo Rauch raises many questions: what is the role played by rituals, rules and reforms? How do conventions work in a society with increasing individualisation? What sort of freedom do individuals claim for themselves and how much freedom do they yield to society? While the painting does not, of course, give any immediately useful answers, it provides a good view of the fragile interrelations between concepts such as nature and culture, possibility and reality, or traditions and visions of the future – particularly when it comes to retaining or dissolving boundaries, providing support or establishing equilibrium.

Planetenladen by Rosa Loy from 2009 also combines outdoor and interior spaces, but what irritates in this case is less the composition of the painting, which accords an unambiguous viewpoint to the viewer, than the motif presented: three young women in blue overalls are busy with a book and sheets showing planets as well as signs that may be the astronomic and astrological symbols of these planets. Like Neo Rauch, Rosa Loy includes graphic elements of symbolic significance in her painting. Like Rauch, Loy shows the viewer a world of enlightenment which seems to forget that the accumulation of knowledge also carries within it the potential of anti-enlightenment, mystical and esoteric forces, i.e. all manner of things that forbid unequivocal deciphering.

Might this »planet shop« actually offer stellar bodies for sale, as the title suggests? Or does the offer relate to interpretation and mediation instead? Perhaps it is about the aura, the force fields of the planets. At any rate, the lofty study of the infinite universe and its moot symbols and signs is clearly anchored to terra firma by the small shop, a token of grounding and reinsurance.

Whereas the pictorial cosmoses of Neo Rauch and Rosa Loy include a number of narrative elements that seem to interrelate, their common artistic language appears to be restricted to a comparable aesthetic vocabulary. As in ethnological investigations, concrete mutual influences cannot be unambiguously verified, and such an investigation would not be conducive to an association of mutual inspiration anyway.

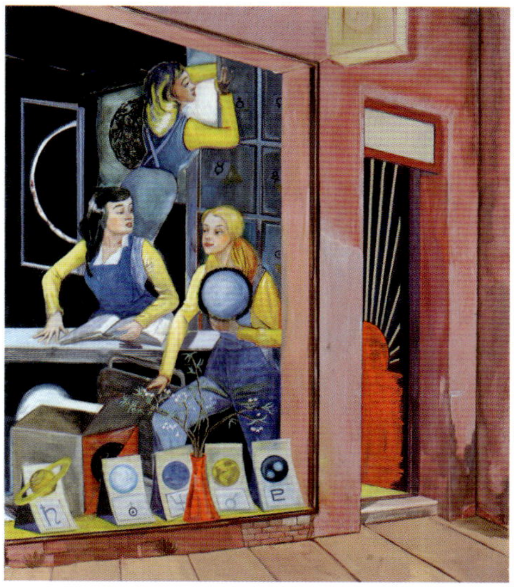

Rosa Loy
Planetenladen

What is much more significant is the conclusion that the foundations on which the paintings of the two artists are based, are completely different, perhaps even diametrically opposed. The world view depicted by Rauch is essentially vacillating and fragmented, that of Loy essentially stable and coherent. Accordingly, the moment of divergence and the trend of dissolution in the work of one, and the tendency towards constructive order and the bundling of lines of vision in the other's, are very consistent.

Besides, this observation is corroborated by the way each of the two artists views the work of the other. Neo Rauch, for instance, describes Rosa Loy's approach as »this sense of balance in the perpendicular through a connection to the earth on the one hand, and the drive as well as capacity to embroider a headstrong ornament on the high cloud of the incomprehensible«[1]. Conversely, when looking at a painting by Neo Rauch, Rosa Loy senses the menace threatening a place that appears actually »as though made for the art of contemplation through root-forming, highly satisfactory meditative groundwork«[2].

The concept of yin and yang does not deny opposites but brings them into harmonic unison. Similarly, their fundamental differences notwithstanding, the diverse pictorial territories of Rosa Loy and Neo Rauch are bound by deep mutual respect.

(1) Neo Rauch über Rosa Loy, in: Rosa Loy. Manna, Ausst.-Kat. Kunsthalle Gießen, Ostfildern bei Stuttgart 2011, S. 230.

(2) Rosa Loy über Neo Rauch, in: Hans-Werner Schmidt und Bernhart Schwenk (Hg.), Neo Rauch. Begleiter, Ausst.-Kat. Museum der bildenden Künste Leipzig und Pinakothek der Moderne, München, Ostfildern bei Stuttgart 2010, S. 93 f.

Tilo Baumgärtel

wo sind wir?
was ist das?
wohin verschlug uns der Traum?*

in Hörweite des Weggesanges eines Wanderers zwischen Sandstein und dunkler Erde fällt grobes Unkraut über die Zäune und Hecken.

allen Wettern zum Trotz knüpft die Gärtnerin erlesene Kinder von Schwester Pflanze um kühn verzweigte Rankgerüste.

es summt und kichert wie ein Lied von in der Erde verankerten und in den Himmel verknüpften grünen Seelen. mit überfließendem Herzen und unverdorbenem Gemüt tanzen sie die Choreografie des stillen Wachstums. die Aufgaben sind klar verteilt. du heilst die Wunden, du stillst den Kummer, du füllst die Bäuche und du befreist die eingesperrten Geister. mit dem Schwung des Lebensrades wachsen sie ihren Aufgaben entgegen, bis sie die Gärtnerin für reif erachtet und beim Ernten geheimnisvoll am Leben hält.

doch sind die zarten Schwerstarbeiterinnen teils durch Palisaden stark im Schutz und teils ist das Revier offen, da, wo das Land des Soldaten verwoben mit der Wildheit des Gartens bewaldet auf einer Anhöhe liegt.

nicht schwer zu finden führen Wege auf das Rittergutsburgschlossgelände und es heißt, er sei dort stets zu Hause. ungefragt und keinem Befehlshaber unterstehend, wacht der Soldat über das Revier und die umliegenden Gärten. man nennt ihn den Gestalter, doch ist er auch Anbeter, Wächter, Krieger, Unterhalter und Gastgeber. die Gasträume, von denen er unzählige hat, sind stets gut besucht. es sind aus den Trommelfeuern entkommene staubige Kerle, es sind Pilger, Naphtas und Settembrinis, Wandervögel, Jung und Jünger, stolze Frauen, Mütter, Jeanne d'Arcs der Postmoderne. alle dem Strom der Gewöhnlichkeit Entkommenen nimmt er auf, gibt ihnen Wein und Wasser, verbindet ihre Gespräche und weist ihnen Plätze im kühlen Refektorium.

die Konstellationen werden stets komplex, das Spiel der Gedanken verzweigt und breit gefächert. ein Spiel, in dem die Zuschauer auch Akteure sind, die Hörer gleichsam Redner. wo Ernst war, soll Spiel werden. dabei steht viel auf dem Spiel. Und so wie die Gärtnerin vergangene Pracht der grünen Seelen stets unterpflügt und damit das Wachsen befördert, sind auch hier die Unterströmungen vergangener Themen wie verborgene Kräfte der Regie.

---

* Thomas Mann, Der Zauberberg.

in der Mitte des Tages treffen sich Gärtnerin und Soldat im Bergwerk aus Backstein, wo sie die zweiten Länder kurz verlassen und durch ihre Scheintore ins Helldunkel der Realität einkehren. manchmal wie Landsleute in der Fremde und manchmal wie erschöpfte Reisende gerade zu Hause angekommen. sie müssen sich nicht heimlich treffen, wenn auch ihrem Ritual oft die Romantik des „im Verborgenen" innewohnt.

immer neue Scheintore wachsen wie Salpeter aus den Wänden und immer neue Wege in das zweite Land. so treffen und trennen sich auch beide in rituellen Zyklen, beide im Bewusstsein ihrer Freiheit und Abhängigkeit.

von Sommergewittern und Herbststürmen umtost, in Sonnenuntergänge und endlose Nächte gehüllt, treten uns die Gäste aus Garten und Rittergutsschloss entgegen.
um Gnade Bittende und sich dem Schicksal Fügende ebenso wie Täter und Fadenzieher, manche gezeichnet von der Willkür vergangener Potentaten. manche mit zerzaustem Haar, das auch bei Windstille zu wehen scheint. sie zeugen von wachem Geist, egal welcher Moral entspringend, jeglichen Zivilisationskomfort abgelegt, ihren Wesenskern, ihre Psyche nach außen tragend.
so beherbergt der Soldat nicht selten Gäste, die man besser rund um die Uhr im Auge behält. einige sind tickende Bomben, aus dem Helldunkel der Welt ins Revier transformiert, um sie dort auf ihren Sinn zu prüfen.

weit über die Gärten hin sichtbar sind die Vulkanausbrüche, Novemberstürme und Lenkraketen, die vom Reich des Soldaten ausgehen. wie Winde durchkämmen sie die Wiesen und Plantagen der Gärtnerin, legen ihr seltsam farbiges Licht über sie. in dieser Atmosphäre zwischen Sanssouci und Gondwana werden feminine Freikorps rekrutiert, die nicht angreifen, sondern mit Ölen und Balsam die Wunden der Welt versorgen sollen. gemeinsam mit den Gästen des Soldaten schwärmen sie in ornamentalen Formationen aus, von metaphysischer Weitsicht getrieben, mit dem Ziel des Unterwegs. wo sie Feuer anzünden, sind es reinigende Feuer, und wo sie peitschen, ist es Erziehung im besten Sinne. wo sie ungestüm sind, sind sie es wie die schwierigen Kinder, die unserem Herzen am nächsten sind.

es ist wie ein subtiler Straßenkampf, der sich aus den Scheintoren in die Welt verströmt. sie kämpfen gegen jene, die ihre Seele verkauft haben, und beten um ihr Heil, singen gegen das Rauschen des Elektrosmogs und gegen die Stein gewordene Massenverachtung, die allerorts aus der Erde wächst. gegen die Filzsocken der Sensortastenära.

für alle, die Weisheit und Herzensbildung bewahren konnten. sie sind Vitamine für das dionysische Weltspiel.

Tilo Baumgärtel

What is it?
Where are we?
Whither has the dream propelled us?*

Within earshot of a wayfarer's song, between sandstone and dark earth, shaggy weeds proliferate over fences and hedges.
Defying all weathers, the gardening woman weaves hand-picked cuttings of sister plants around curiously-wrought trellises.
Buzzing and giggling can be heard, like a chant of green souls, rooted in the earth and joined to the sky. Their hearts overflowing and their minds pure, they are dancing to the choreography of silent growth. The tasks are clearly allotted. You heal the wounds, you alleviate the grief, you fill the bellies and you free the incarcerated spirits. The momentum of life's flywheel sends them swelling towards their tasks, until the gardener considers them ripe enough and keeps them surreptitiously alive during the harvest.
The fragile creatures with the taxing workload are partly protected by palisades, but some of the terrain is open, where the warrior's land, entangled in the wild abundance of the garden, lies on a forested slope.
The paths leading up to his turreted castle estate are easy to find, and they say he is always at home. Unbidden and unbeholden to a supreme commander, the warrior watches over the castle grounds and the surrounding gardens. They call him the designer, but he is equally worshipper, guardian, combatant, entertainer and host. The guest rooms, of which he has an astounding number, are always well occupied by grimy fellows fresh from the artillery barrage, by pilgrims, naphthas and Settembrinis, rovers, Jung and apostles, proud women, mothers, Jeanne d'Arcs of post-modernism. He receives all those who have escaped the maelstrom of banality, serves them wine and water, links up their conversations and shows them to their seats in the cool refectory.
The constellations are getting more complex, the play of thoughts fans out and ramifies. It is a play in which the viewers double as actors, the listeners as speakers. What was serious is to turn into a game. And the stakes are high. Just like the gardener ploughs back past glory of her green souls so as to foster growth, the undertows of past issues are making their impact felt like a clandestine director for the stage.
In the middle of the day, the gardener and the warrior meet in the red-brick mine, where they briefly leave their second lands and enter the chiaroscuro of reality through their imaginary doors. Sometimes like fellow-countrymen in a foreign clime, and sometimes like exhausted travellers who have just arrived home. They do not have to meet in secret, although their ritual often has a flavour of clandestine romanticism.

---

* Thomas Mann, The Magic Mountain.

Ever new imaginary doors appear out of the walls like saltpetre, and ever new paths lead into the second land. And so they meet and separate again in ritual cycles, both perfectly aware of their freedom and dependency.

Raged at by summer thunderstorms and autumn winds, swathed by sunsets and endless nights, the guests are coming towards us from the gardens and the crenellated castle.

Some are begging for mercy and others resigned to their fate, some are perpetrators and others string-pullers, yet others are marked by the despotism of potentates in days gone by. Some with tousled hair that seems windswept even when all is still. They are testimony to the vigilant spirit, no matter what its moral colours; abandoning every comfort of civilisation, they have turned inside out, wearing the essence of their being, their psyche on their sleeves.

Yes, the warrior sometimes offers his hospitality to guests that ought better to be watched around the clock. Some of them are ticking time-bombs, plucked from the chiaroscuro of the world to the castle grounds in order to check their reason and significance.

Visible far beyond the gardens are the volcanic eruptions, November storms and guided missiles that are launched from the warrior's realm. Like the four winds they roam the meadows and smallholdings of the gardener, bathing them in their strangely colourful light. In this atmosphere, somewhere between Sanssouci and Gondwana, recruiting is underway for the female volunteer corps which has no offensive role but is designed to take care of the wounds of the world with oils and balm. Together with the guests of the warrior they are swarming out in ornamental formation, driven by metaphysical farsightedness, the journey being their destination. Wherever they light fires the flames purify, and whenever they wield the lash it is educational in the best sense of the word. When they are boisterous they are like those difficult children who are dearest to our hearts.

It is like a subtle street fight which flows through the imaginary doors into the world. They fight against those who have sold their souls and pray for their salvation, singing against the white noise of electric smog and against the petrified mass contempt which springs from the ground everywhere. Against the carpet slippers of the era of touch-sensitive buttons.

For all those who have been able to retain wisdom and a noble heart. They are vitamins for the Dionysian world-play.

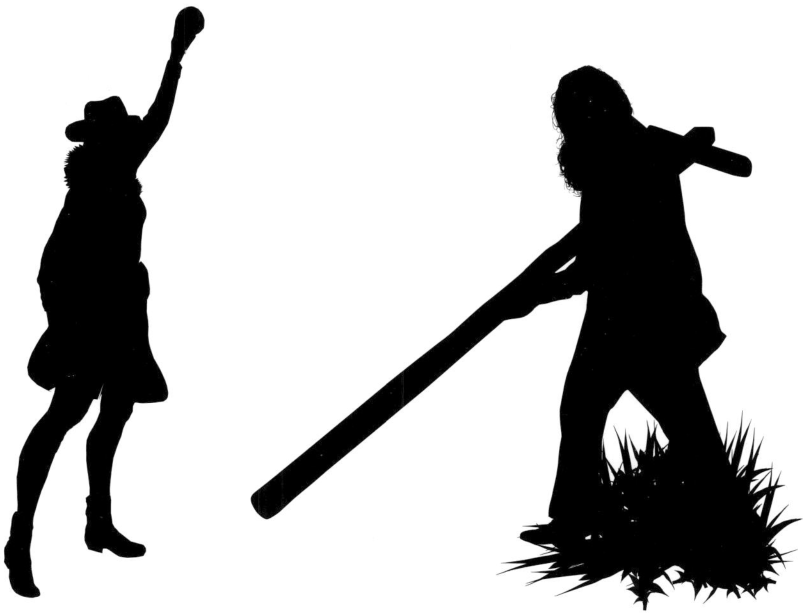

Rosa Loy
Demut, 2011

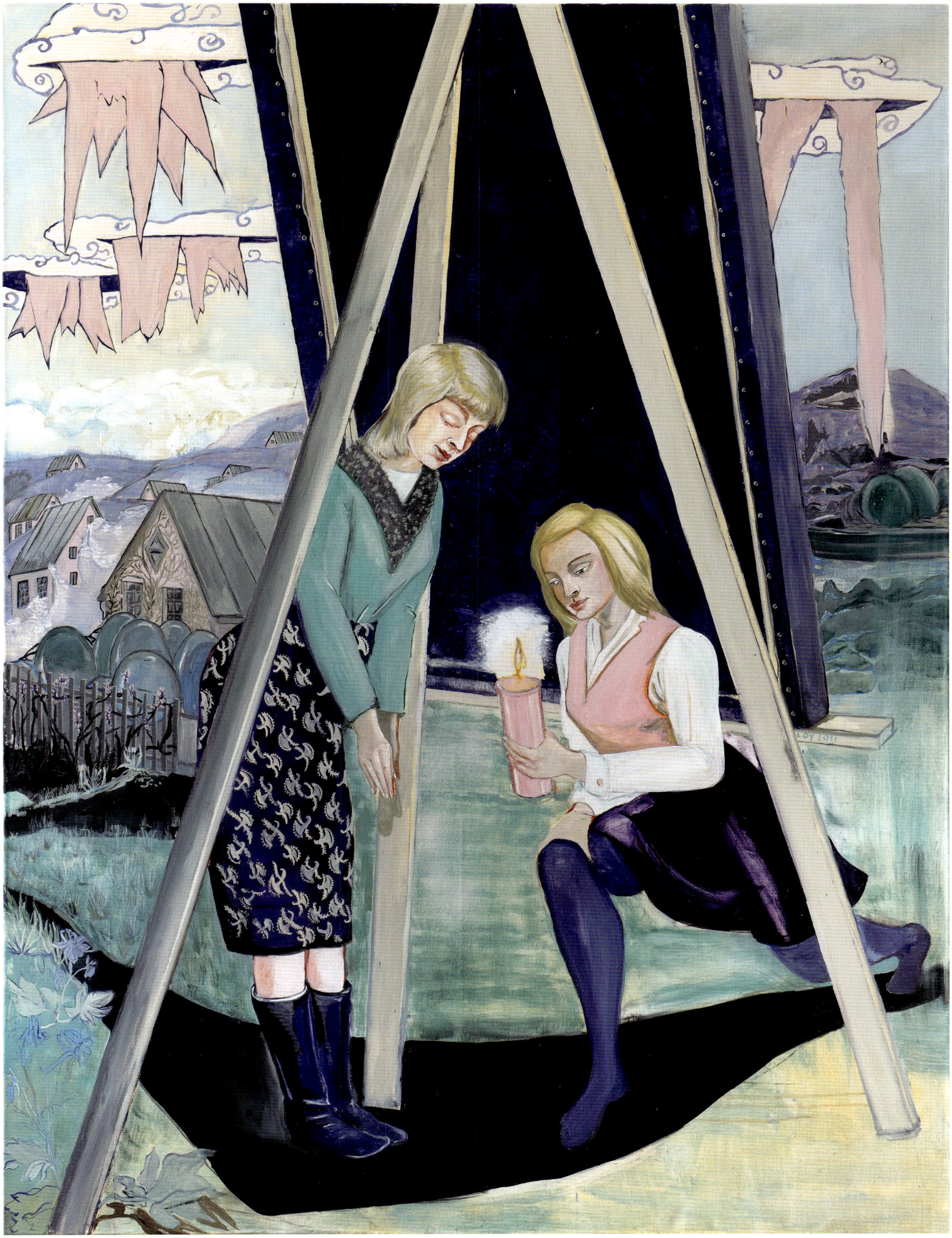

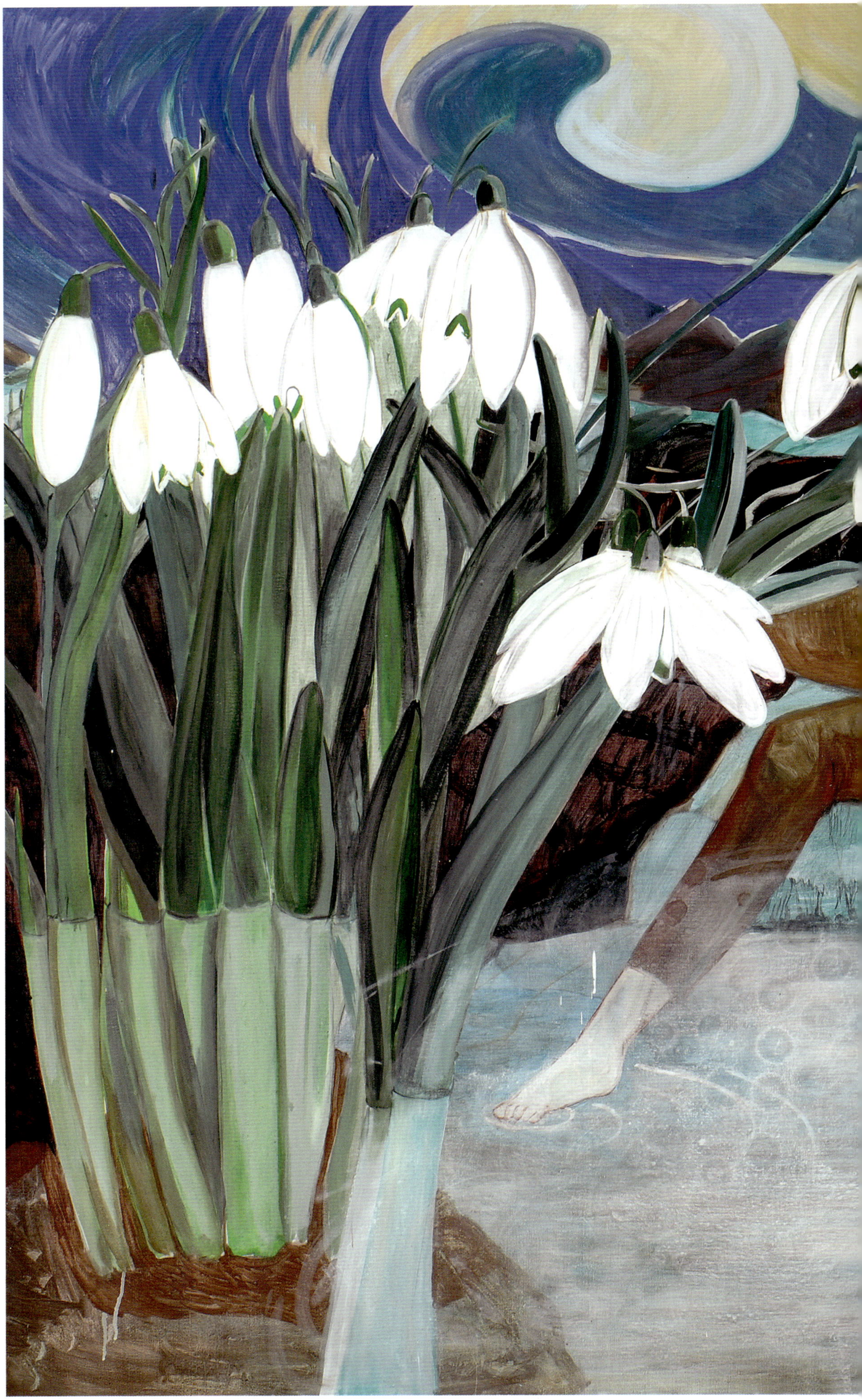

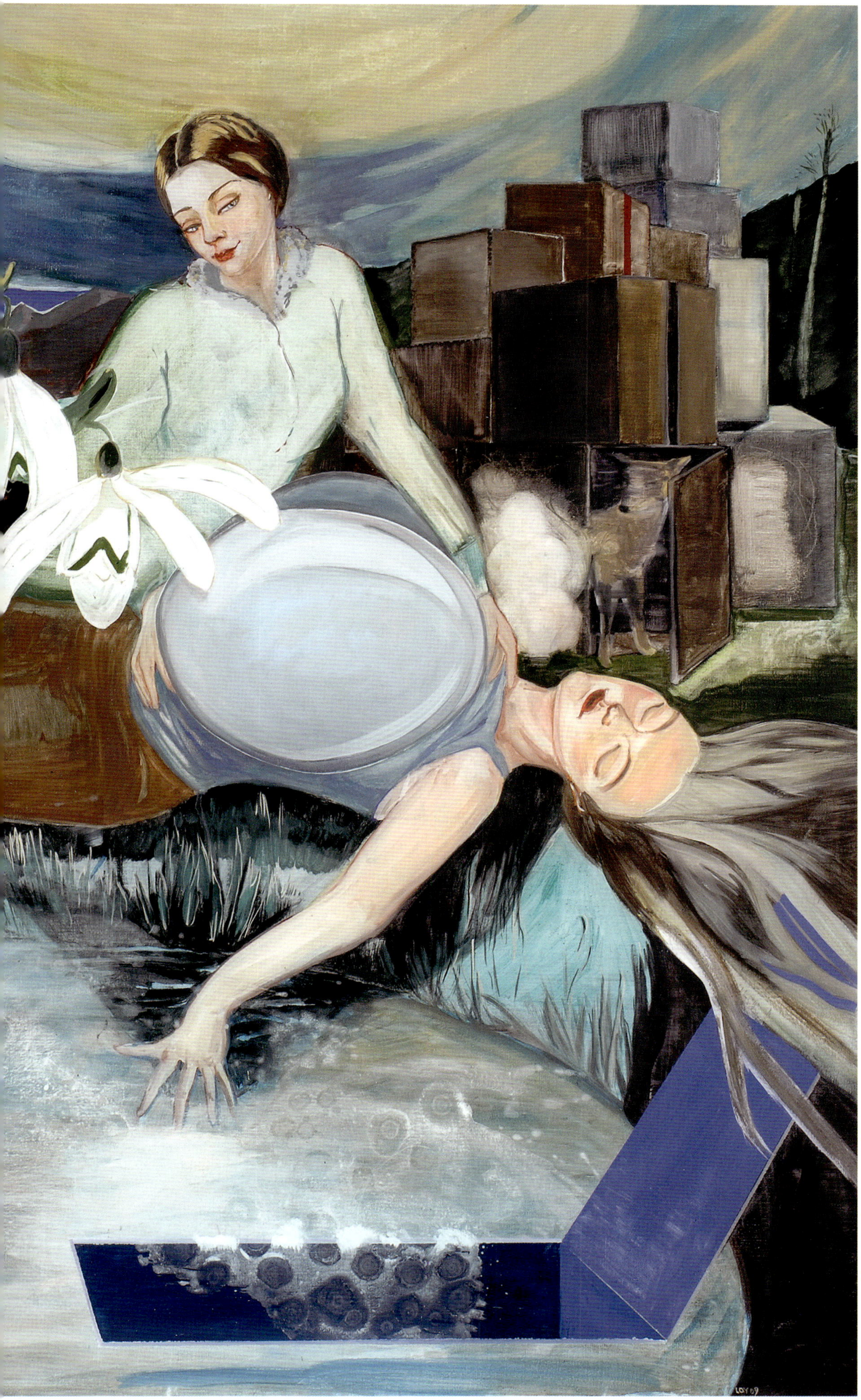

Rosa Loy
Trost, 2009
Seite / page 36-37

Rosa Loy
Baumgarten, 2011

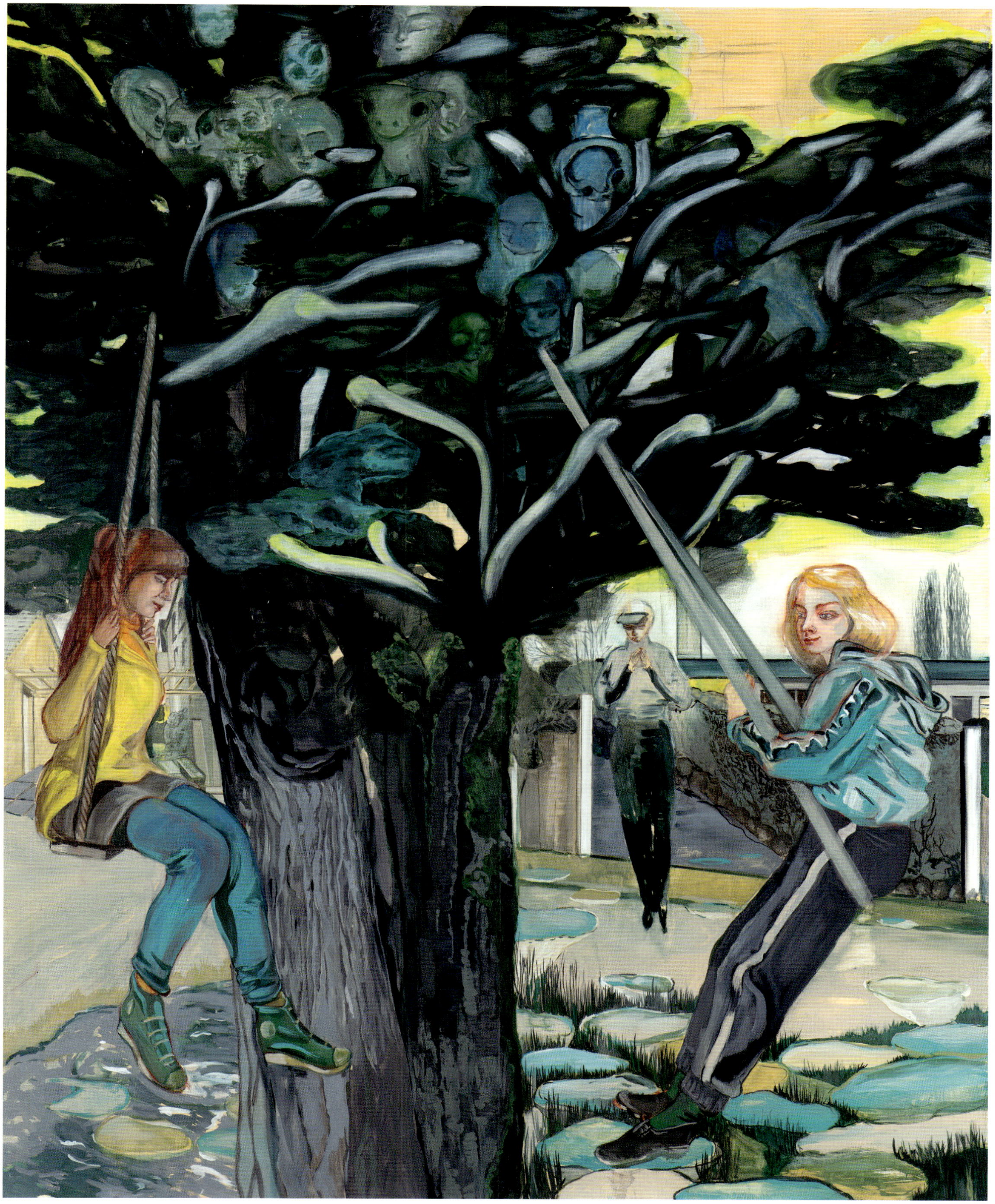

Neo Rauch

Gärtnerin, 2010

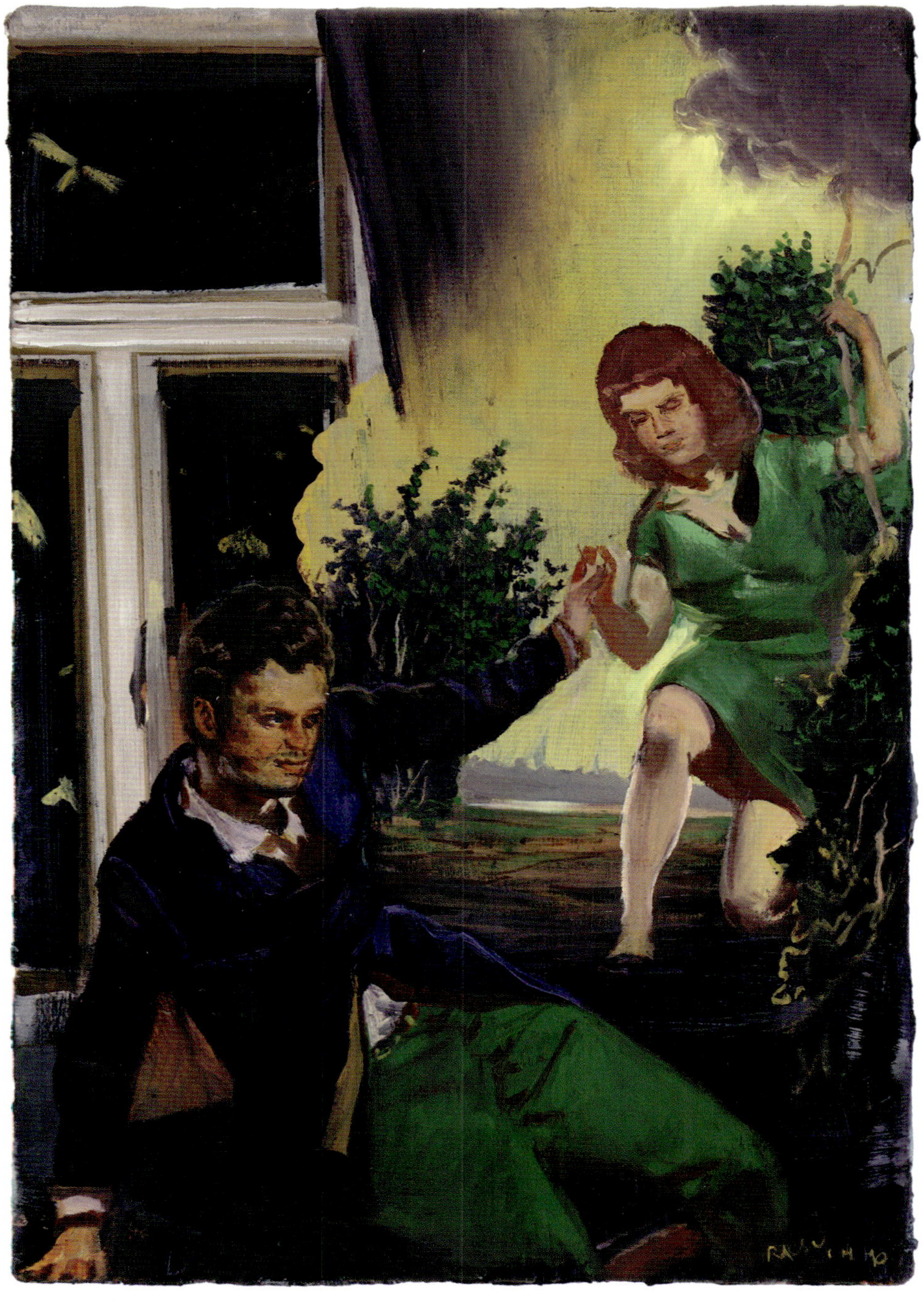

Neo Rauch
Abstieg, 2009

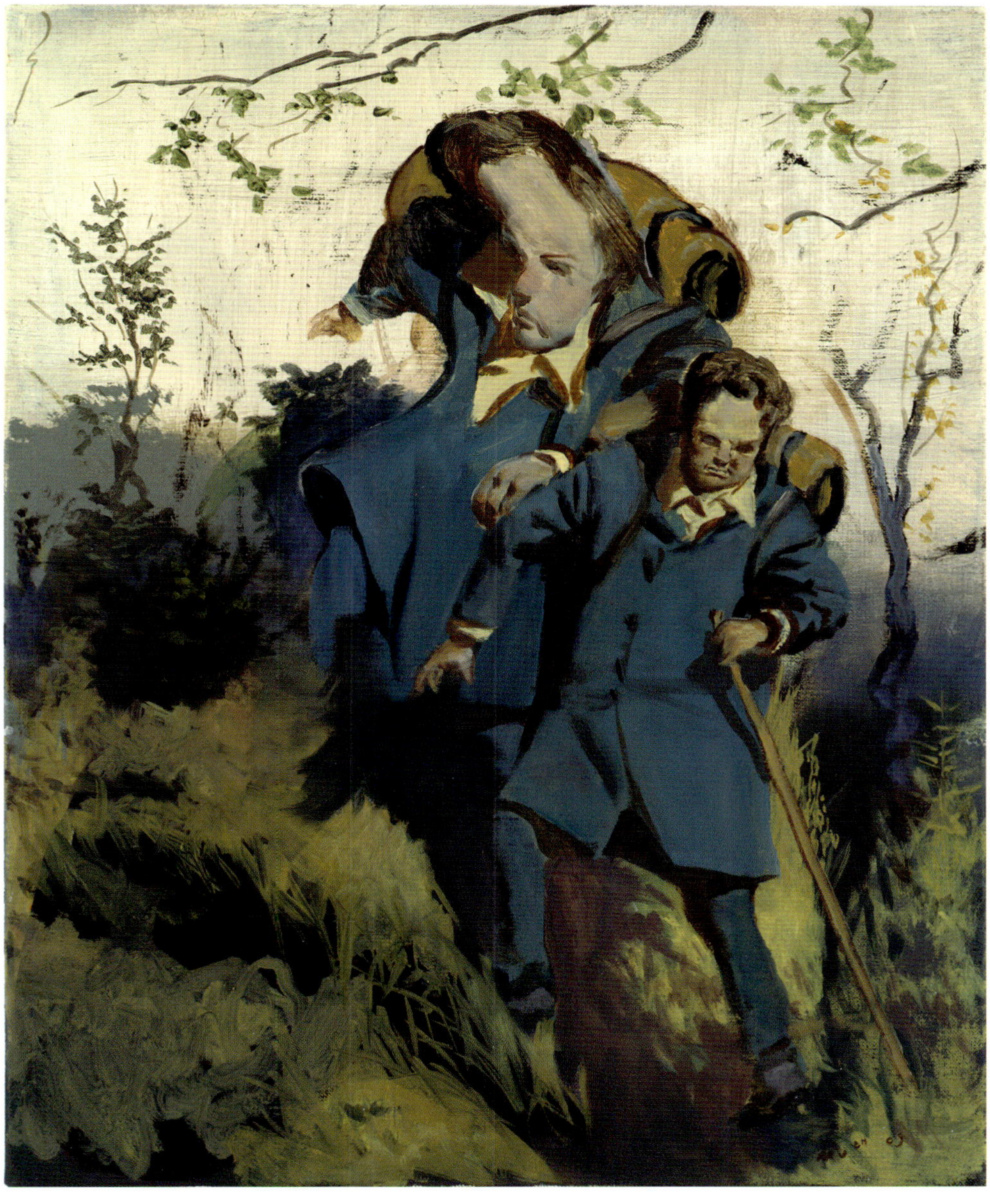

Rosa Loy
Manna, 2011

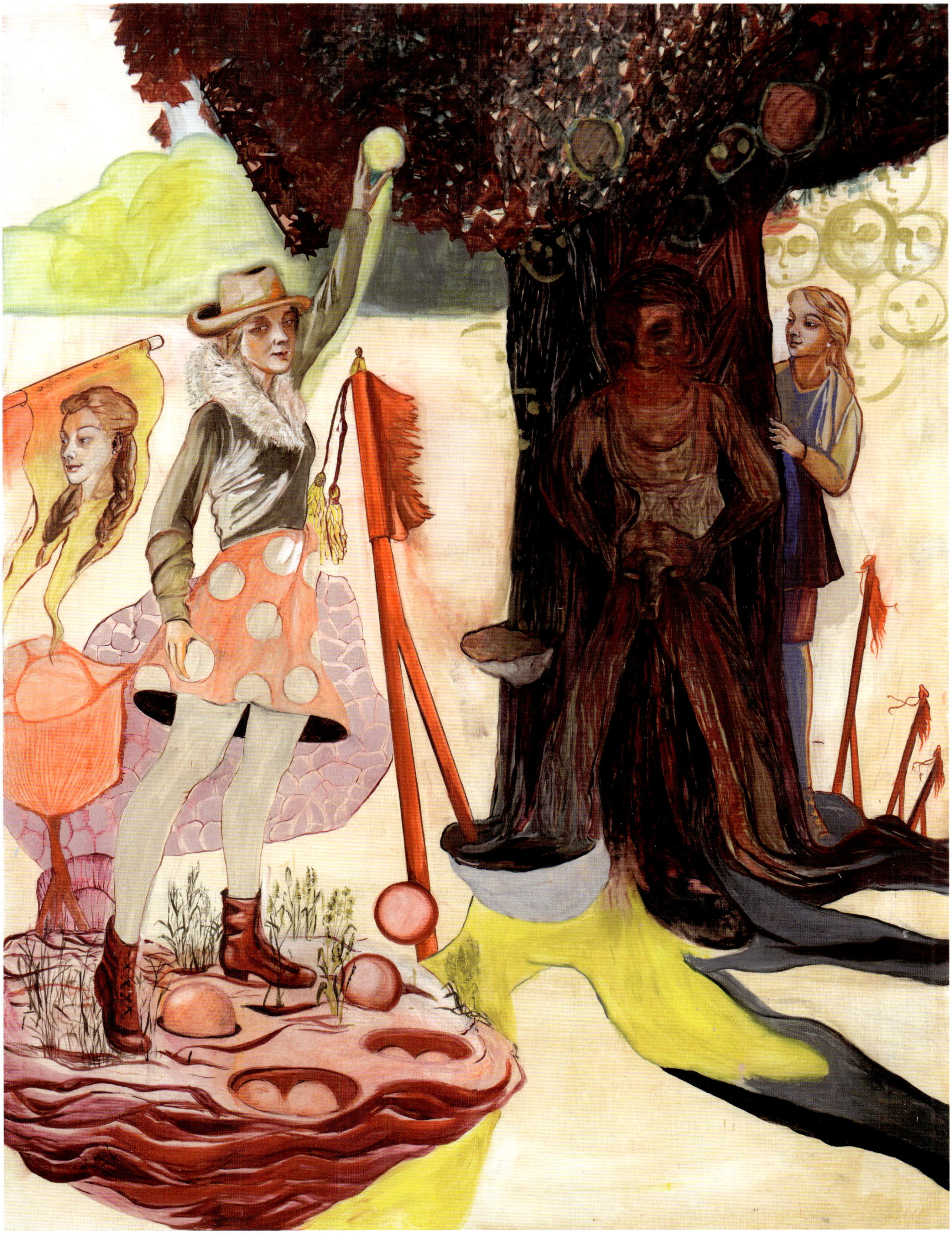

Rosa Loy
Pflug, 2010

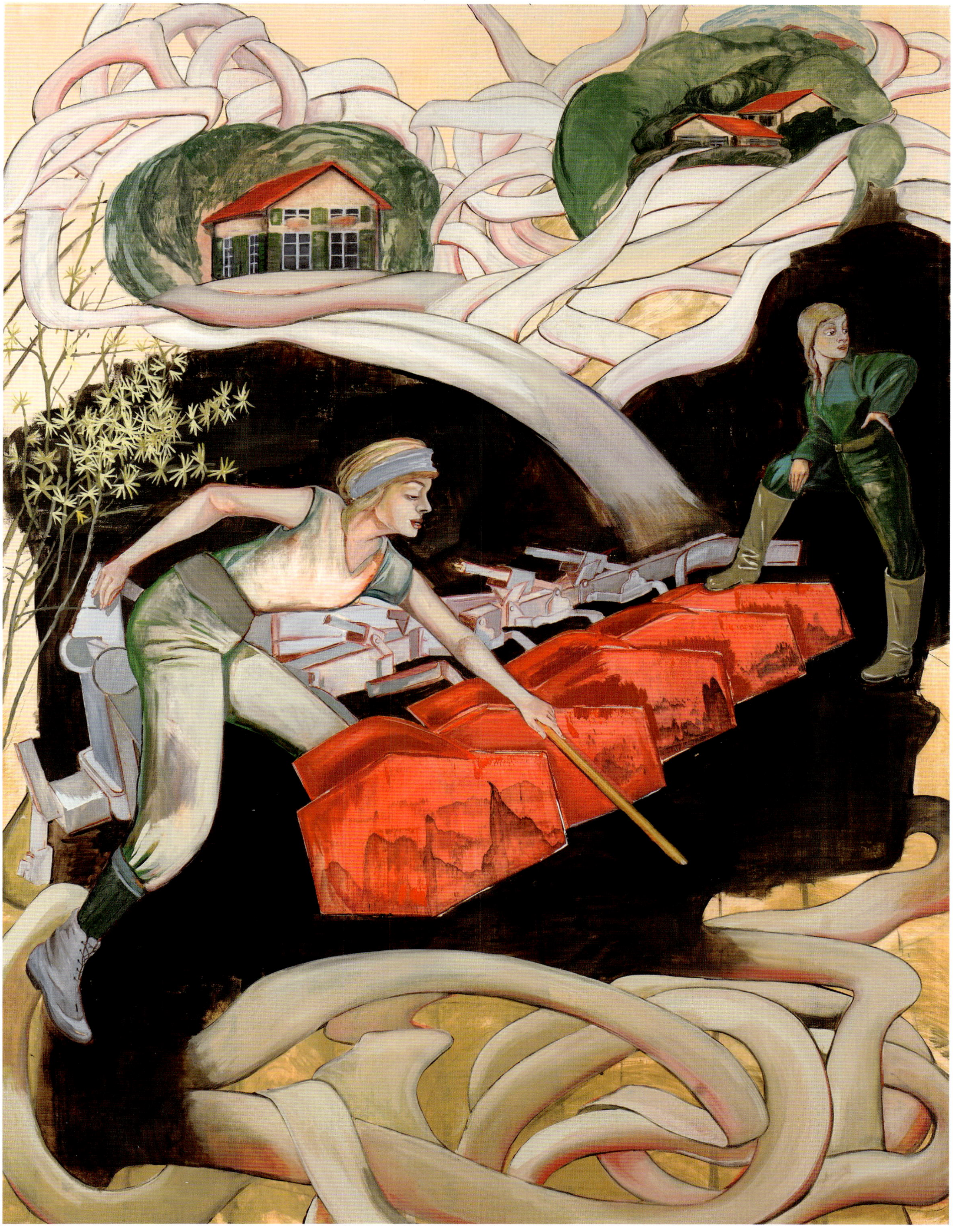

Rosa Loy

Die andere Seite, 2009

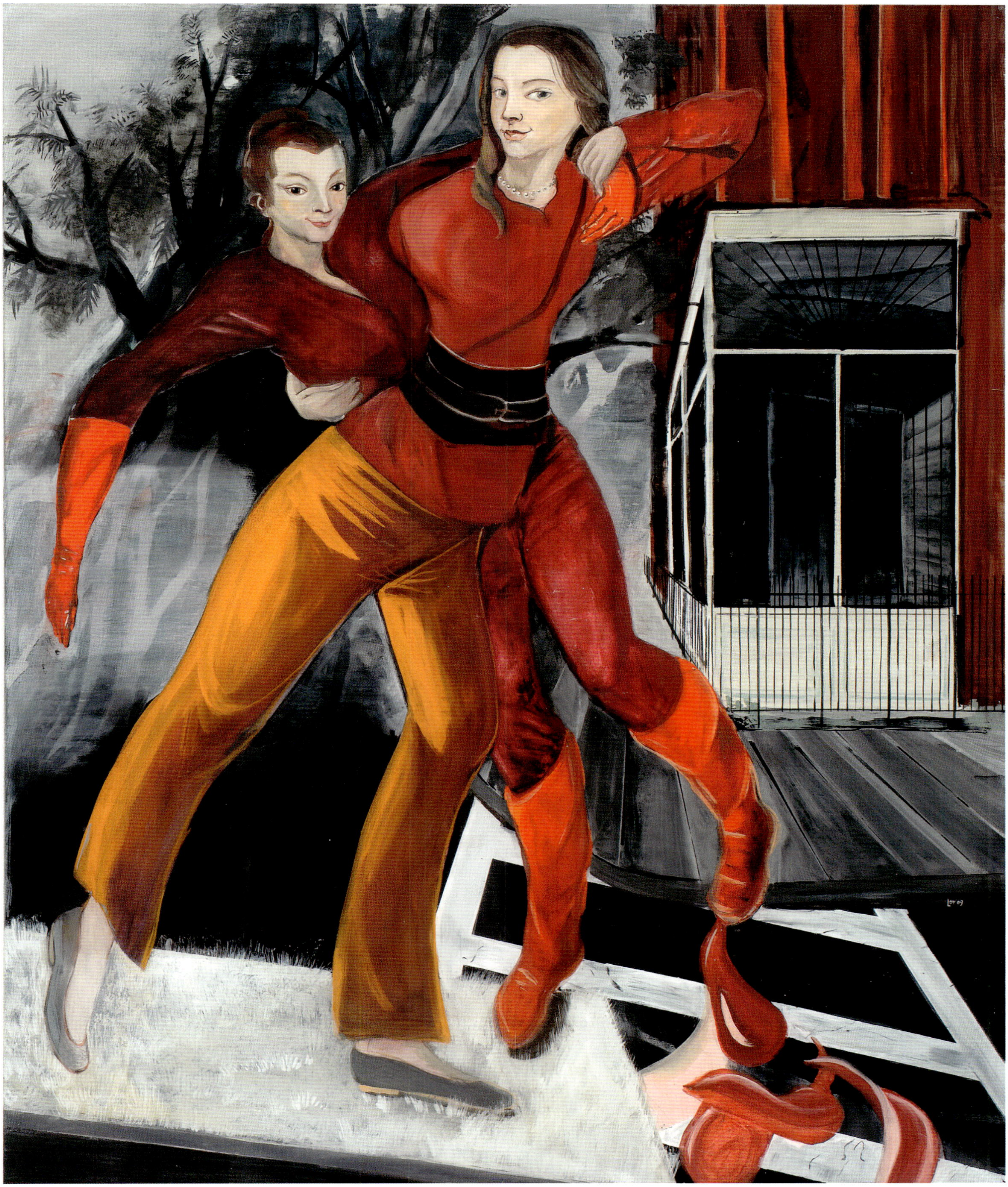

Rosa Loy
Bestellung, 2003

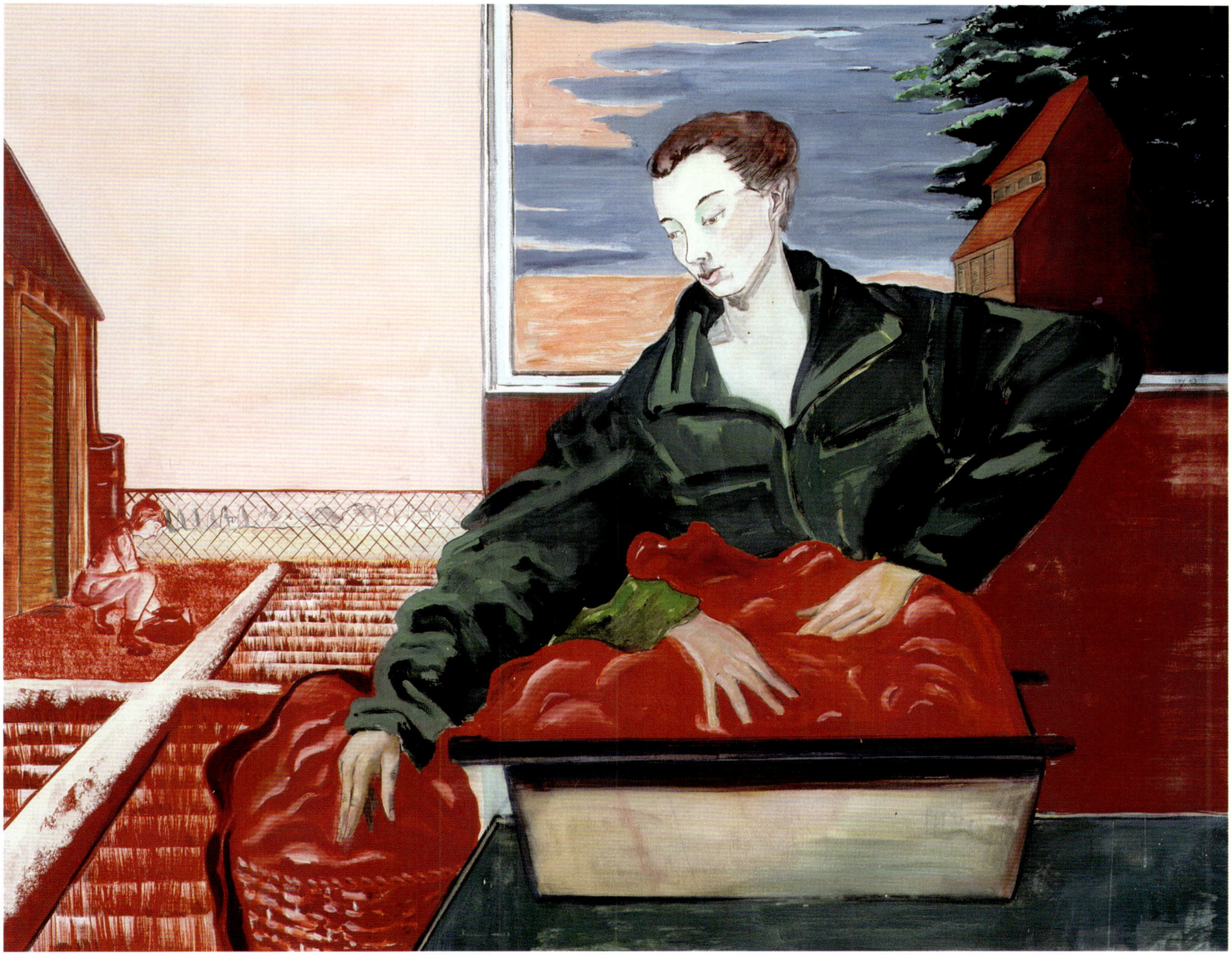

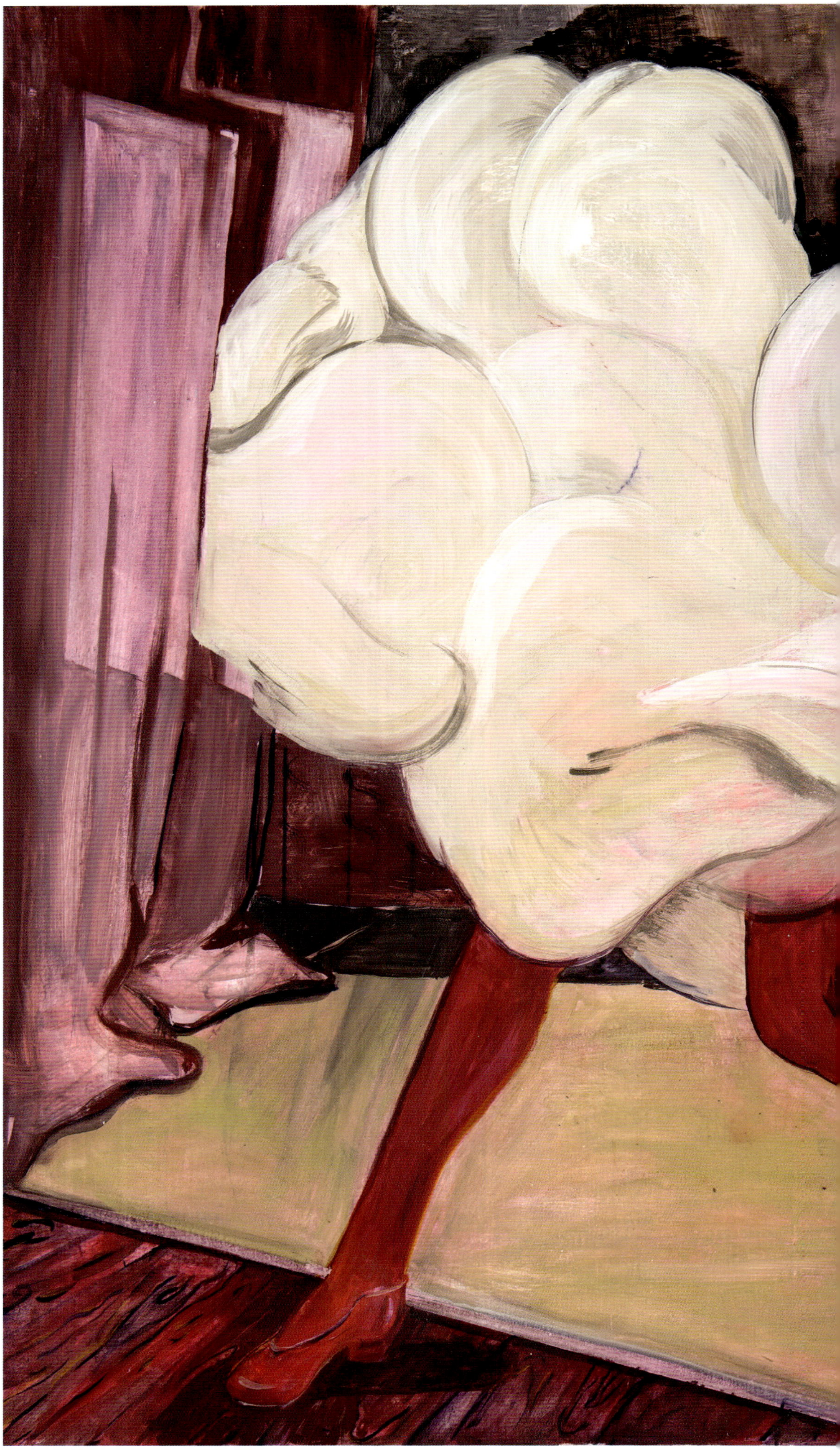

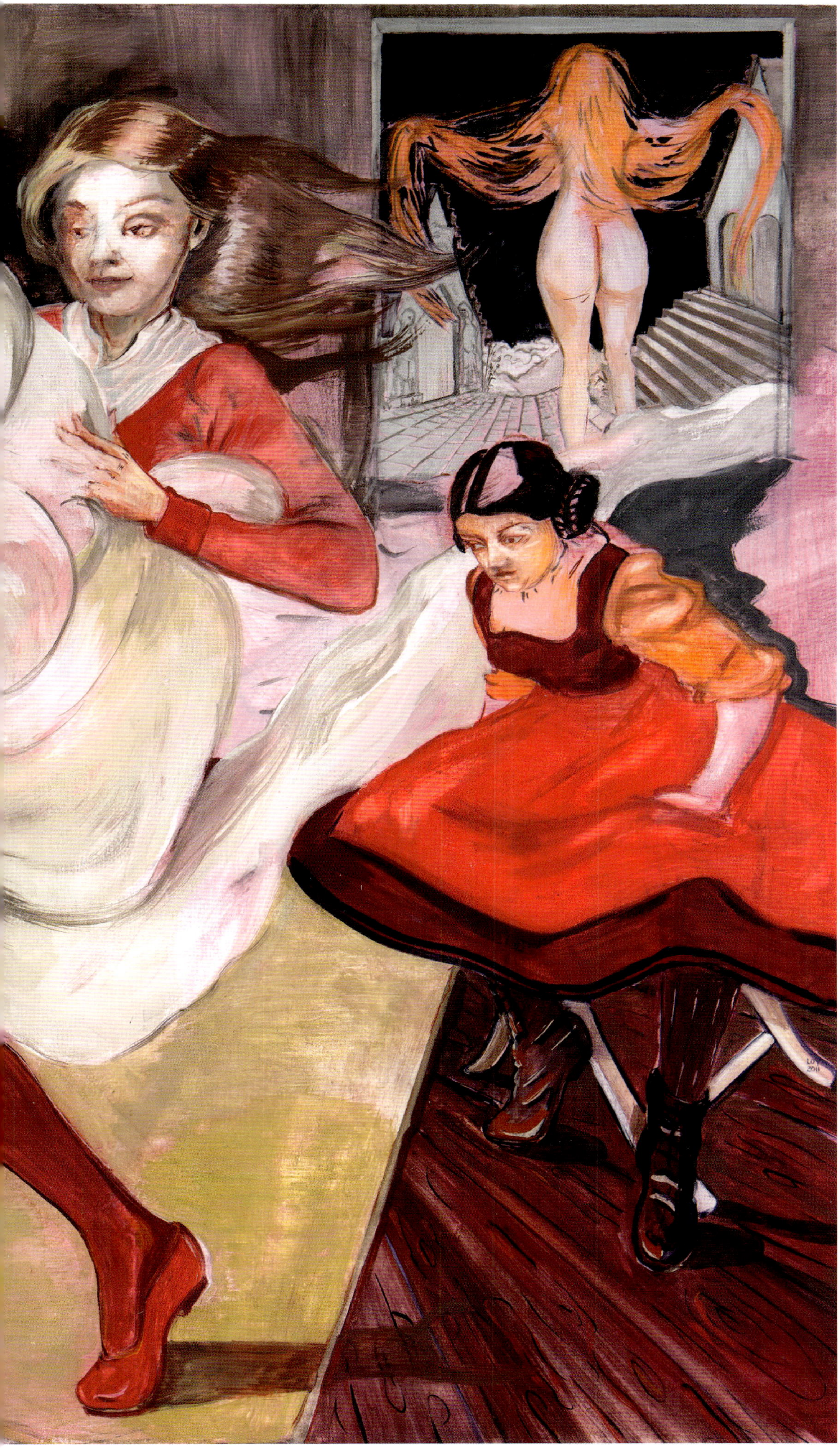

Rosa Loy
Welle, 2011
Seite / page 52-53

Rosa Loy
Waage, 2011

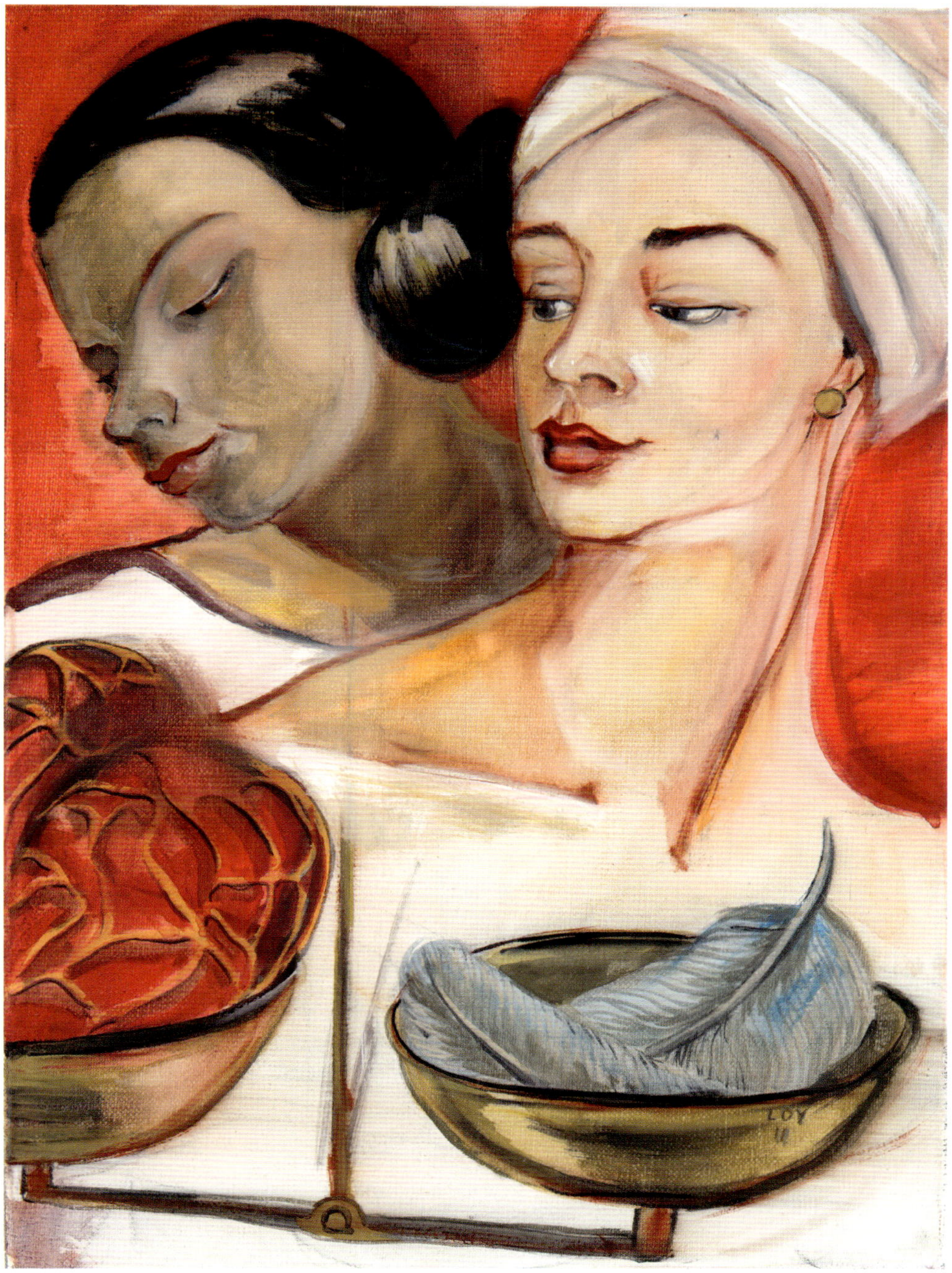

Rosa Loy
Vermittlung, 2010

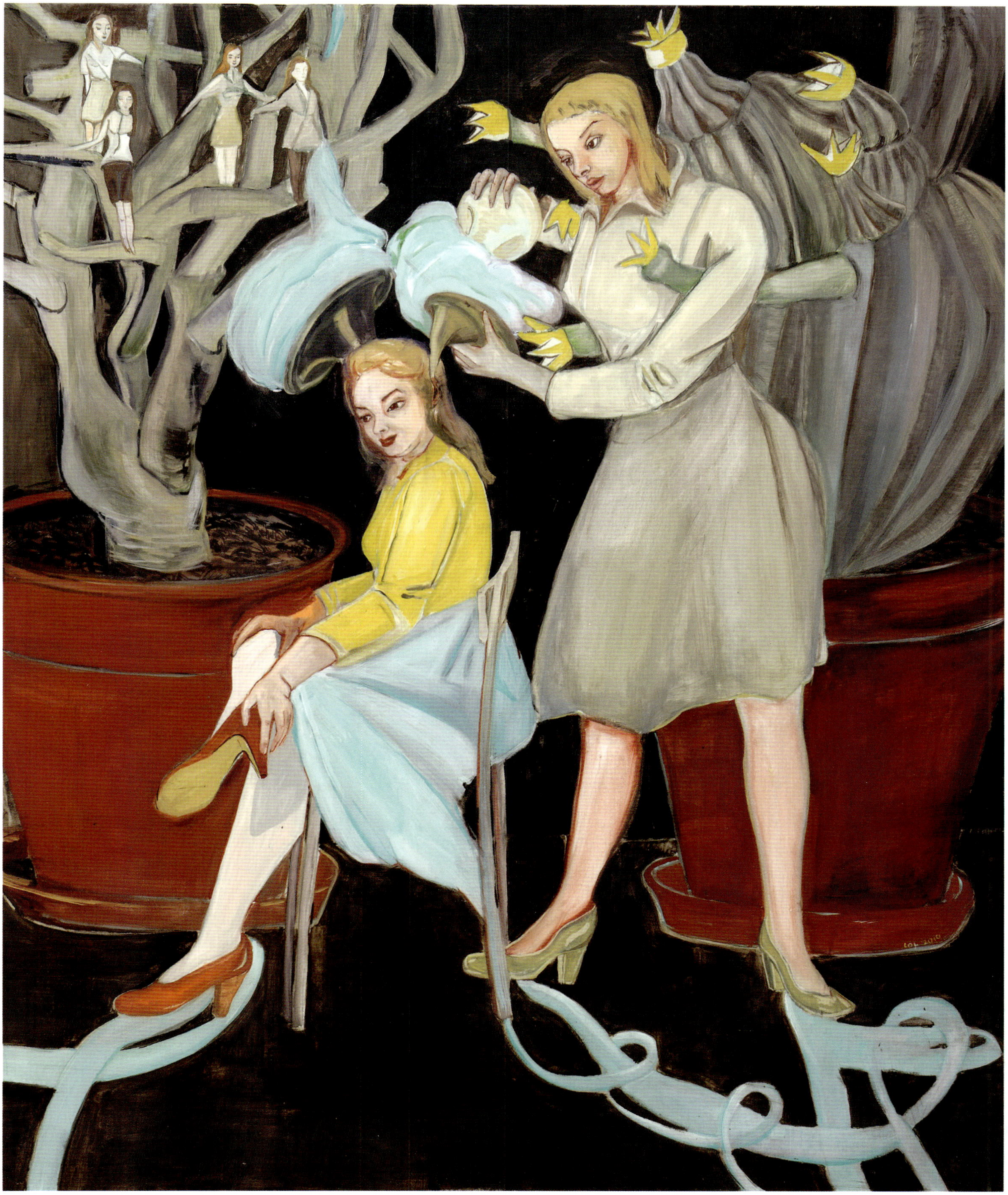

Rosa Loy

Verpuppung, 2010

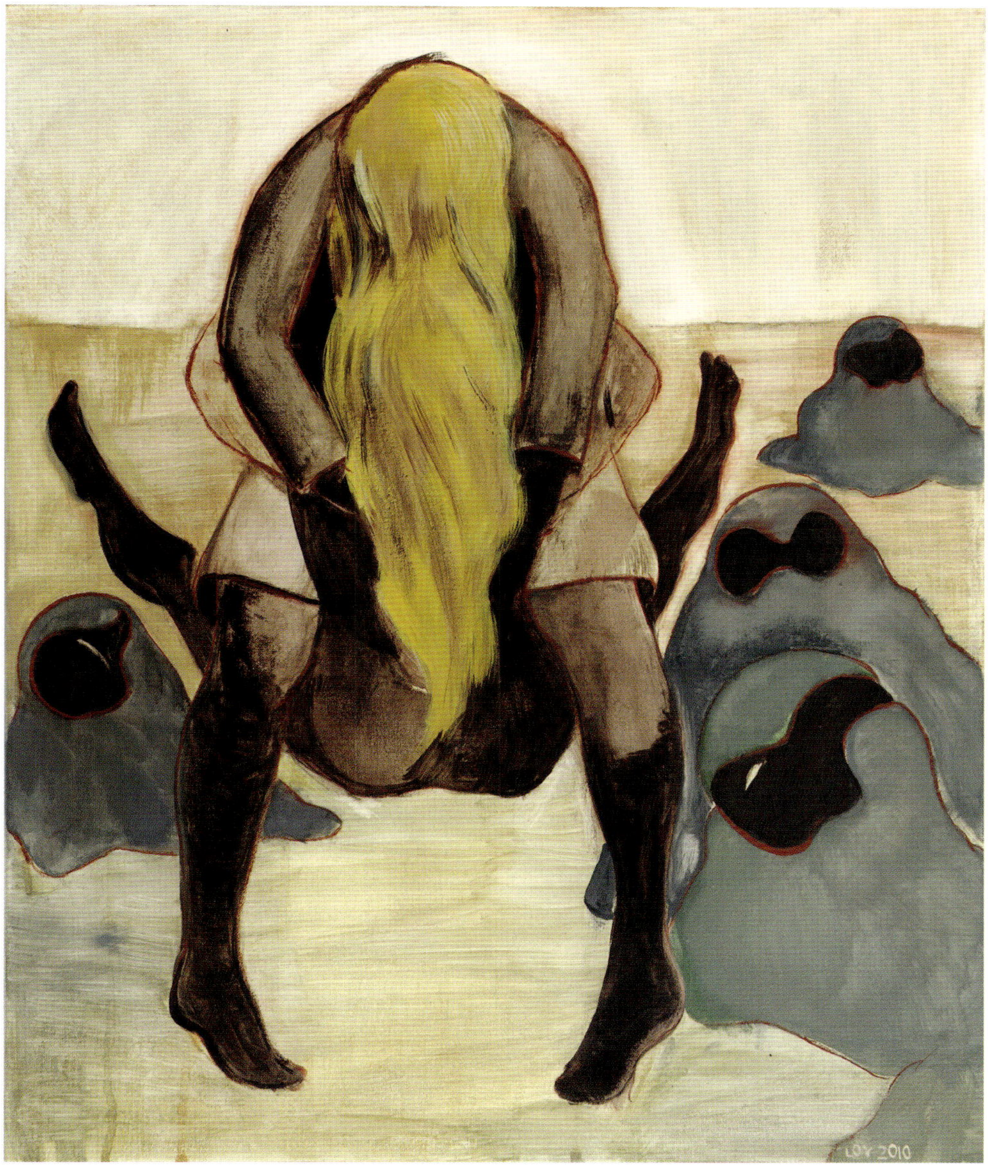
LOY 2010

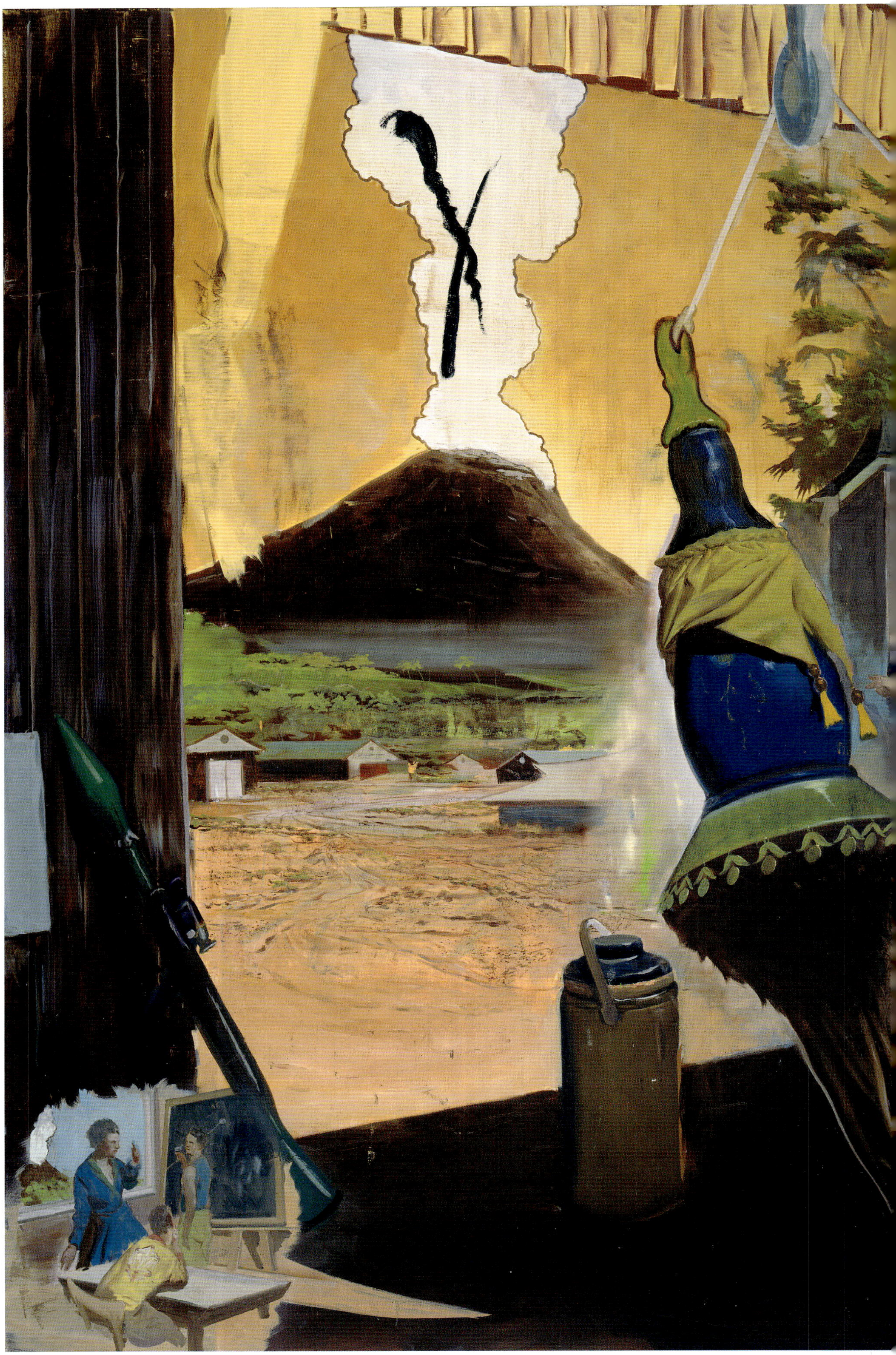

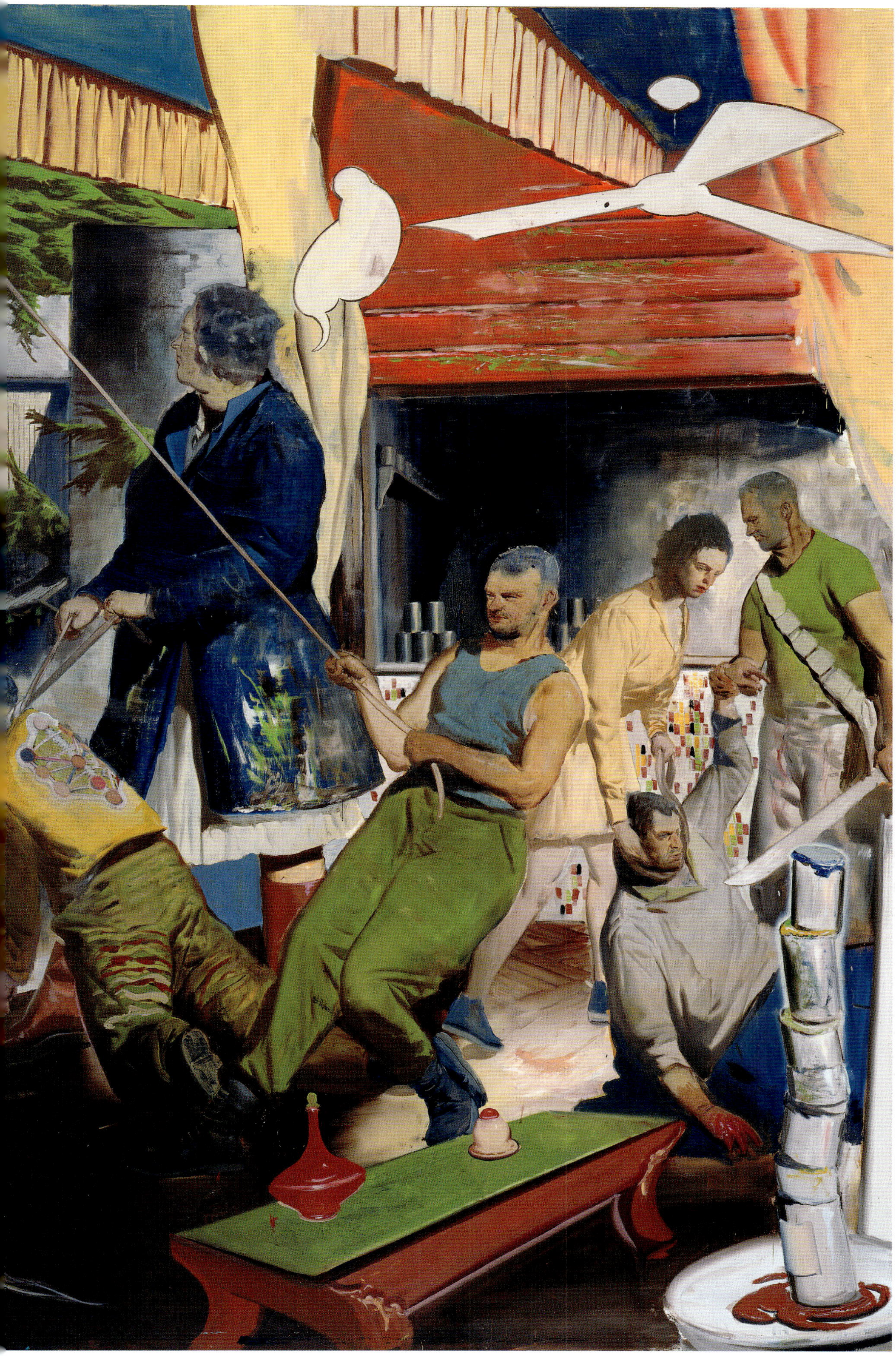

Neo Rauch
Das alte Lied, 2006
Seite / page 60 – 61

Rosa Loy
Grüße aus Fernost, 2009

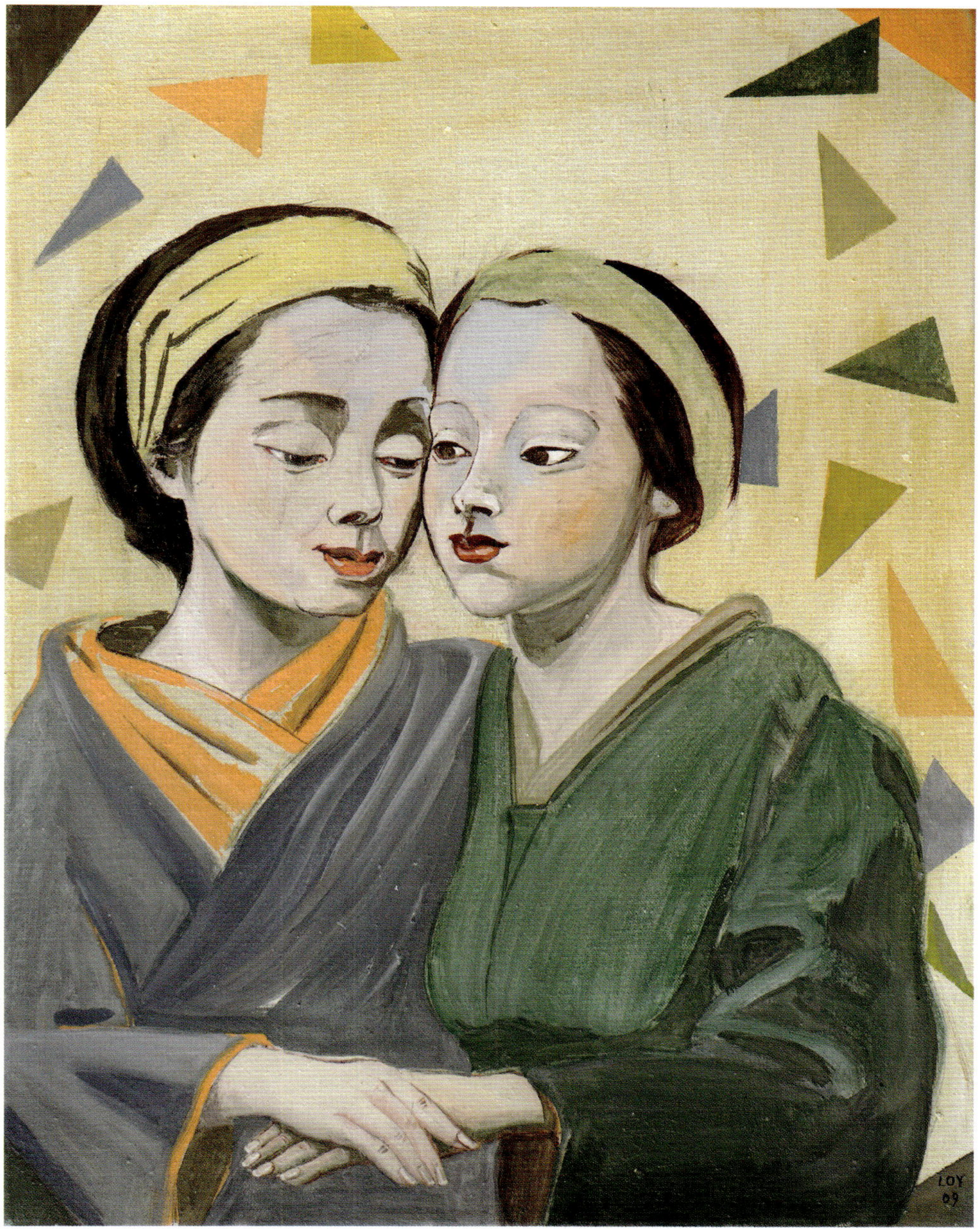
LOY
09

Rosa Loy
Die Tochter, die kluge, 1995

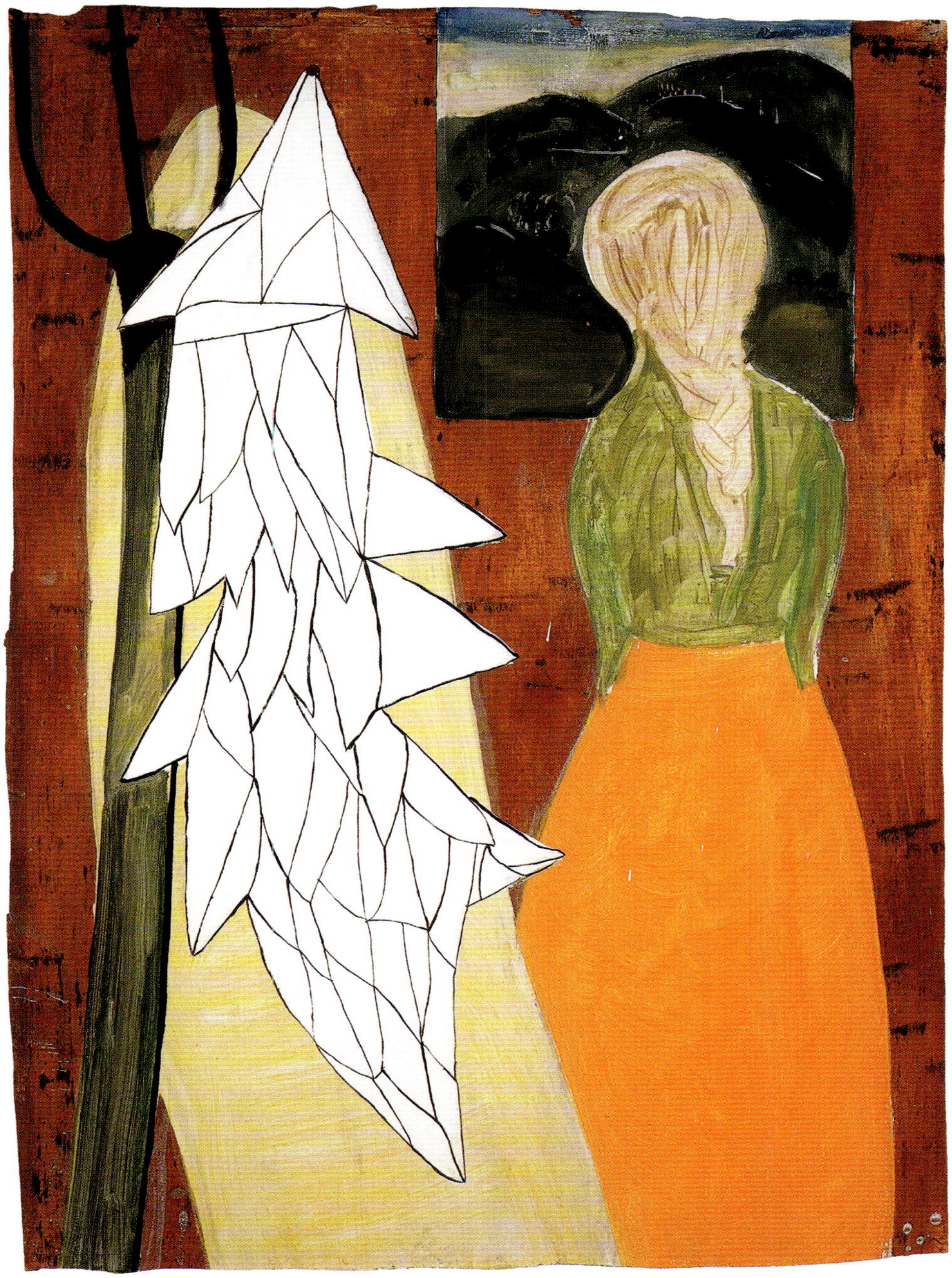

Rosa Loy
Planetenladen, 2009

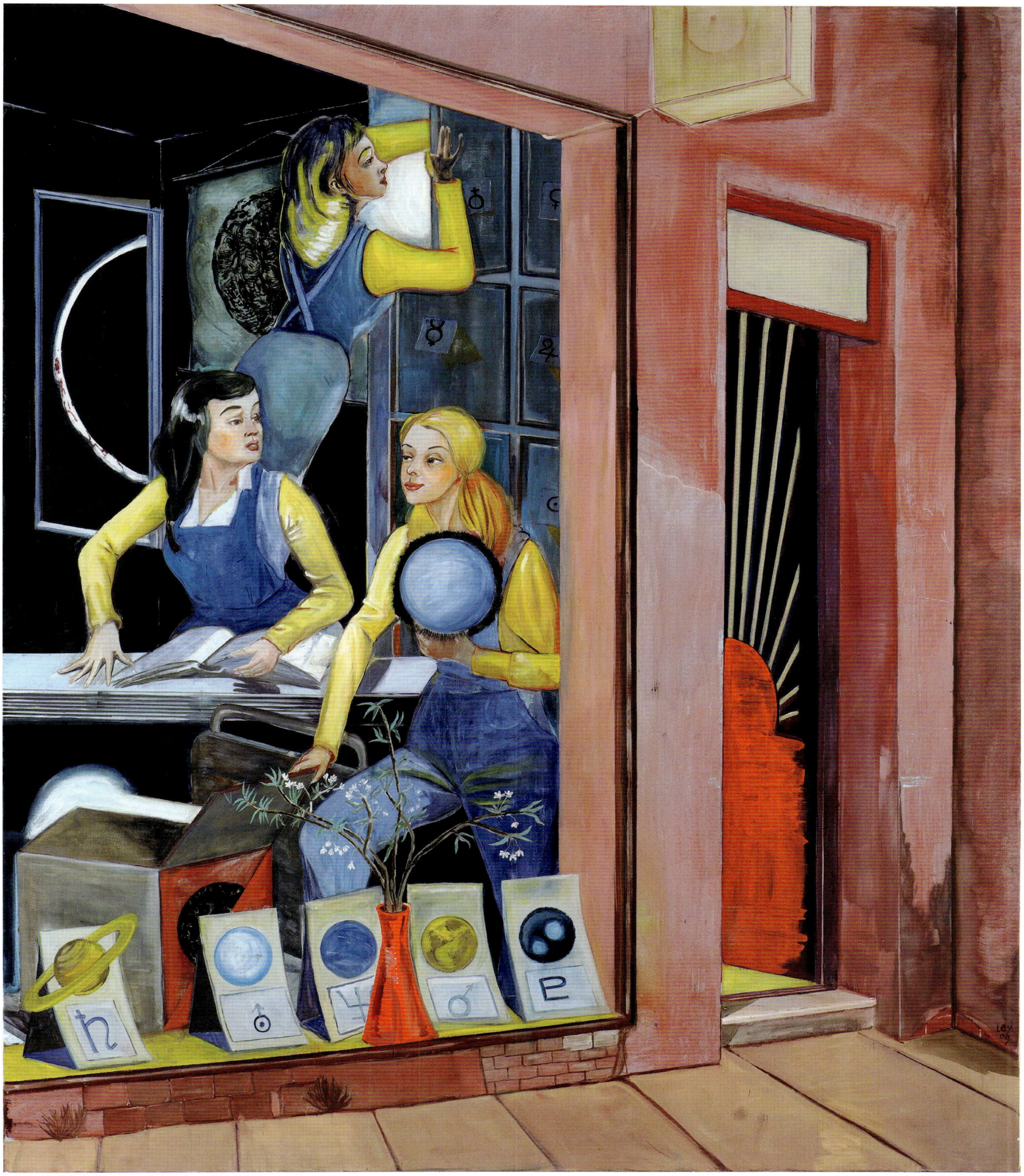

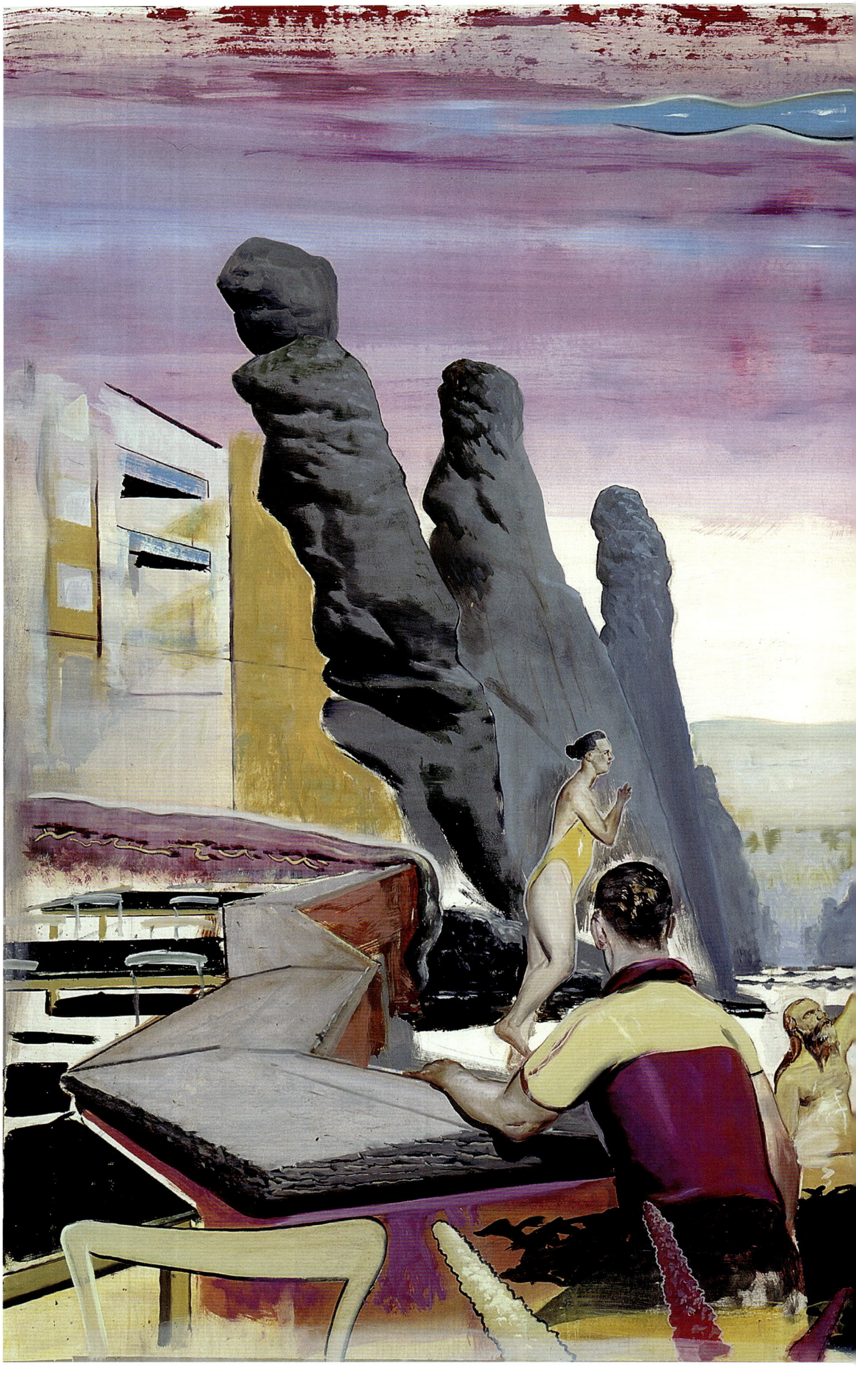

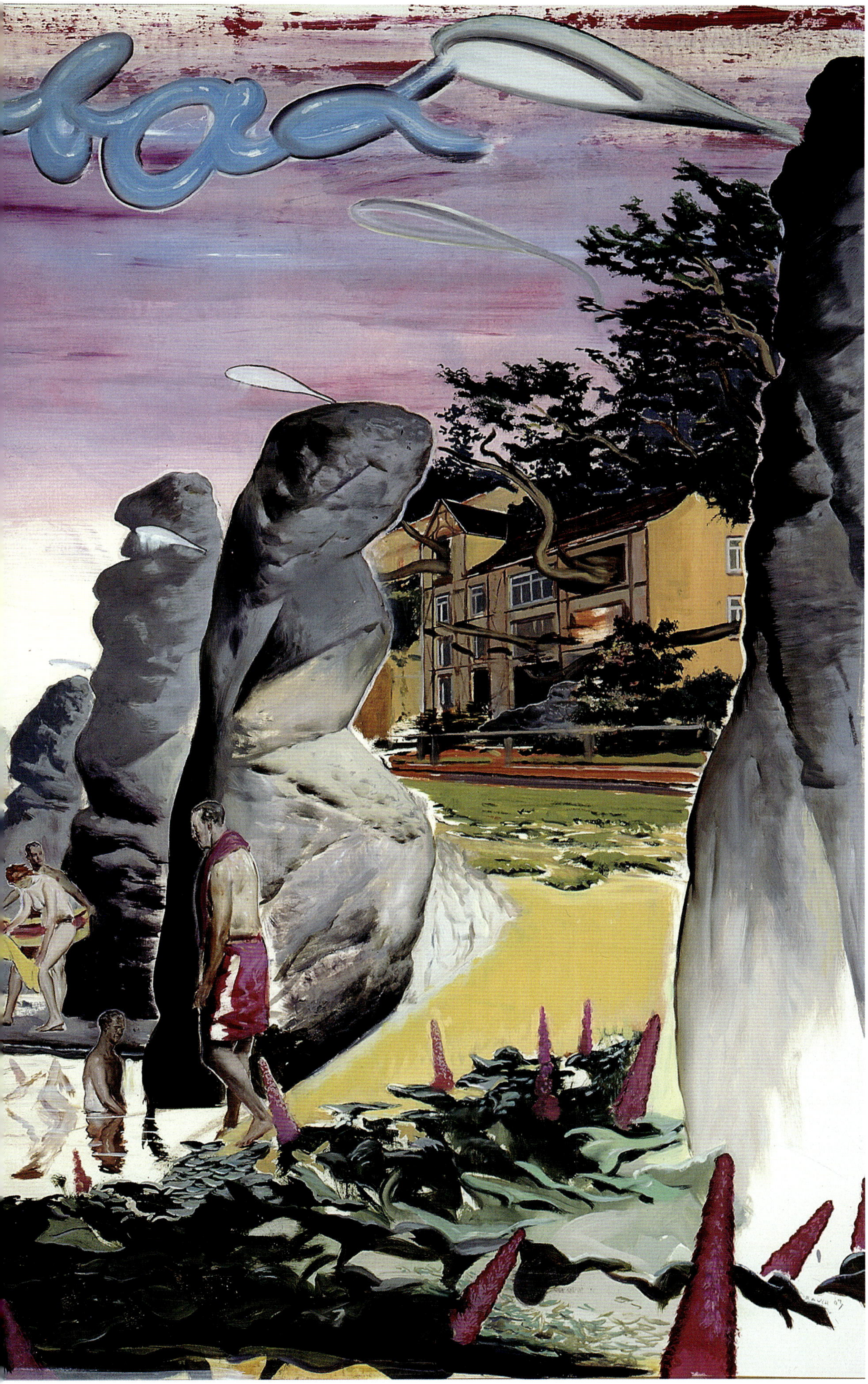

Neo Rauch
Bad, 2003
Seite / page 68 – 69

Neo Rauch
Konvoi, 2003

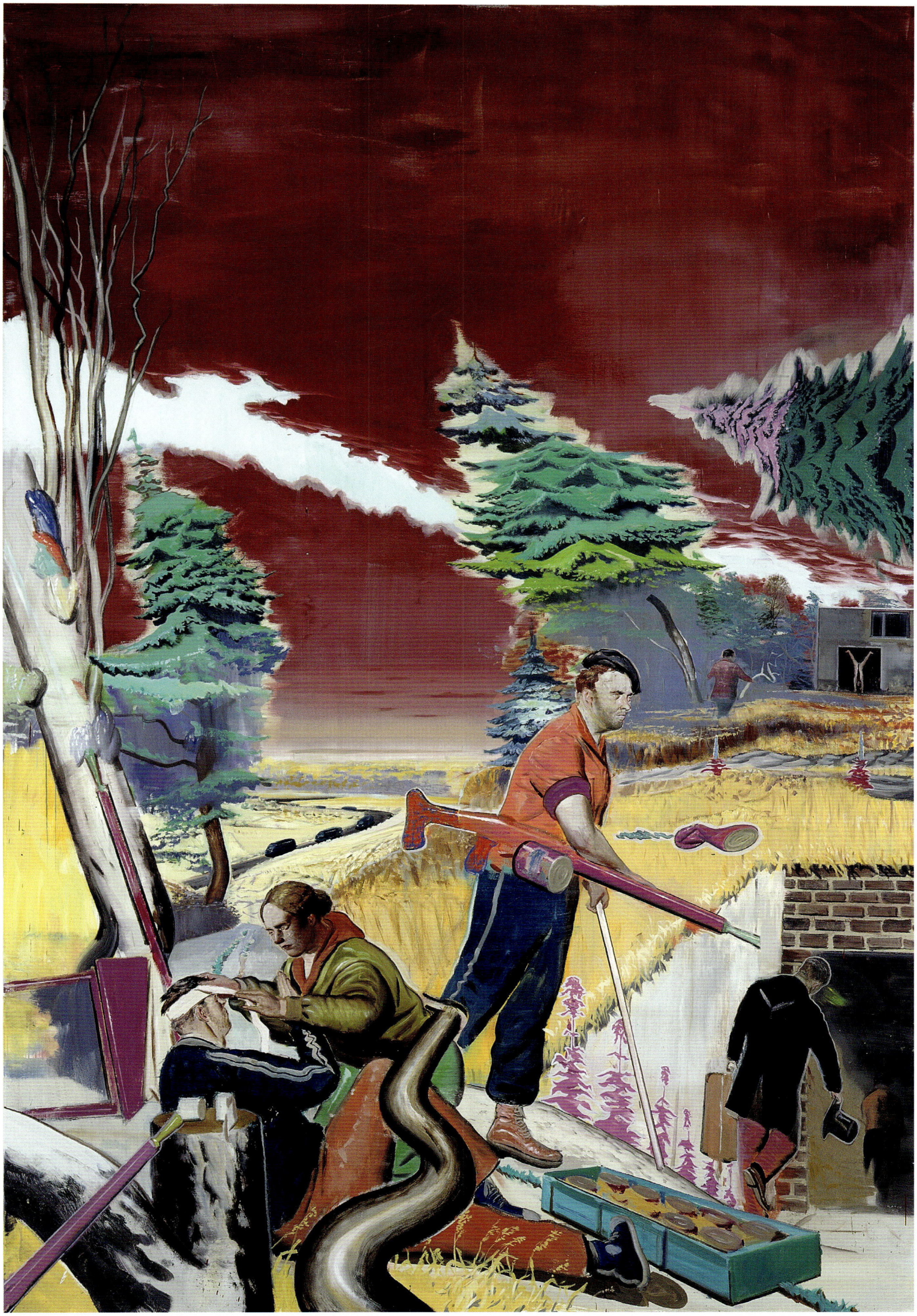

Neo Rauch
Saum, 1993

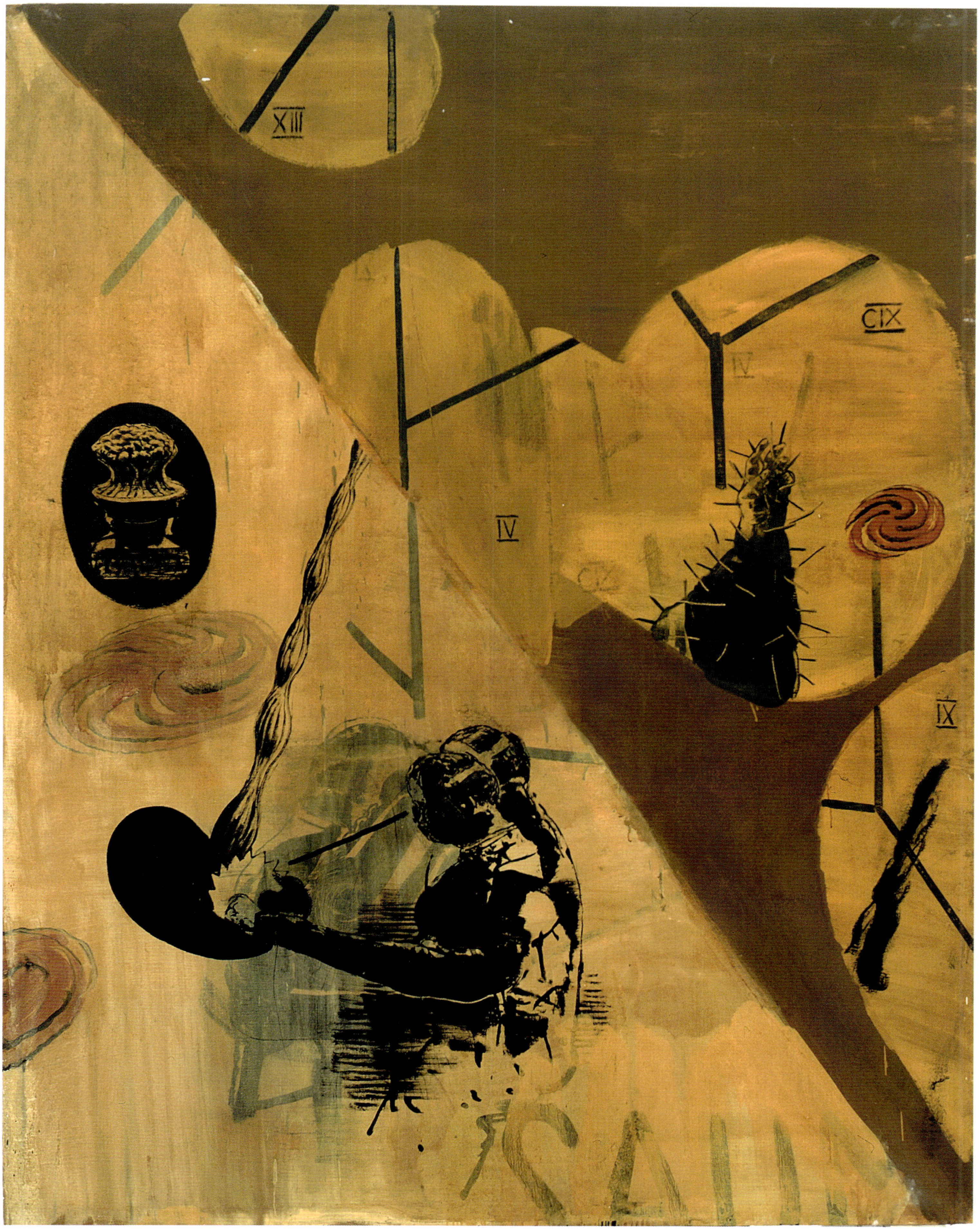

XIII
CIX
IV
IV
IX

Rosa Loy

Flip, 2009

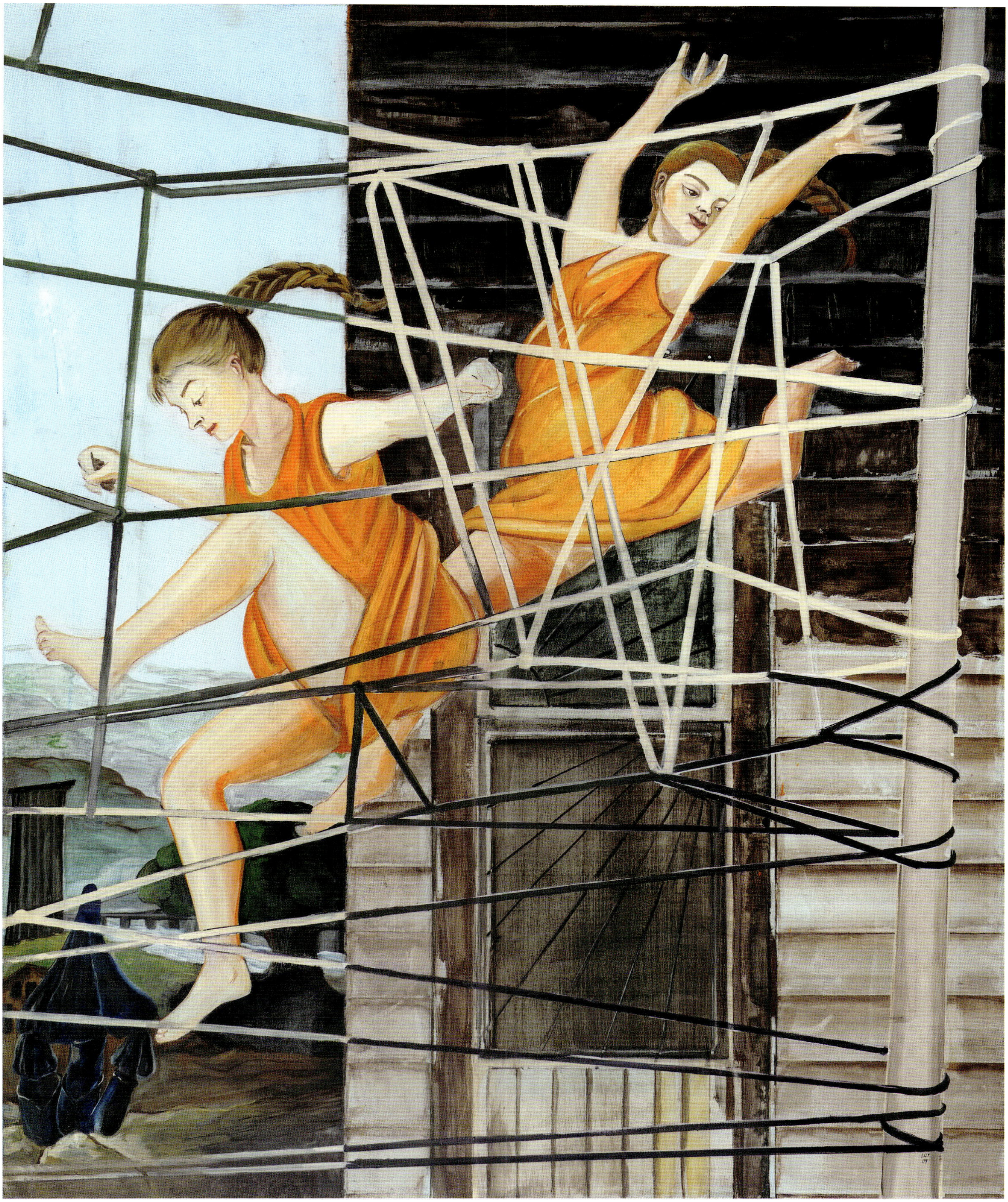

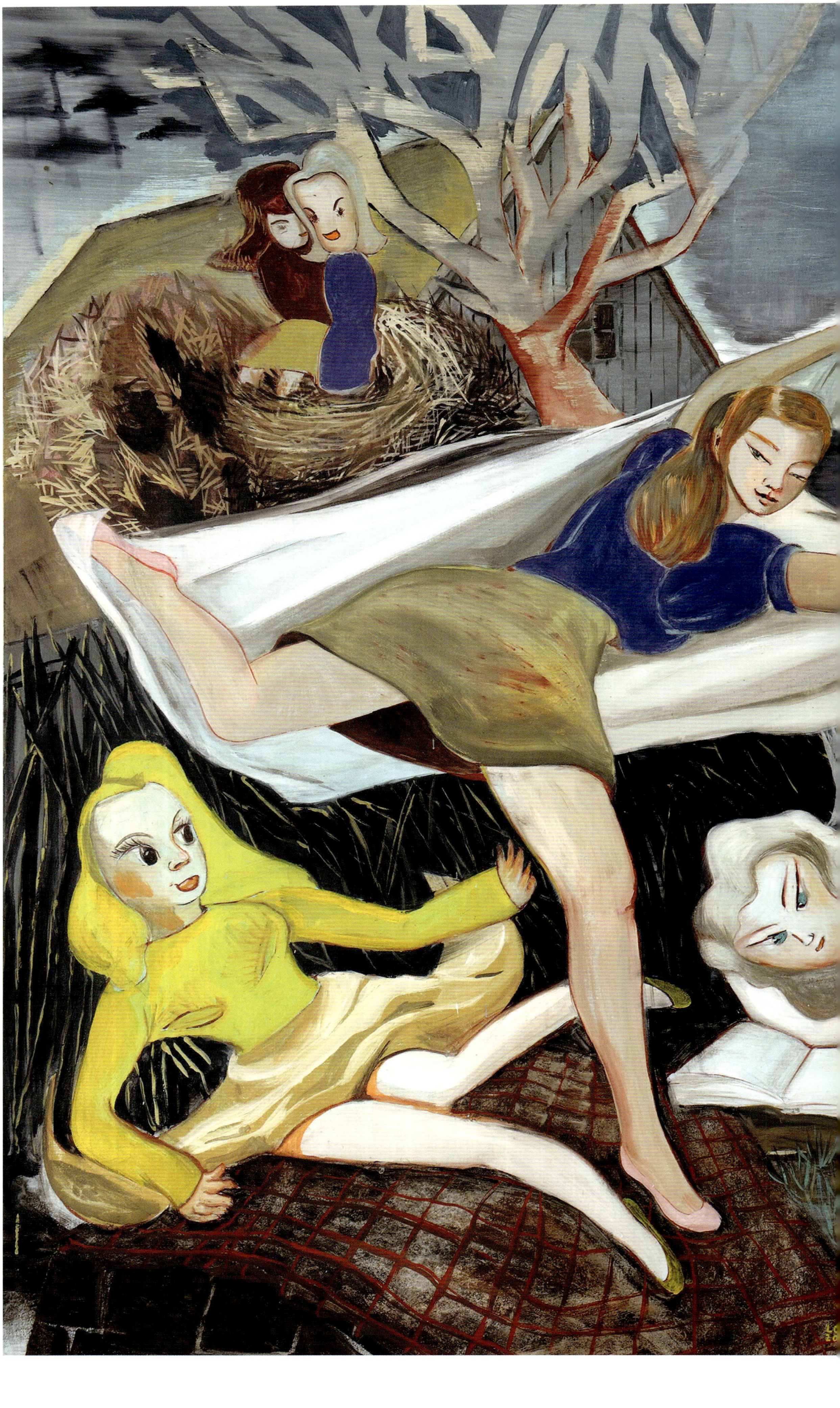

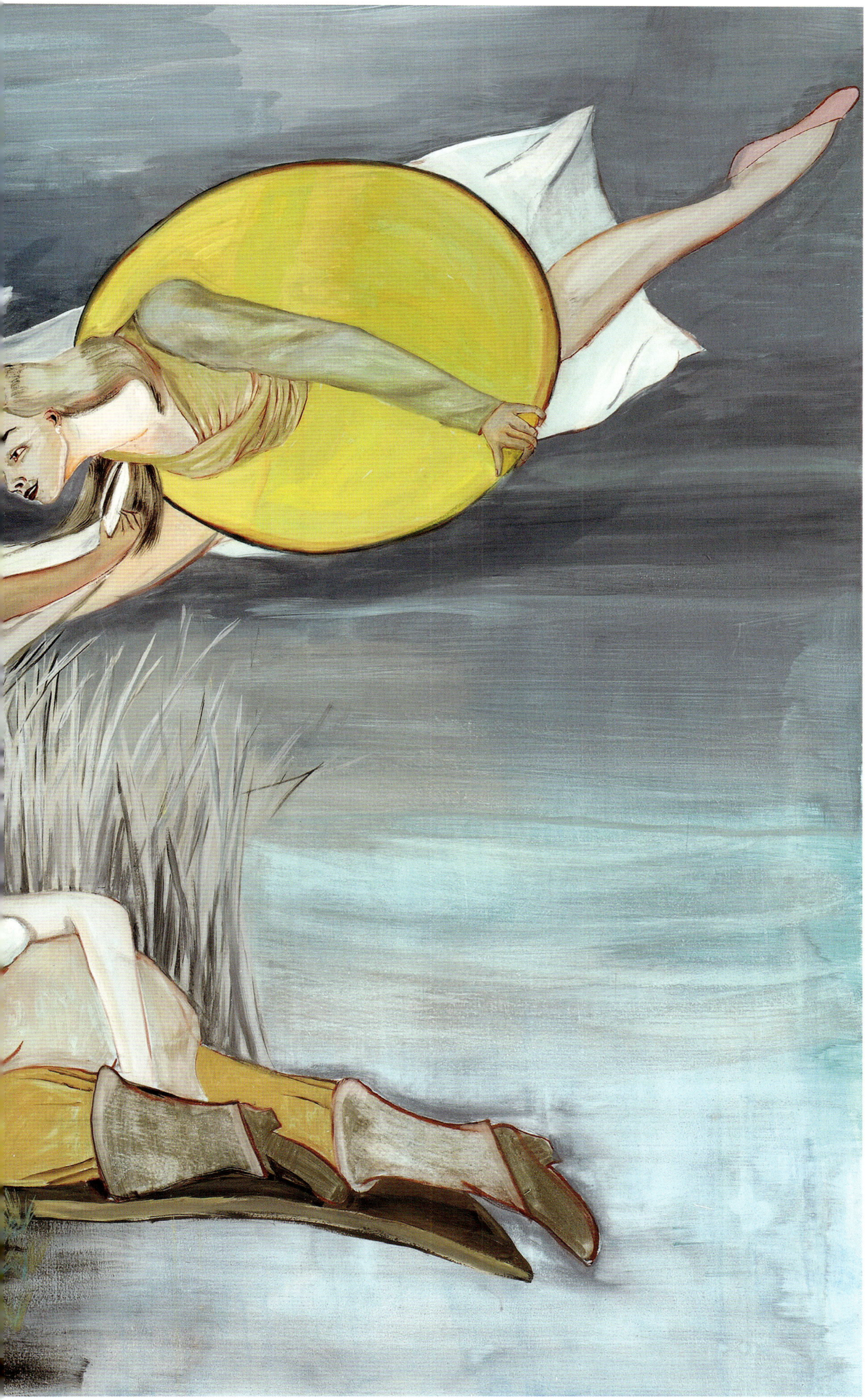

Rosa Loy
Sinnliche Intelligenz, 2010
Seite/page 76 – 77

Rosa Loy
Zweifel, 1997

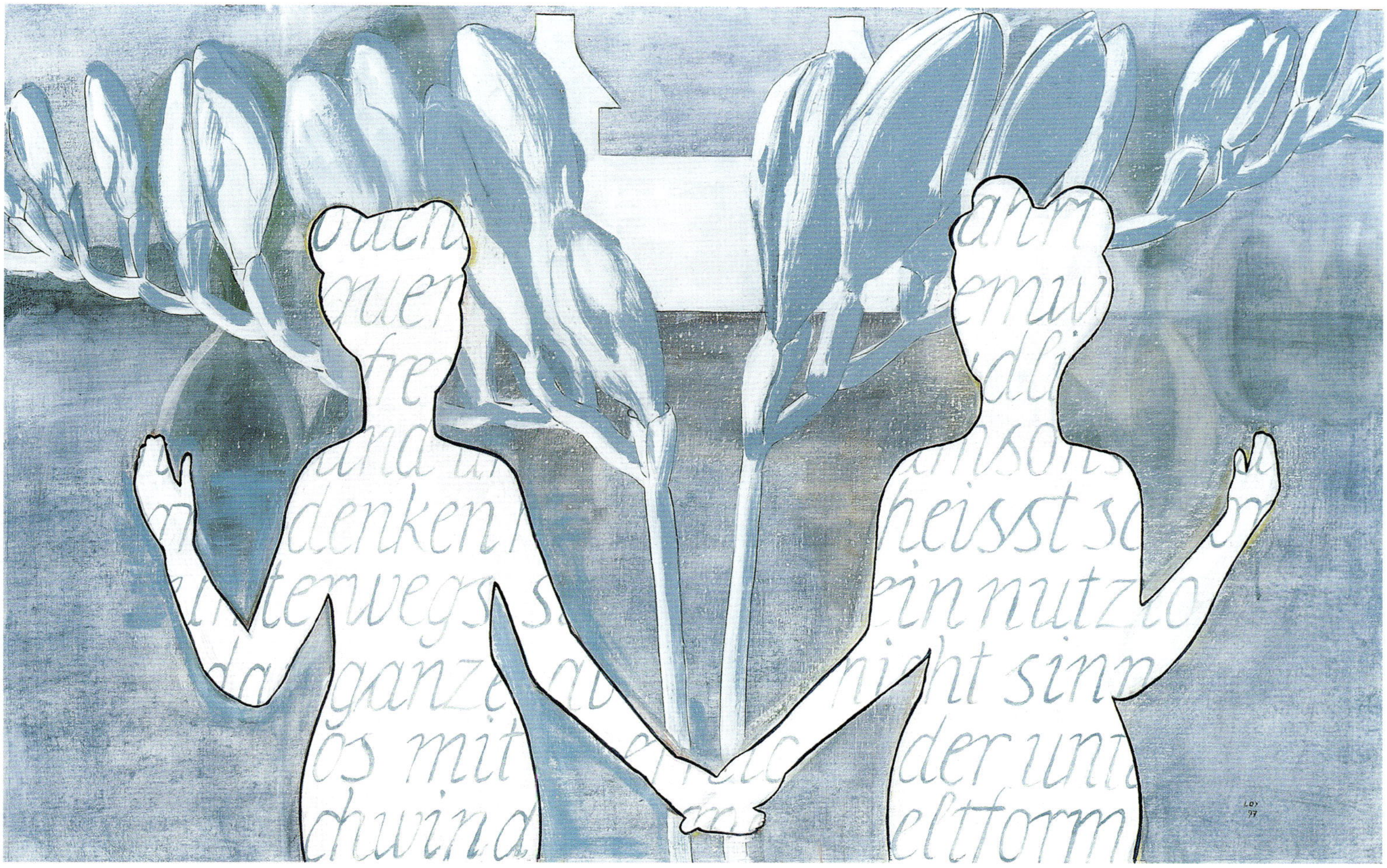
denken
unterwegs
ganze
mit
heisst
nutzlo
nicht sinn
der unt
LOY 97

Rosa Loy

Kleines Kollektiv, 1996

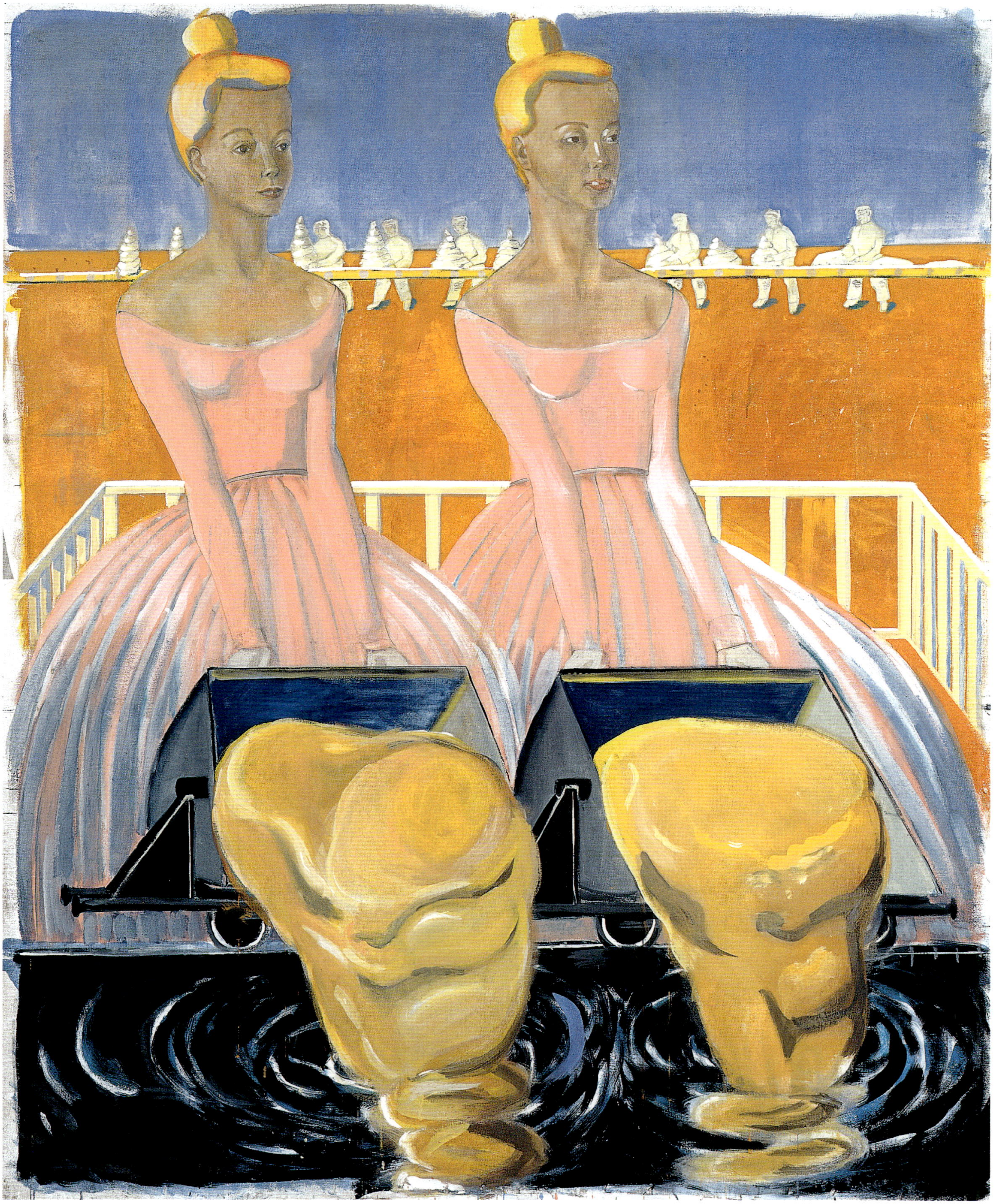

Rosa Loy
Dampf, 2006

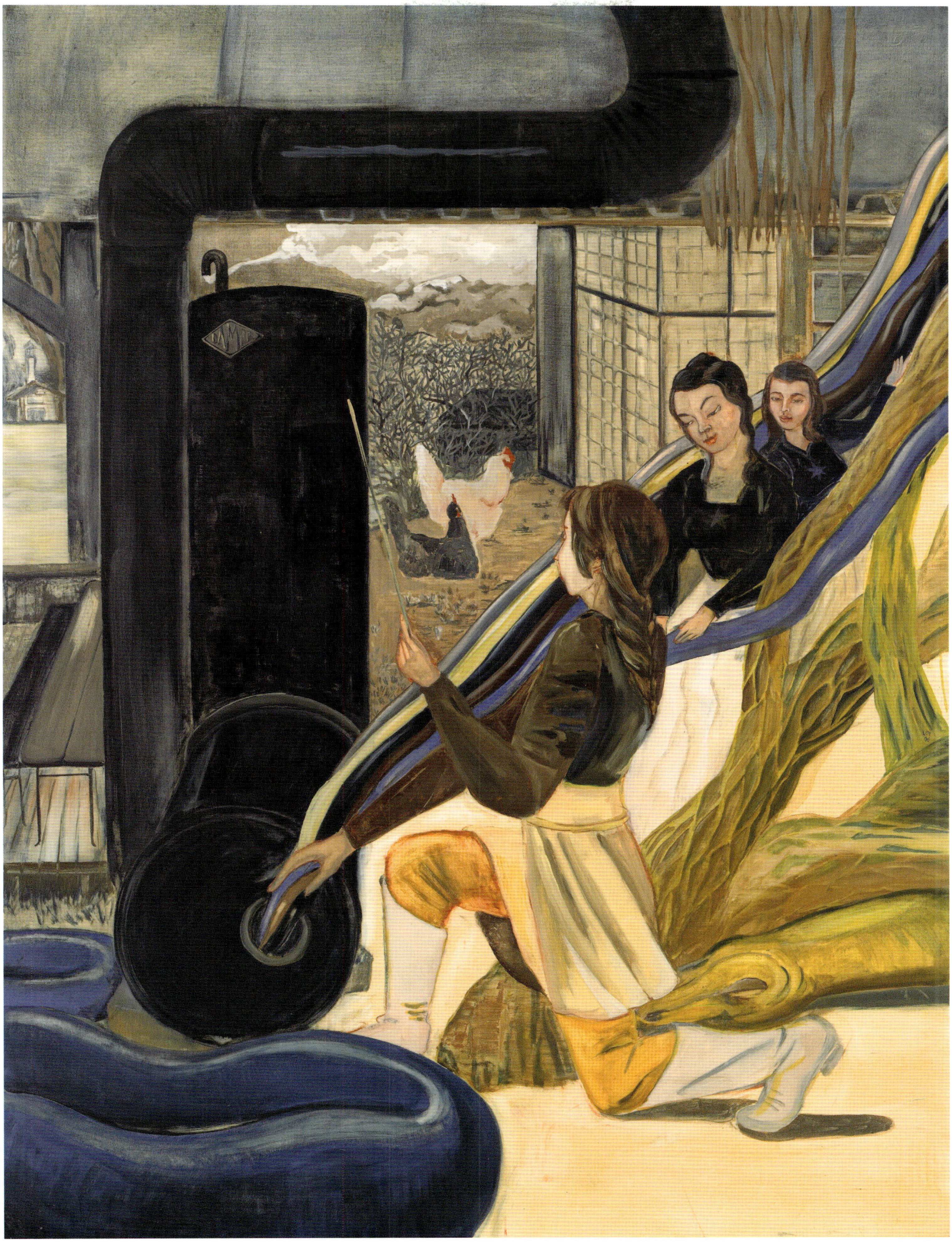

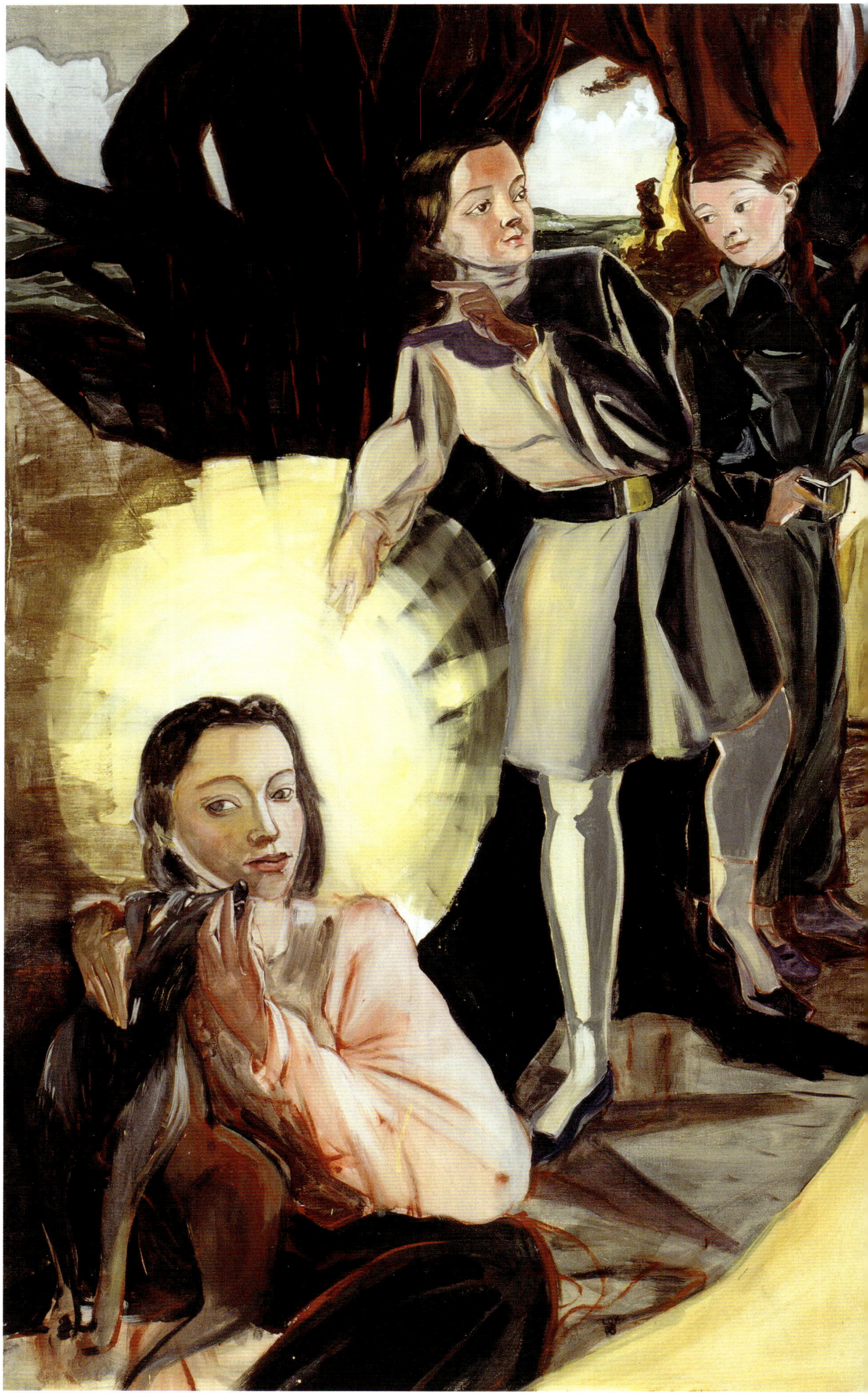

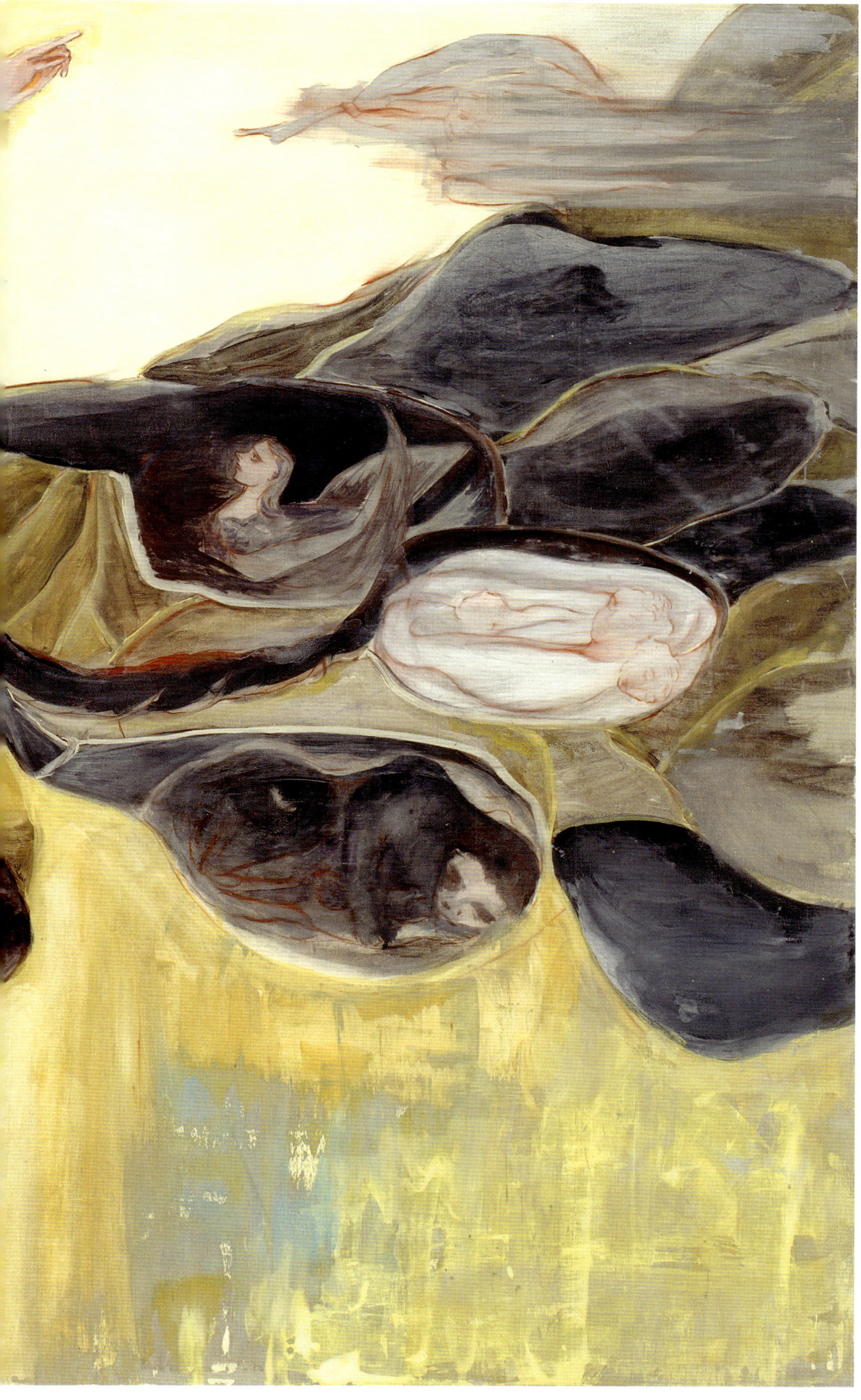

Rosa Loy
Wanderung, 2008
Seite/page 84 – 85

Rosa Loy
Rote Narzisse, 2006

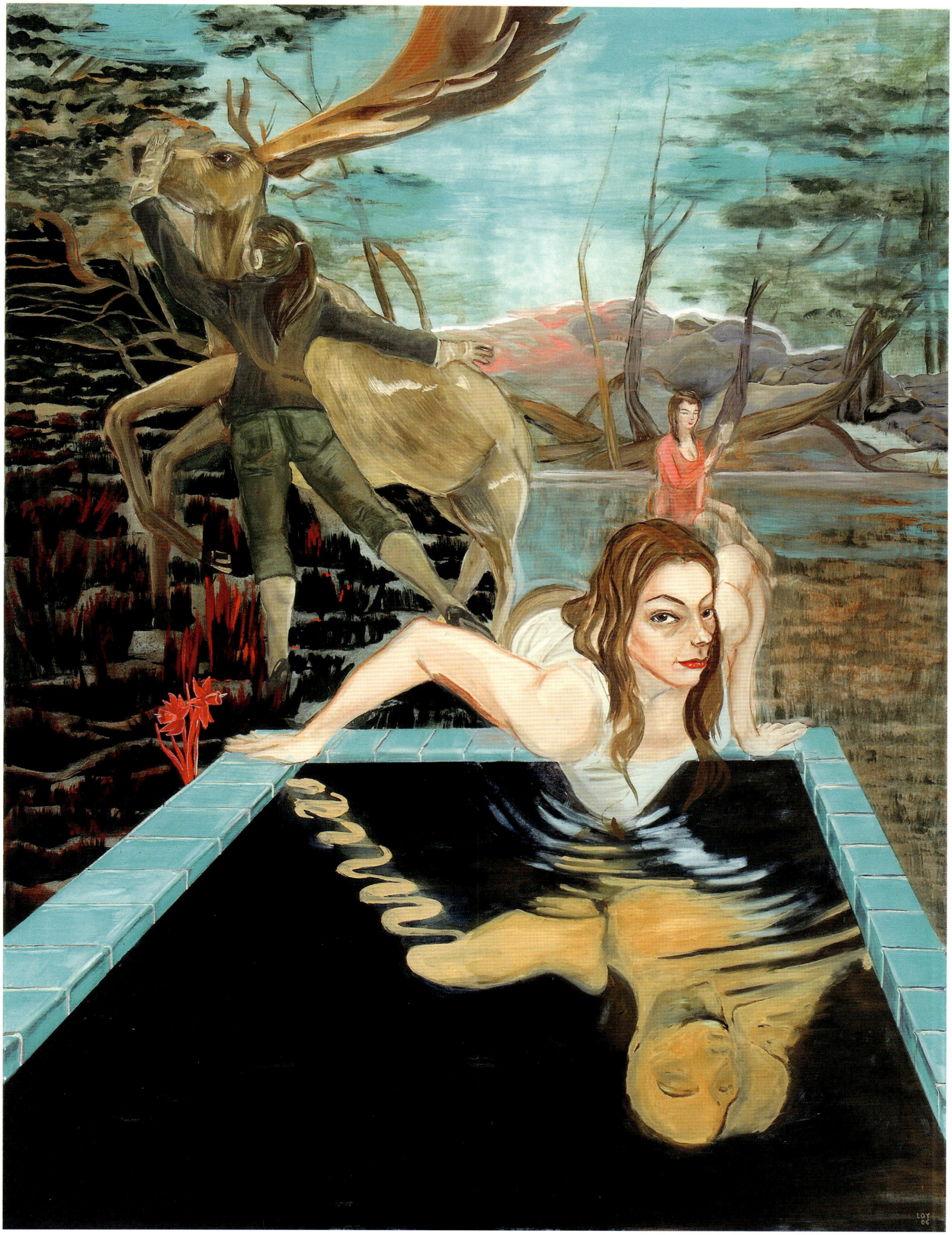
LOY
06

Rosa Loy
Suche, 2008

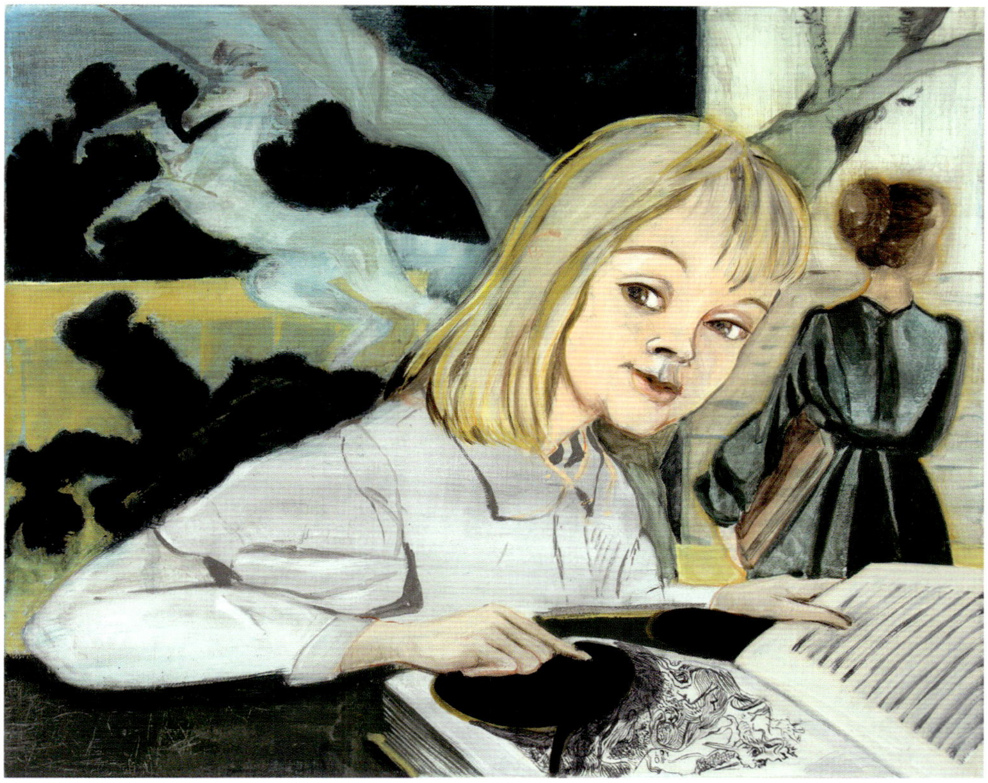

Neo Rauch
Mars, 2002

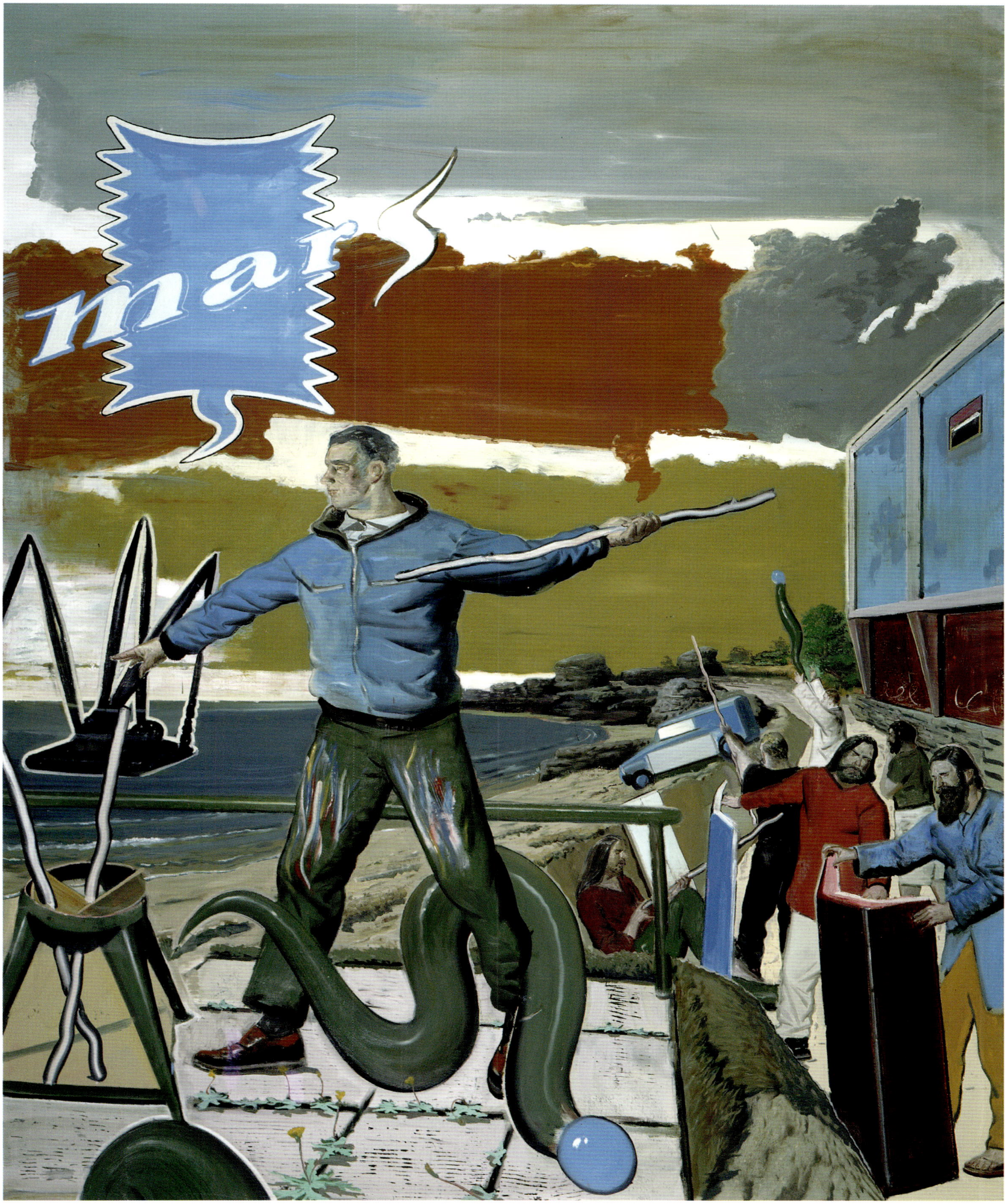
mar

Neo Rauch

Bergfest, 2010

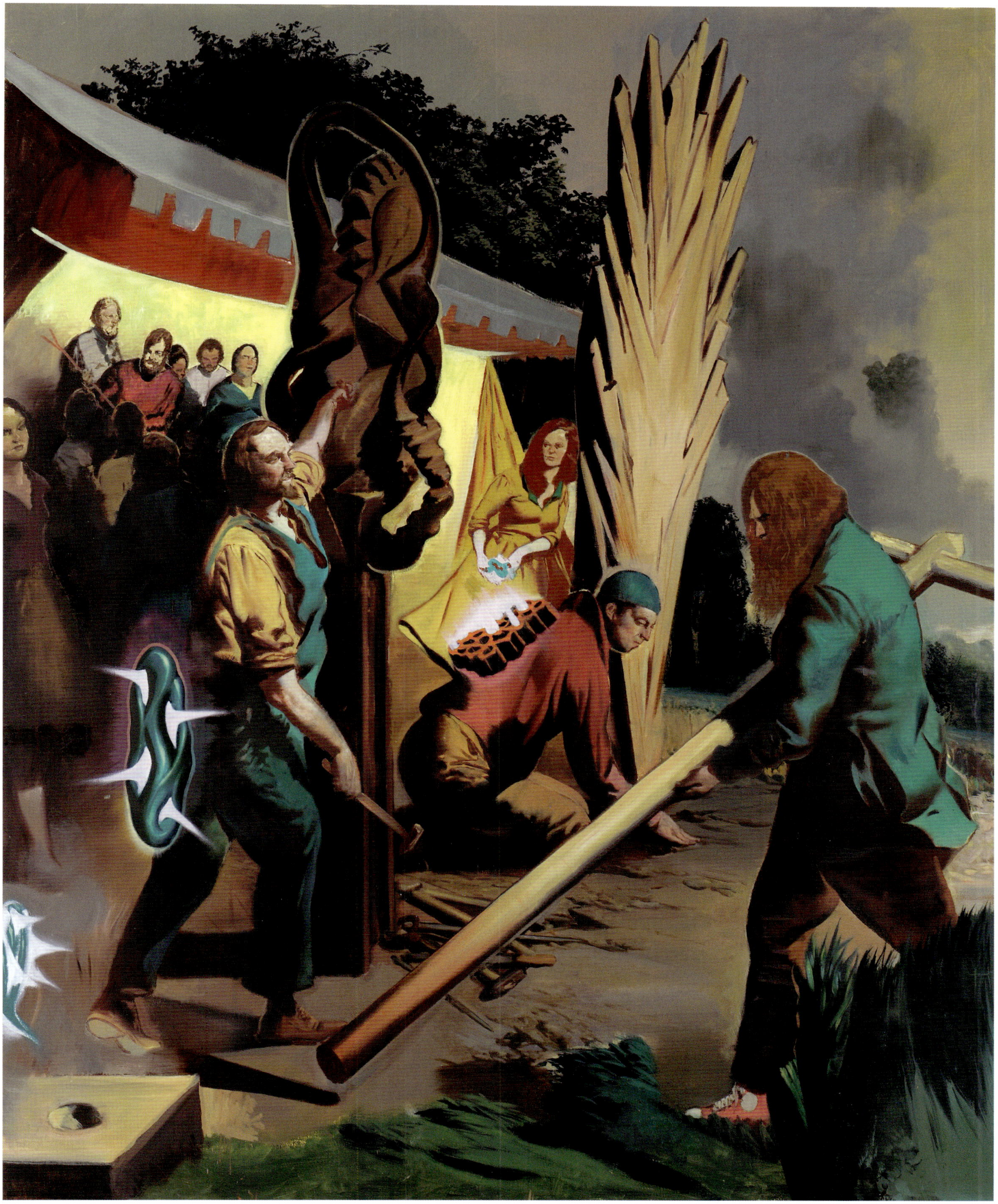

Neo Rauch
Bergmann, 2010

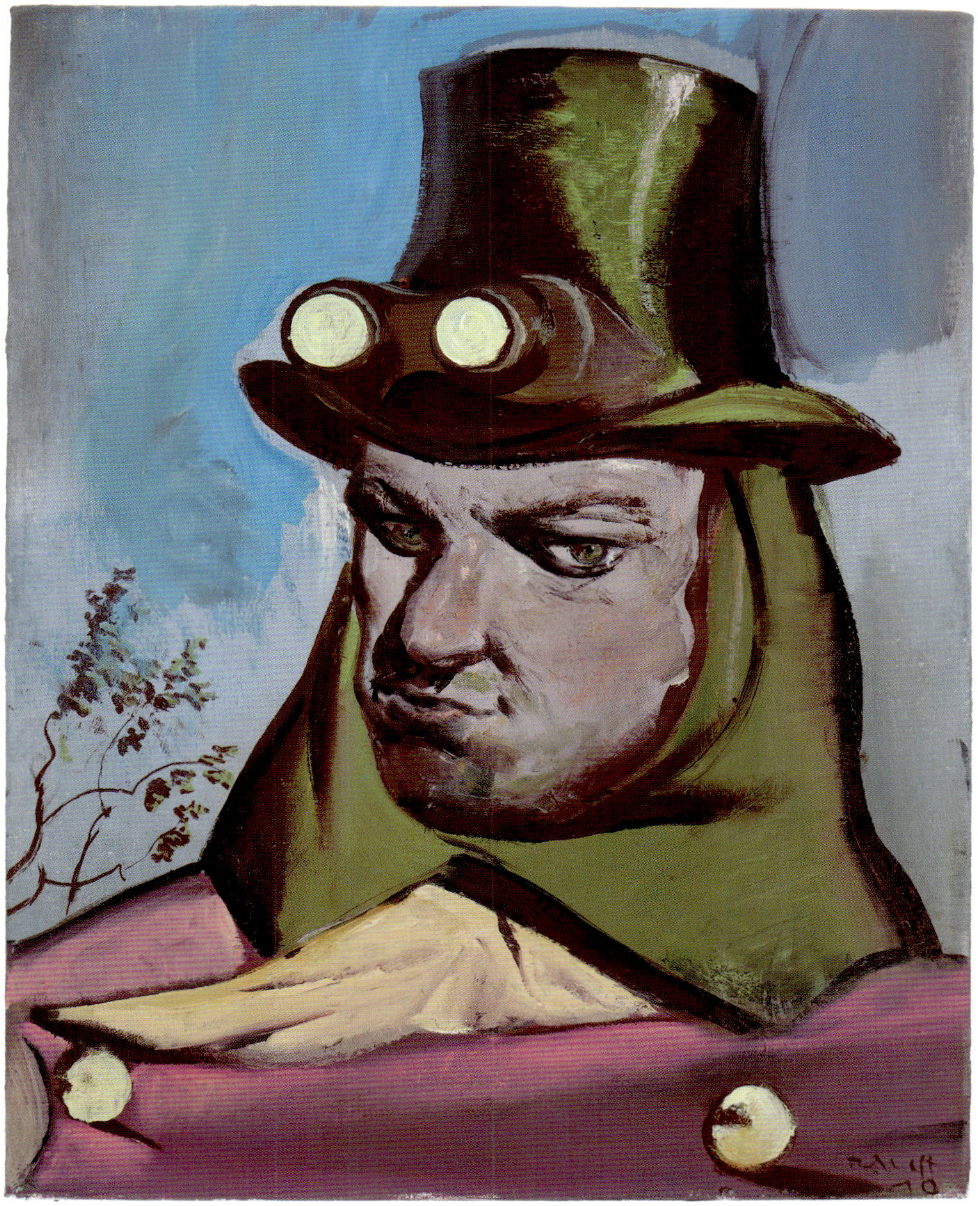

Rosa Loy

Neue Ebene, 2007

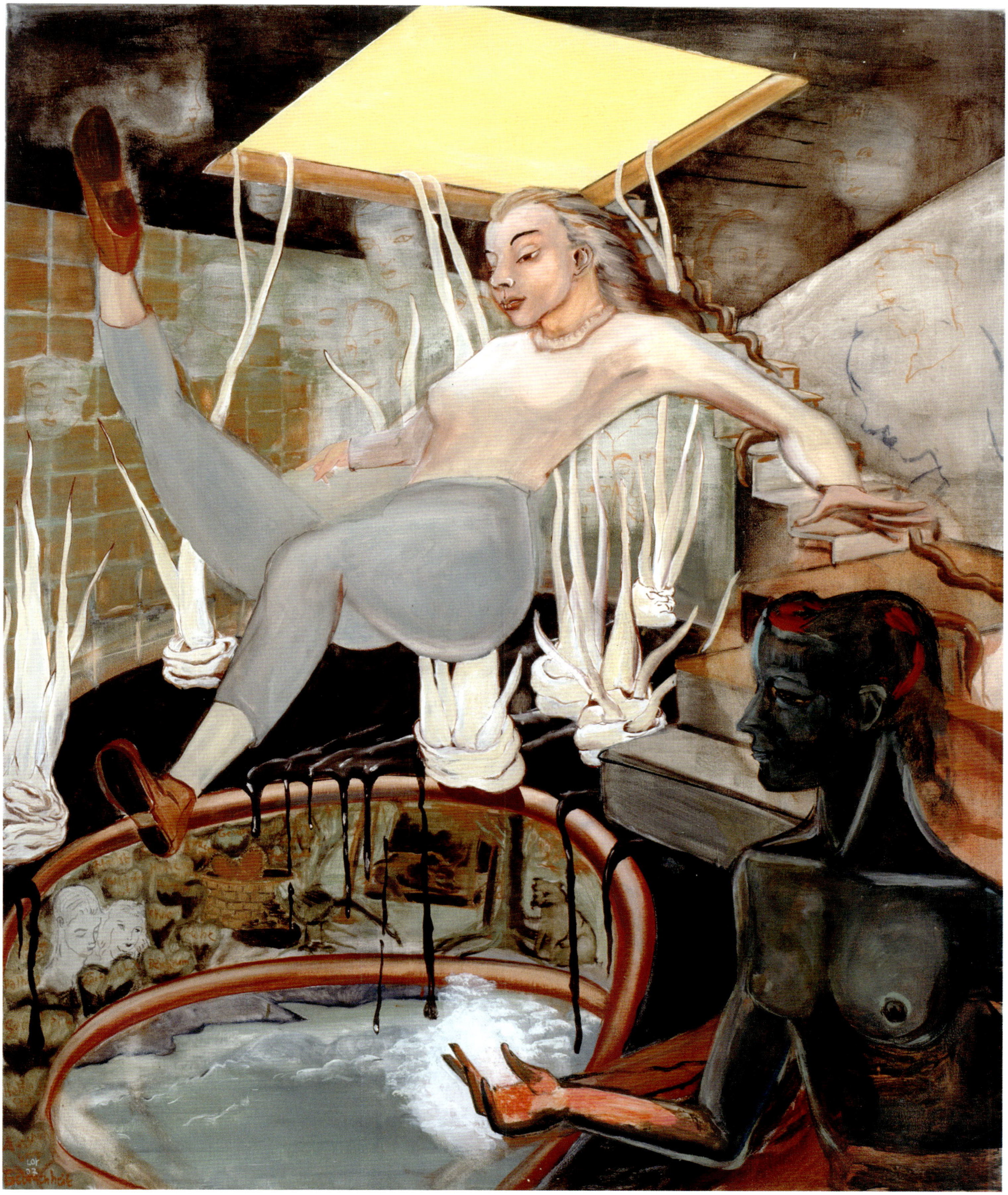

Rosa Loy
Perlen, 2009

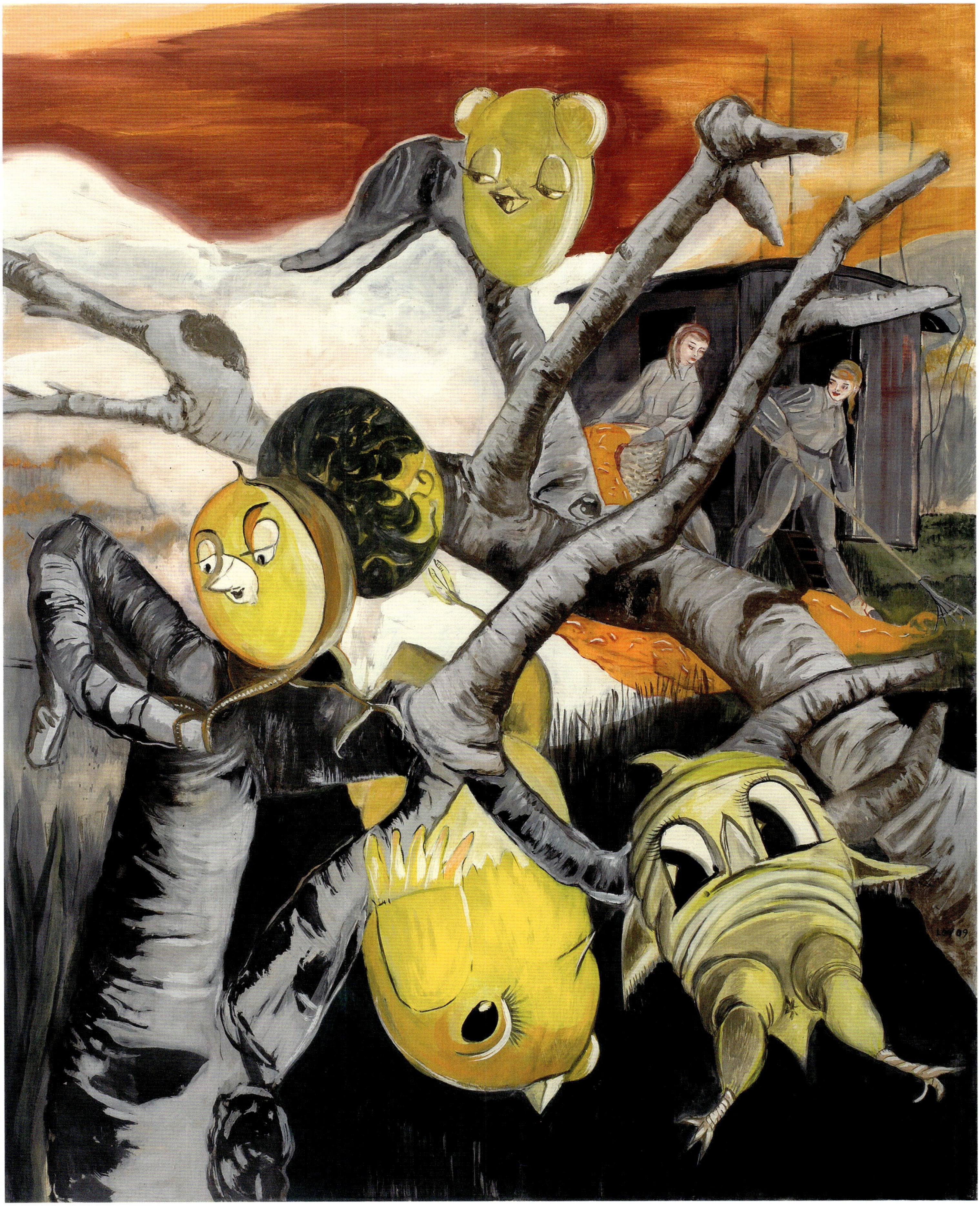

Rosa Loy

Finger im Buch, 2006

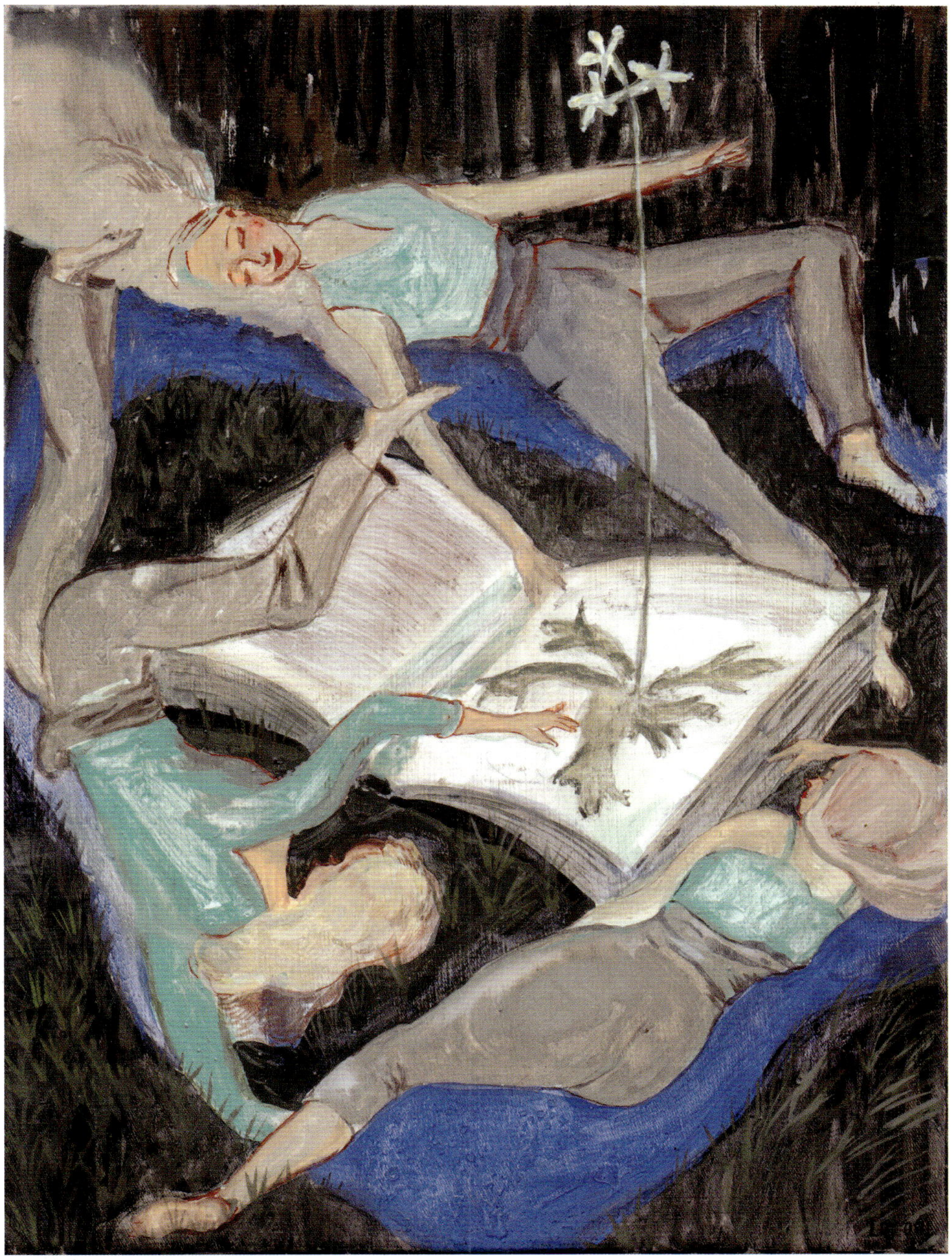

Rosa Loy
Sonntagnachmittag, 2009

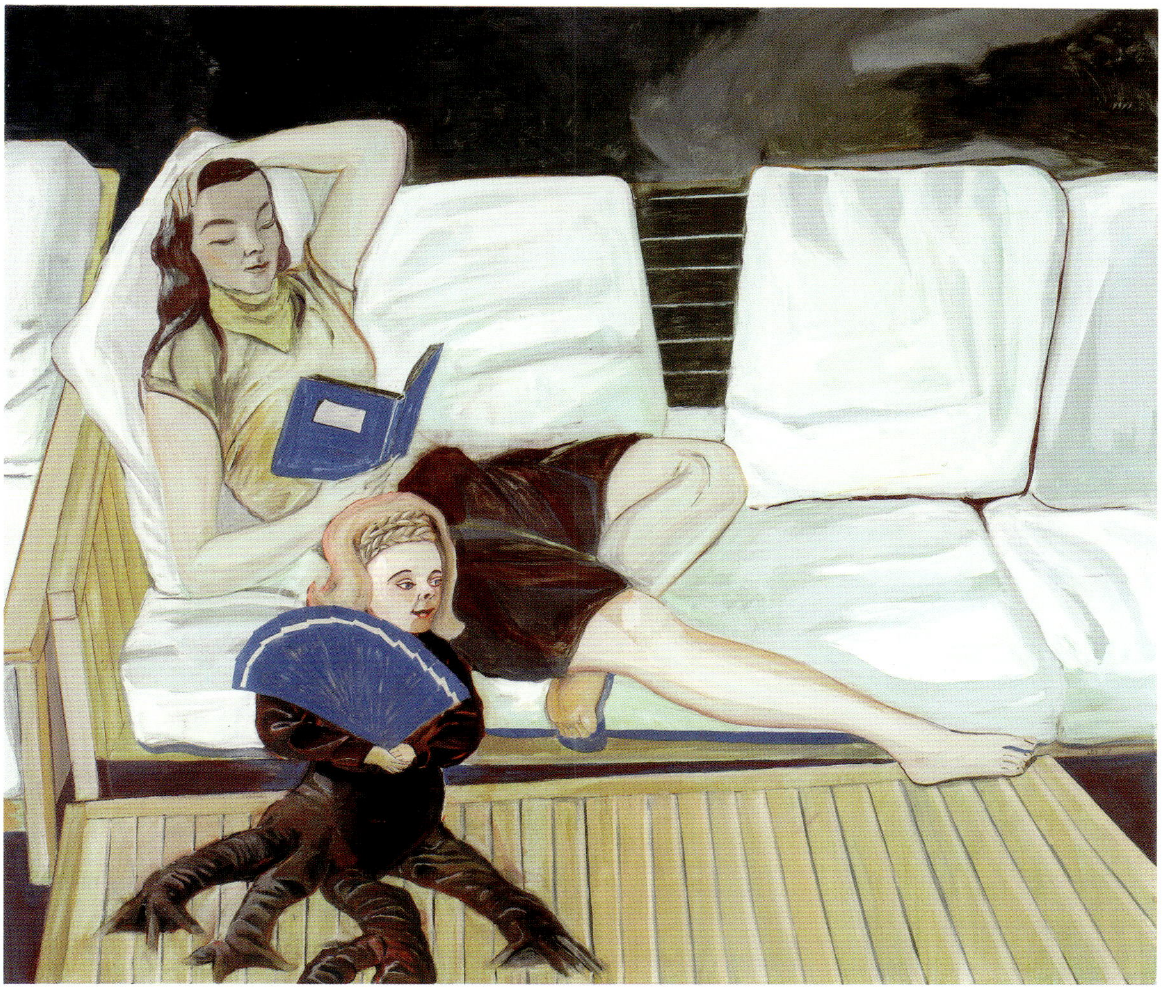

Rosa Loy

Gehör, 2008

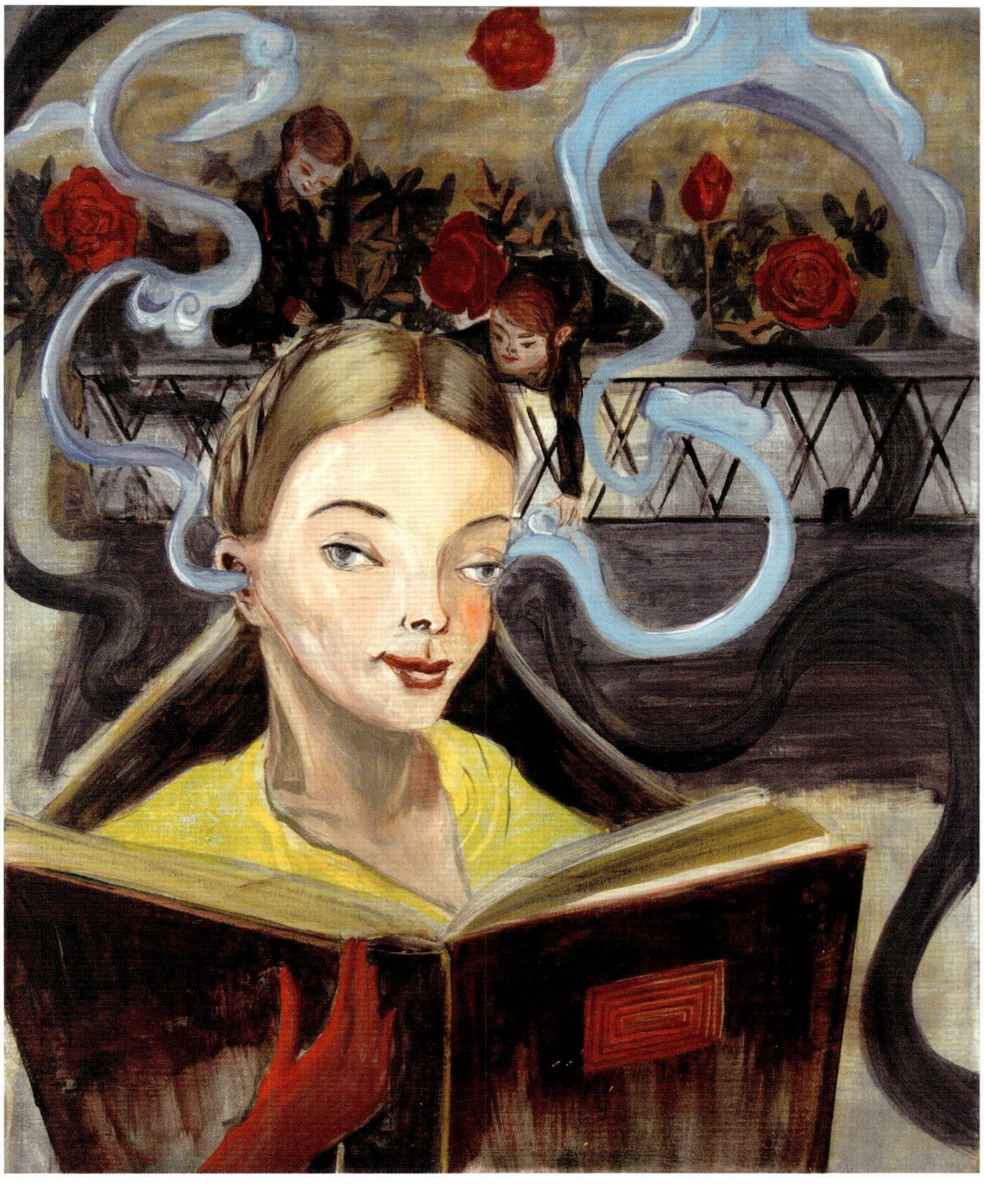

Rosa Loy

Akelei, 2002

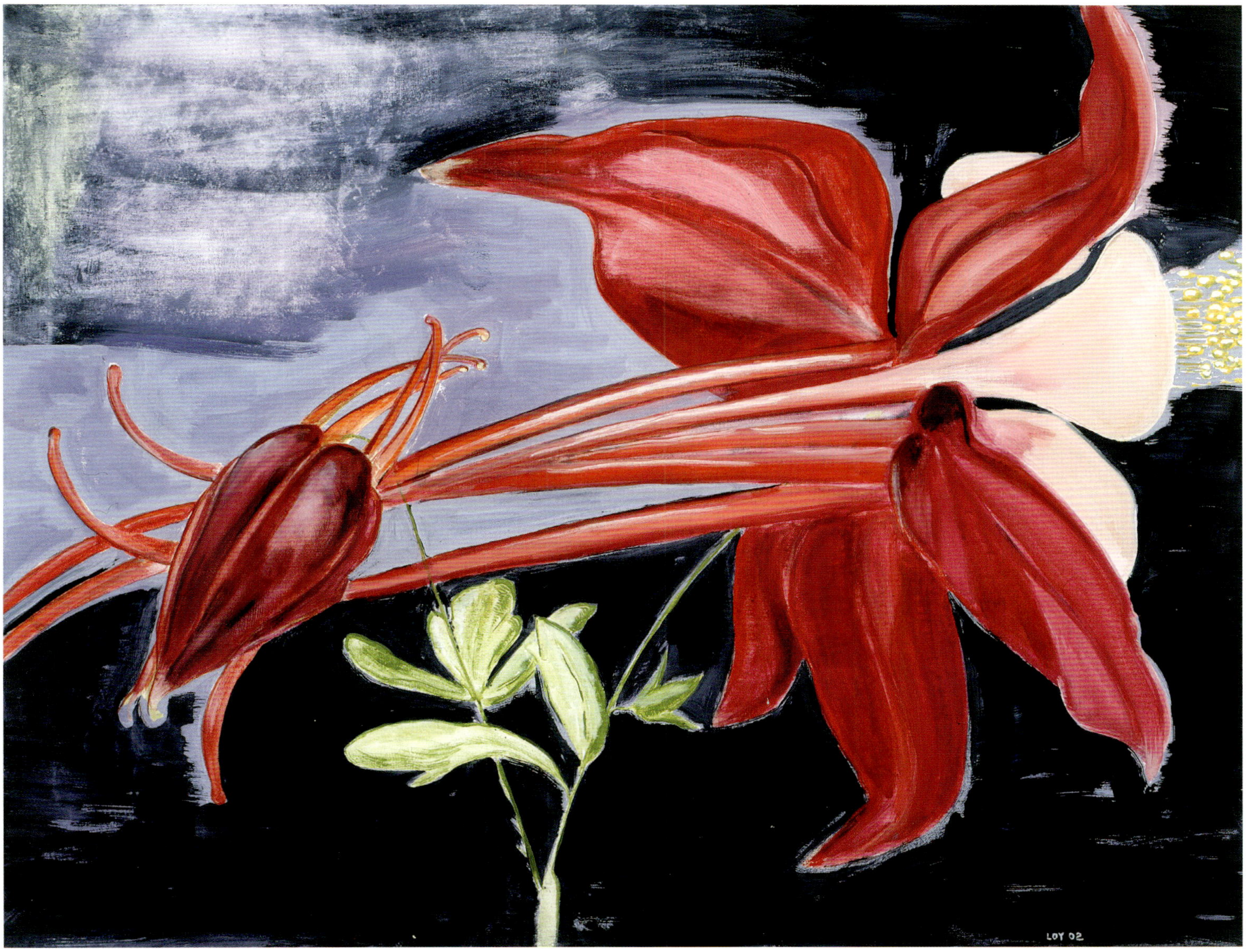
LOY 02

Neo Rauch

Garten im Sturm, 1997

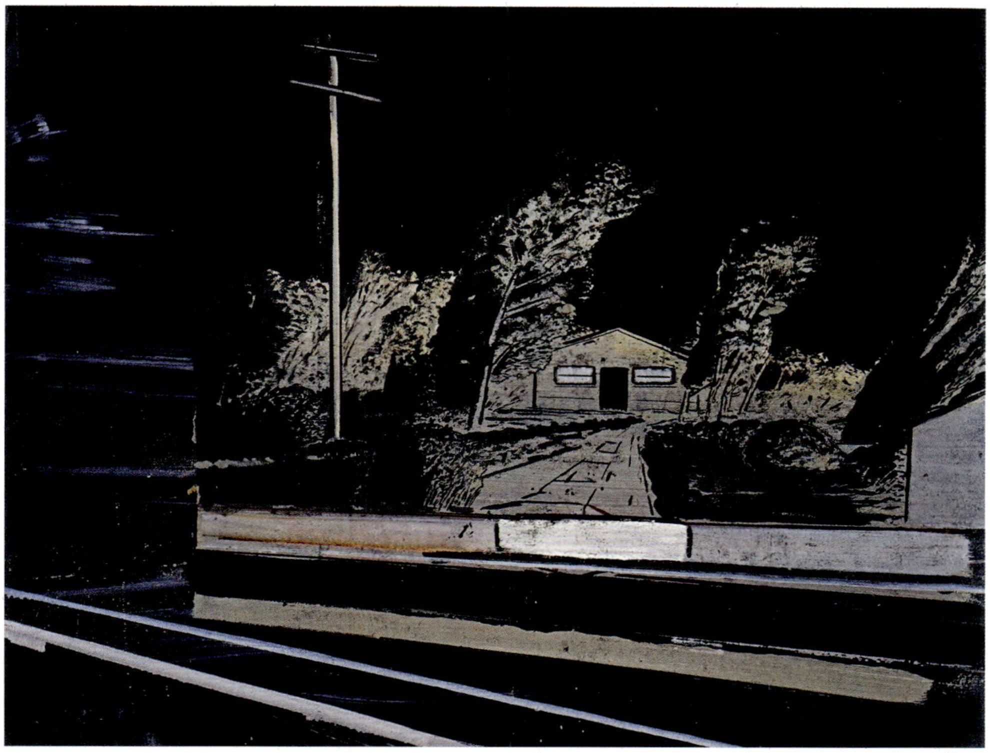

Neo Rauch
Kommen wir zum Nächsten, 2005

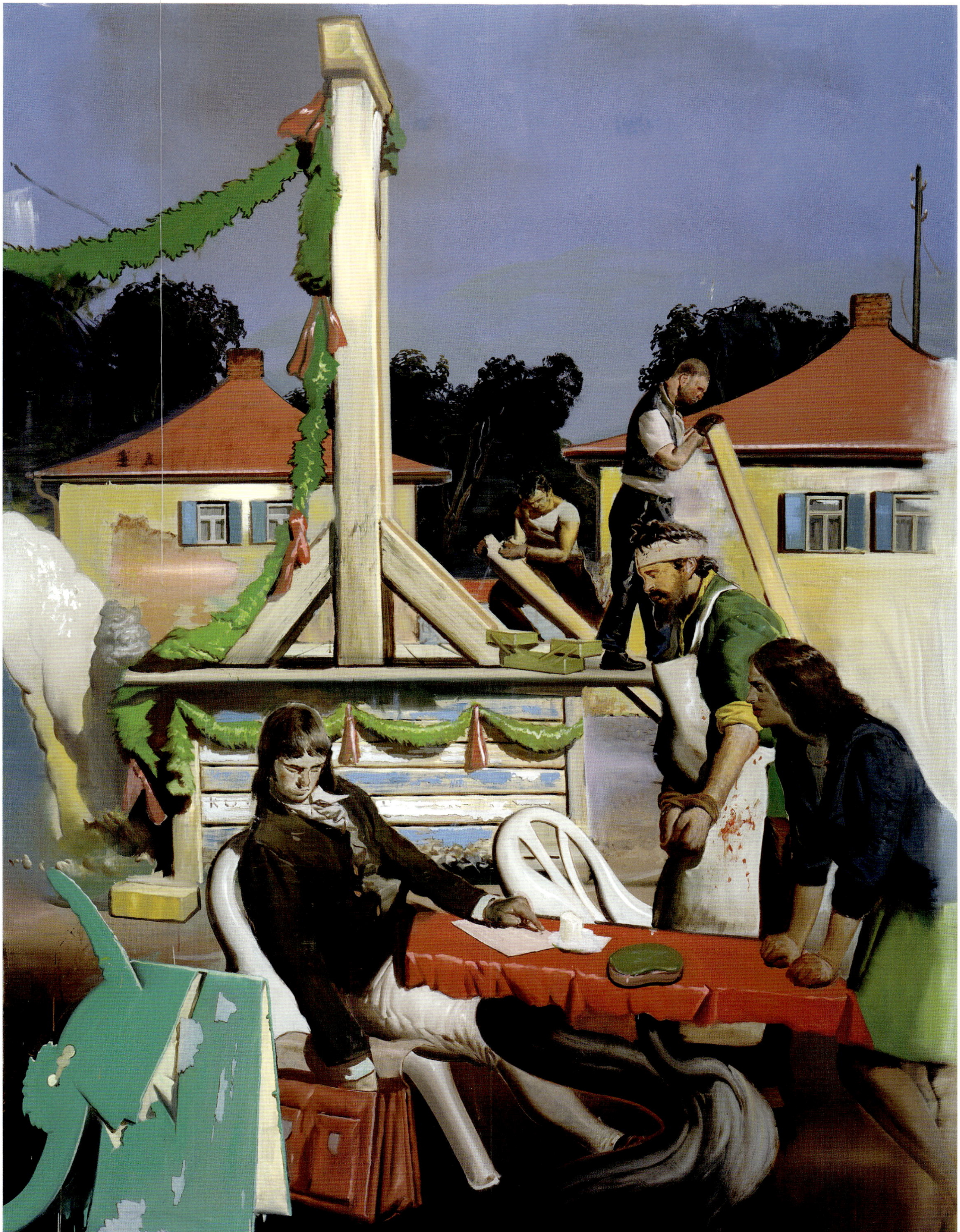

Neo Rauch
Rast, 1993

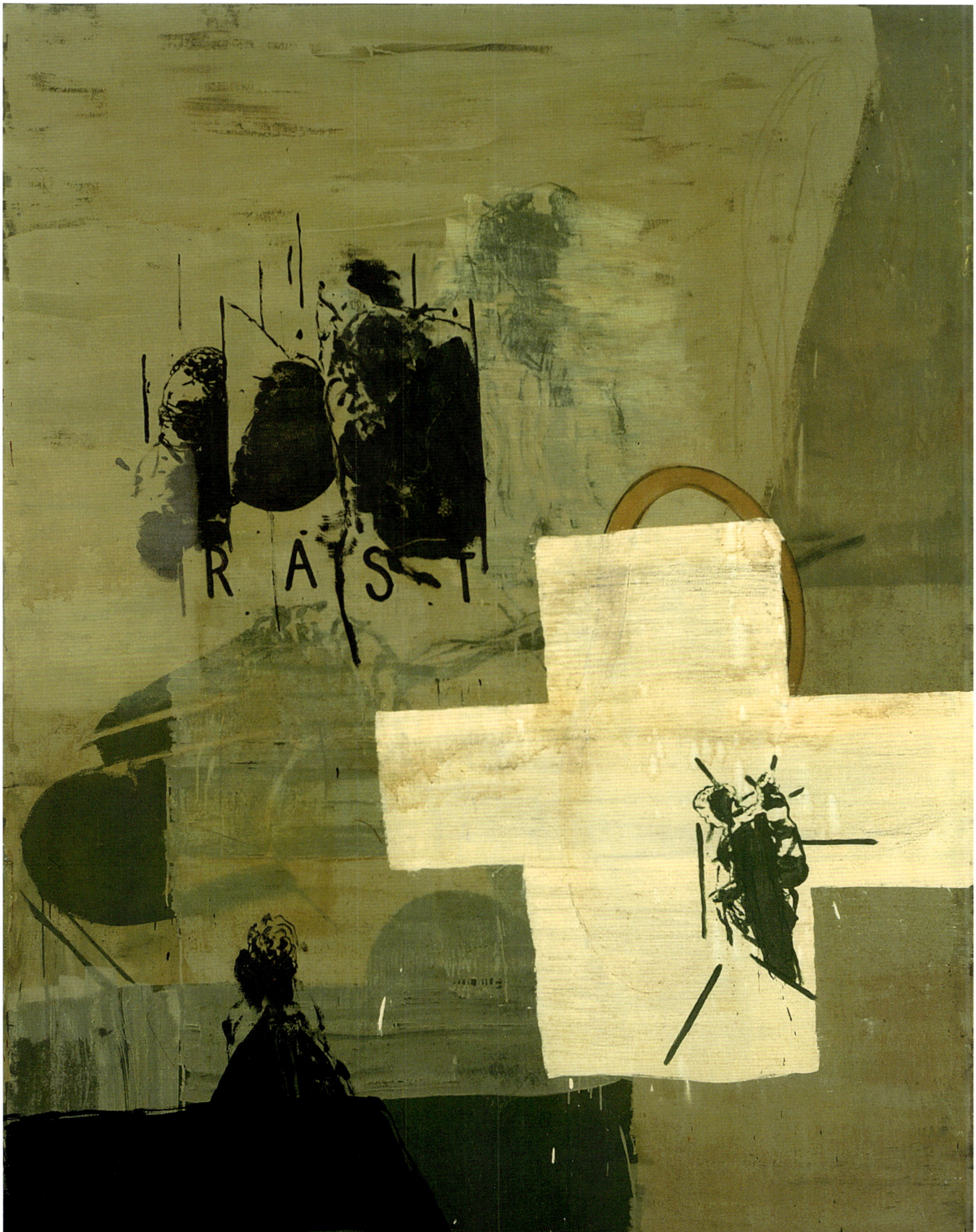
RAST

Neo Rauch

Goldene Äpfel, 2011

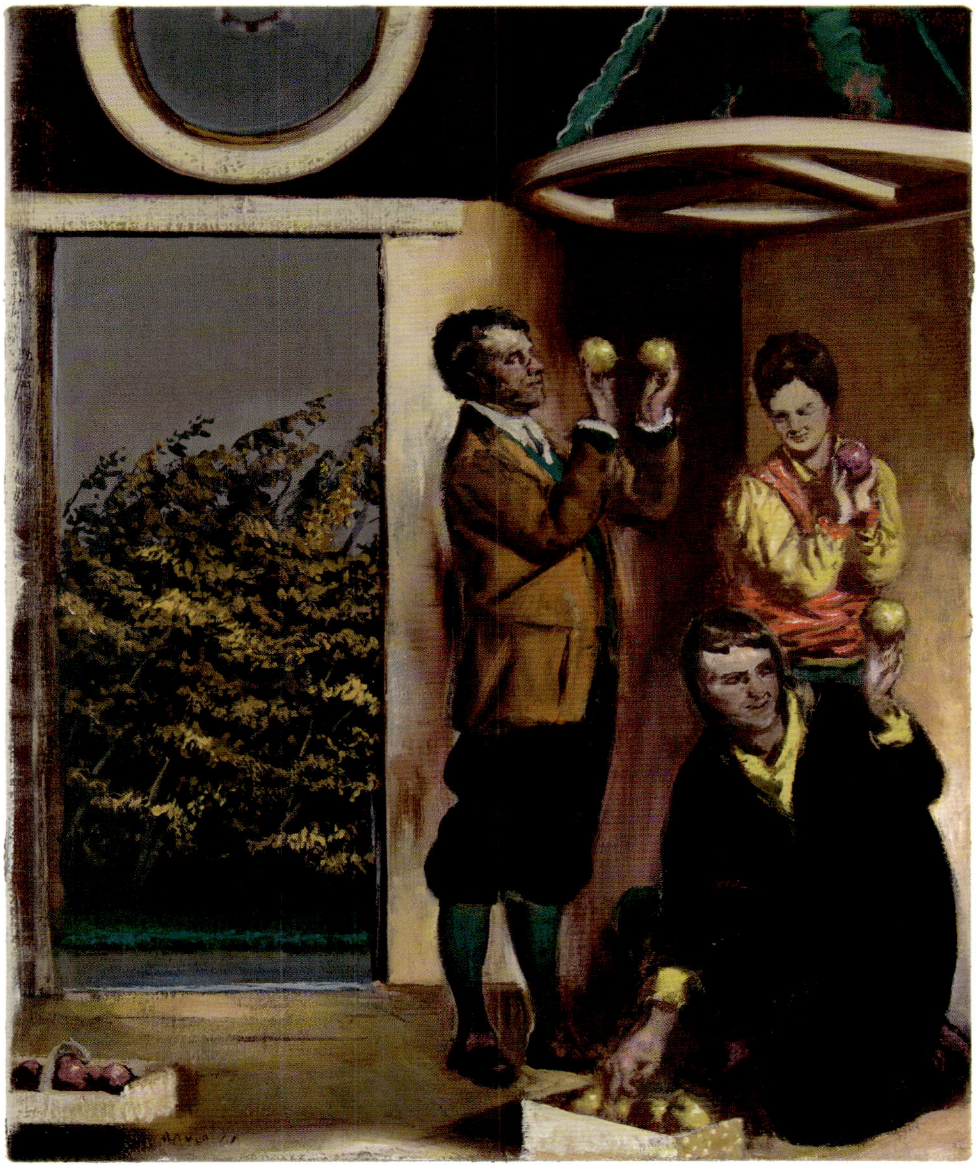

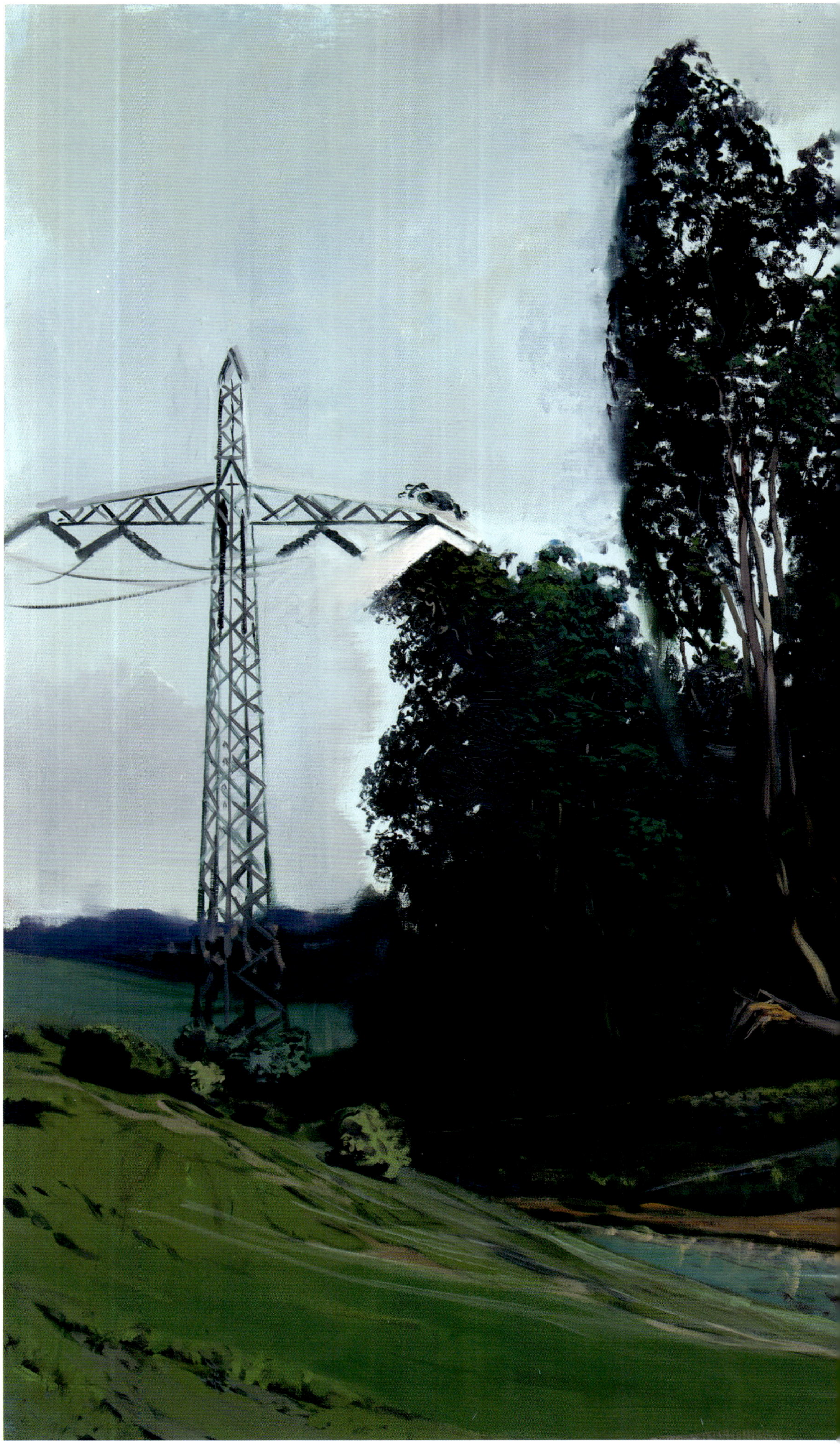

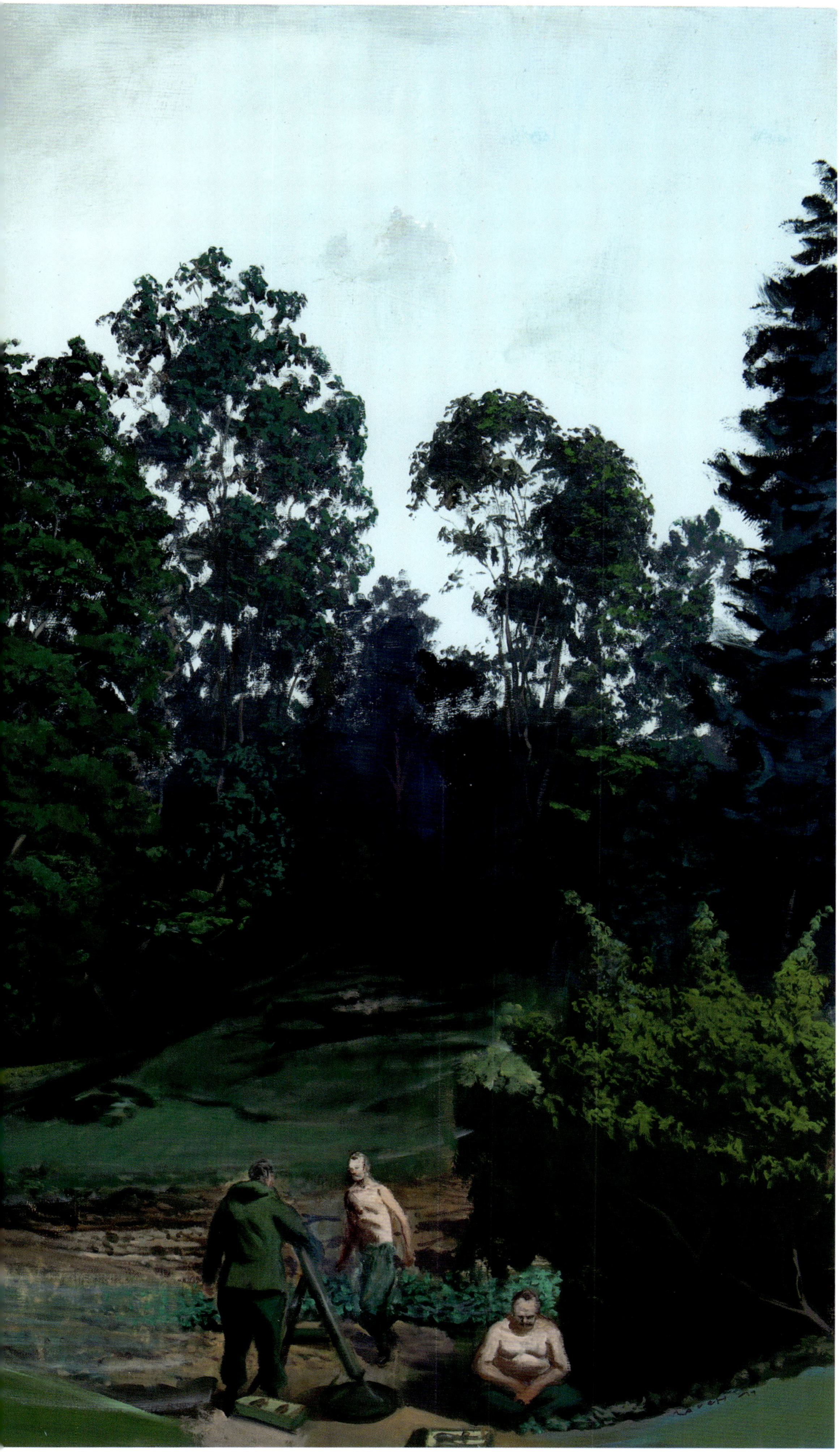

Neo Rauch
Juni, 2011
Seite/page 116 – 117

Rosa Loy
Blank, 2010

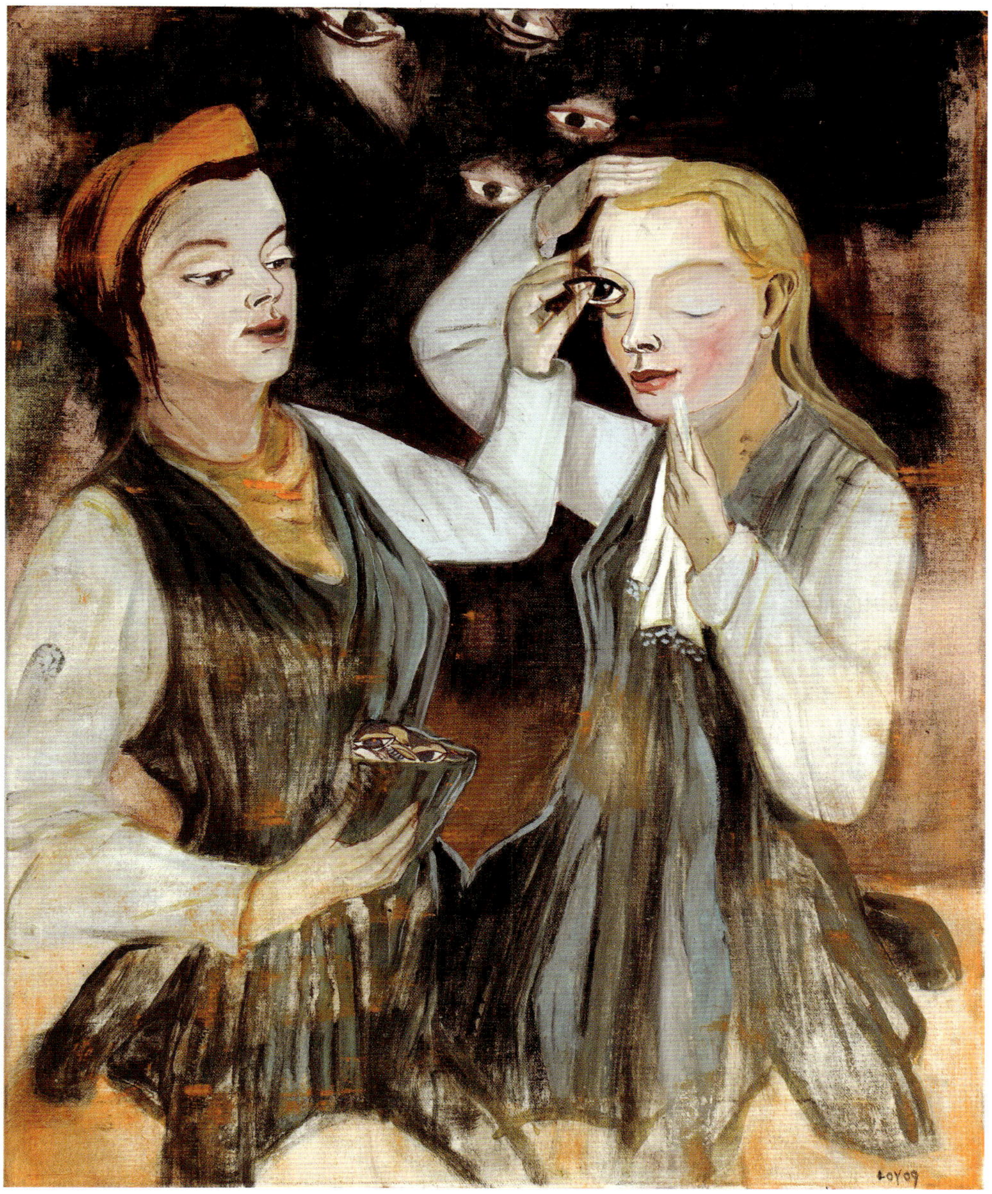

Rosa Loy
Küchenchaos, 2009

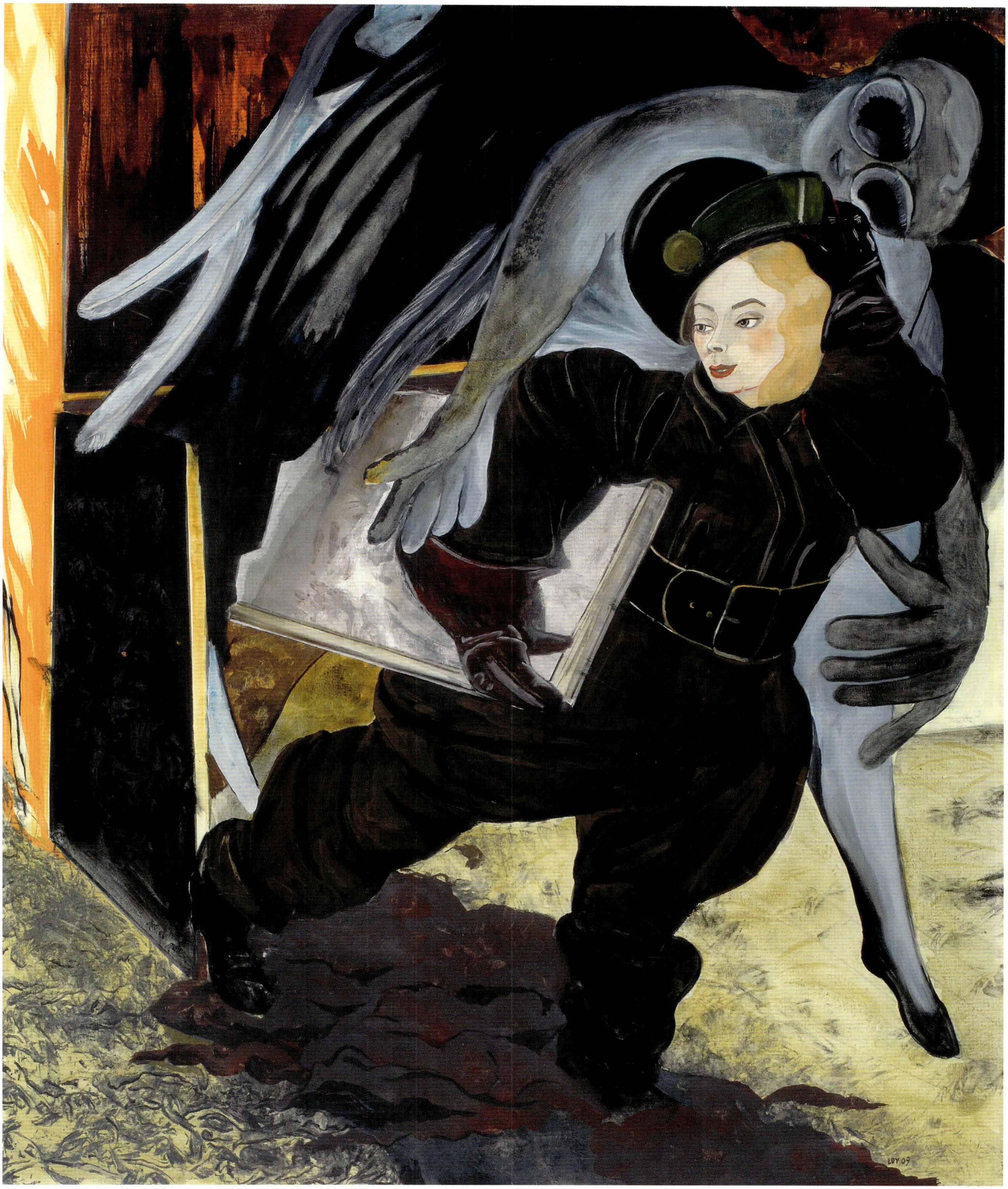
LOY 09

Neo Rauch

Beerenpflücker, 2011

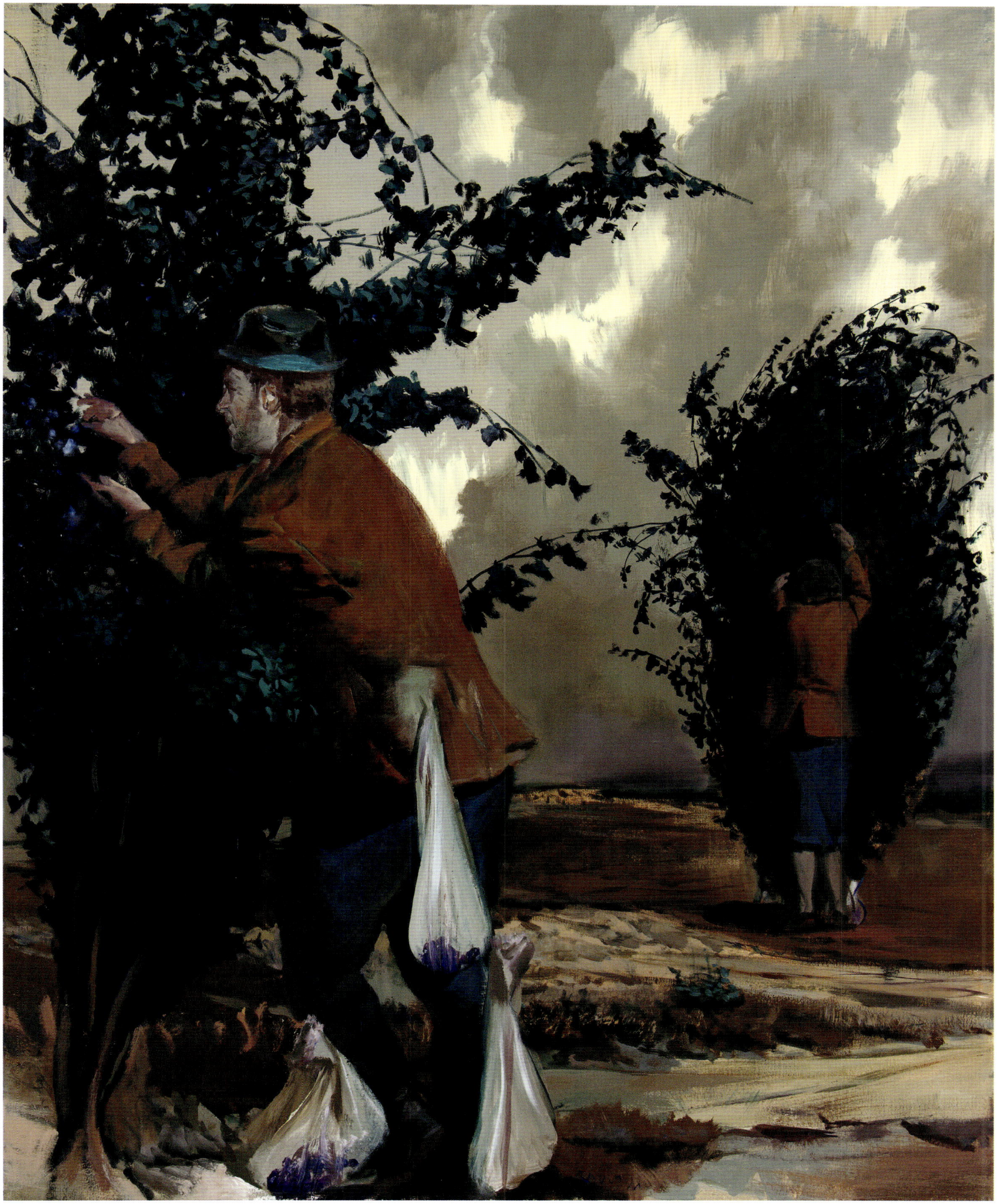

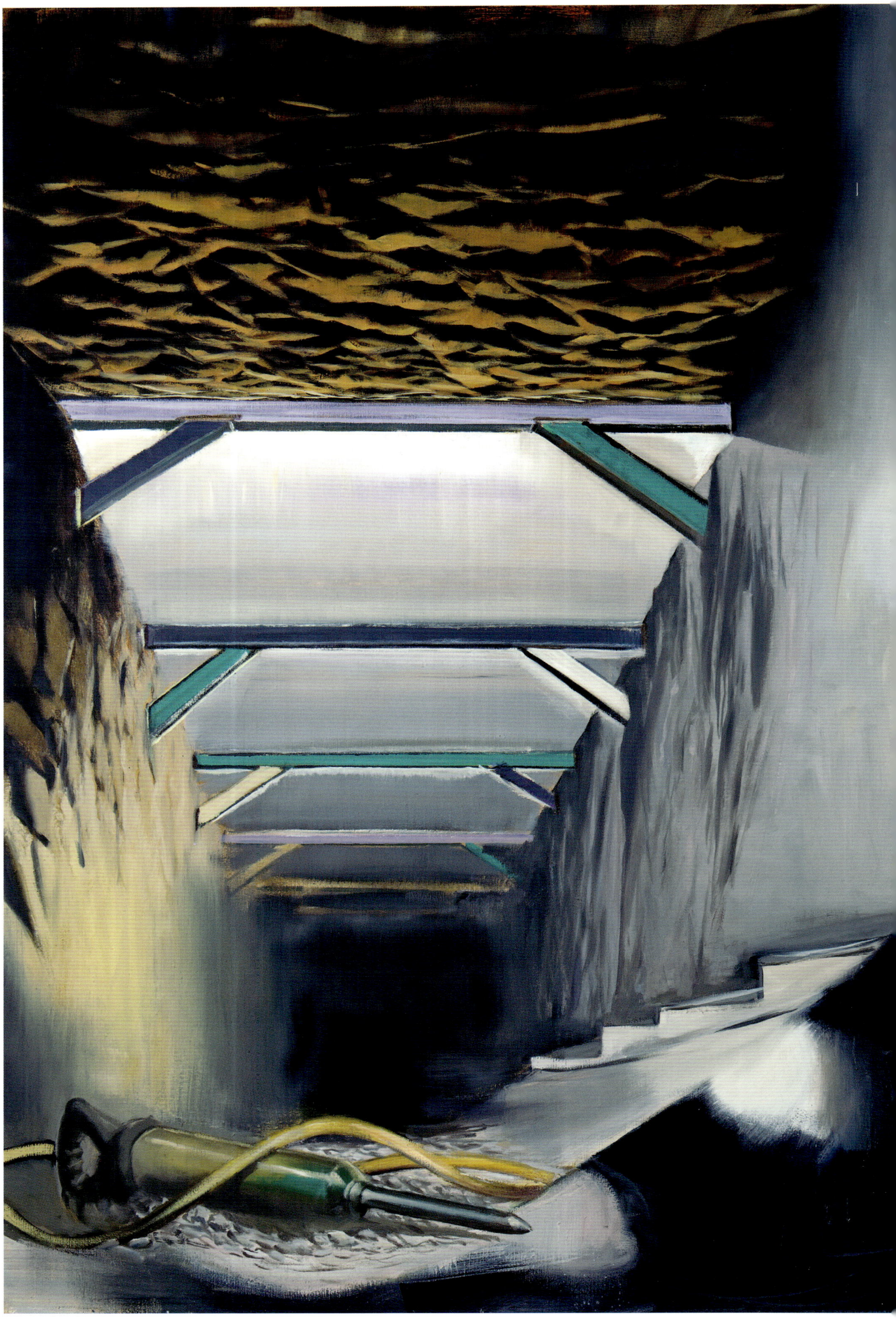

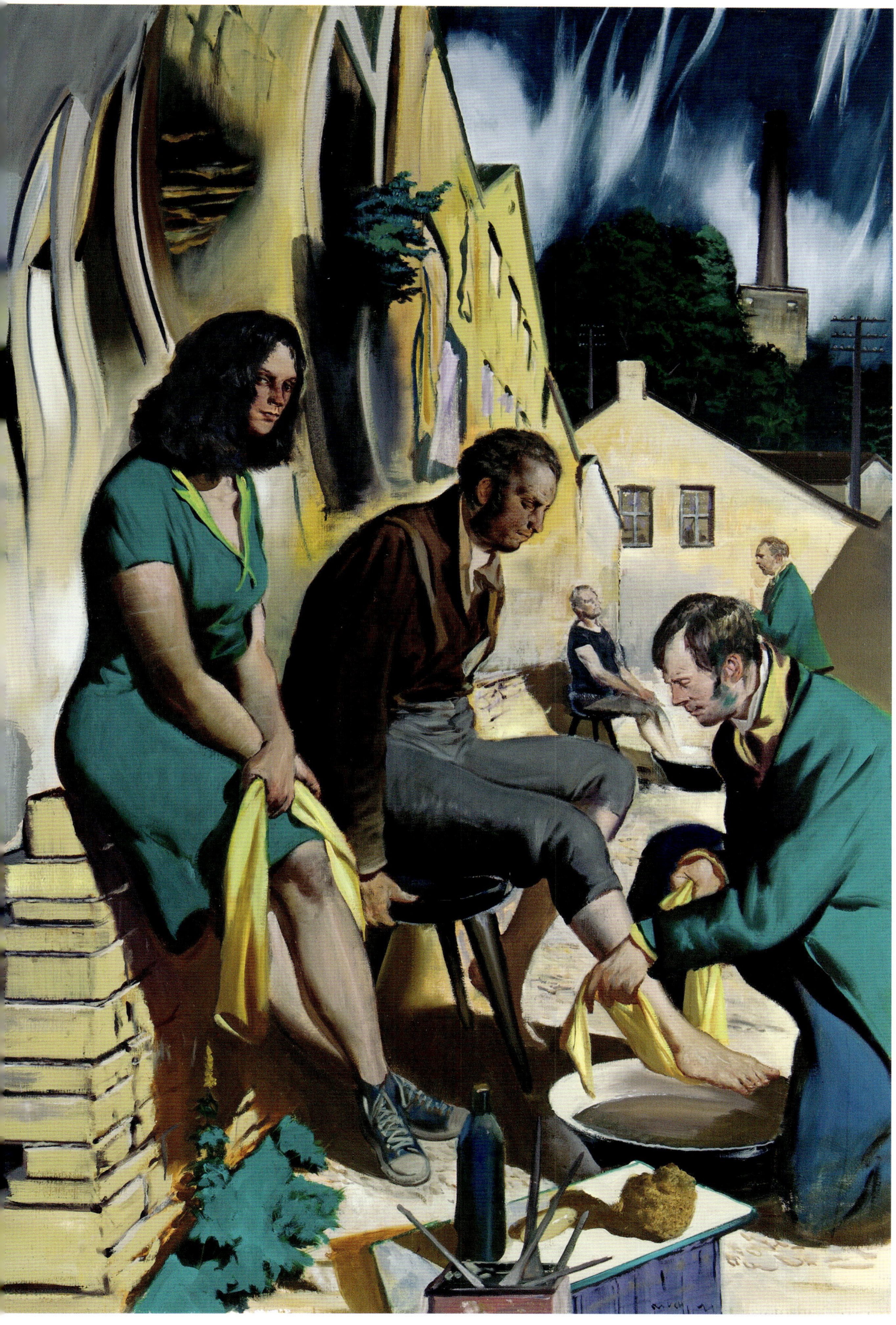

Neo Rauch
Nach der Schicht, 2011
Seite/page 124 – 125

Rosa Loy
Aphrodite, 2011

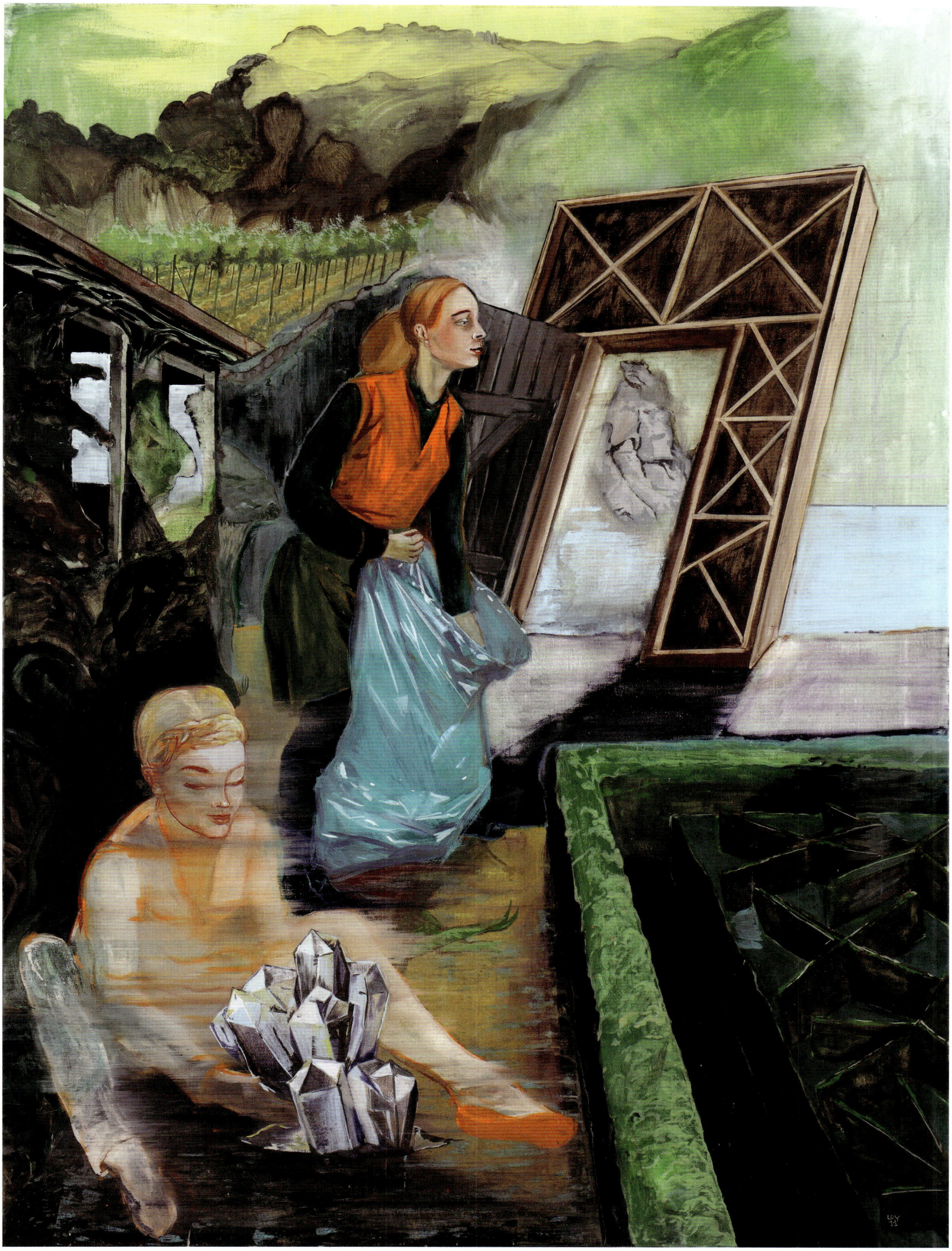
LOY
11

Rosa Loy

Die alten Geschichten, 2009

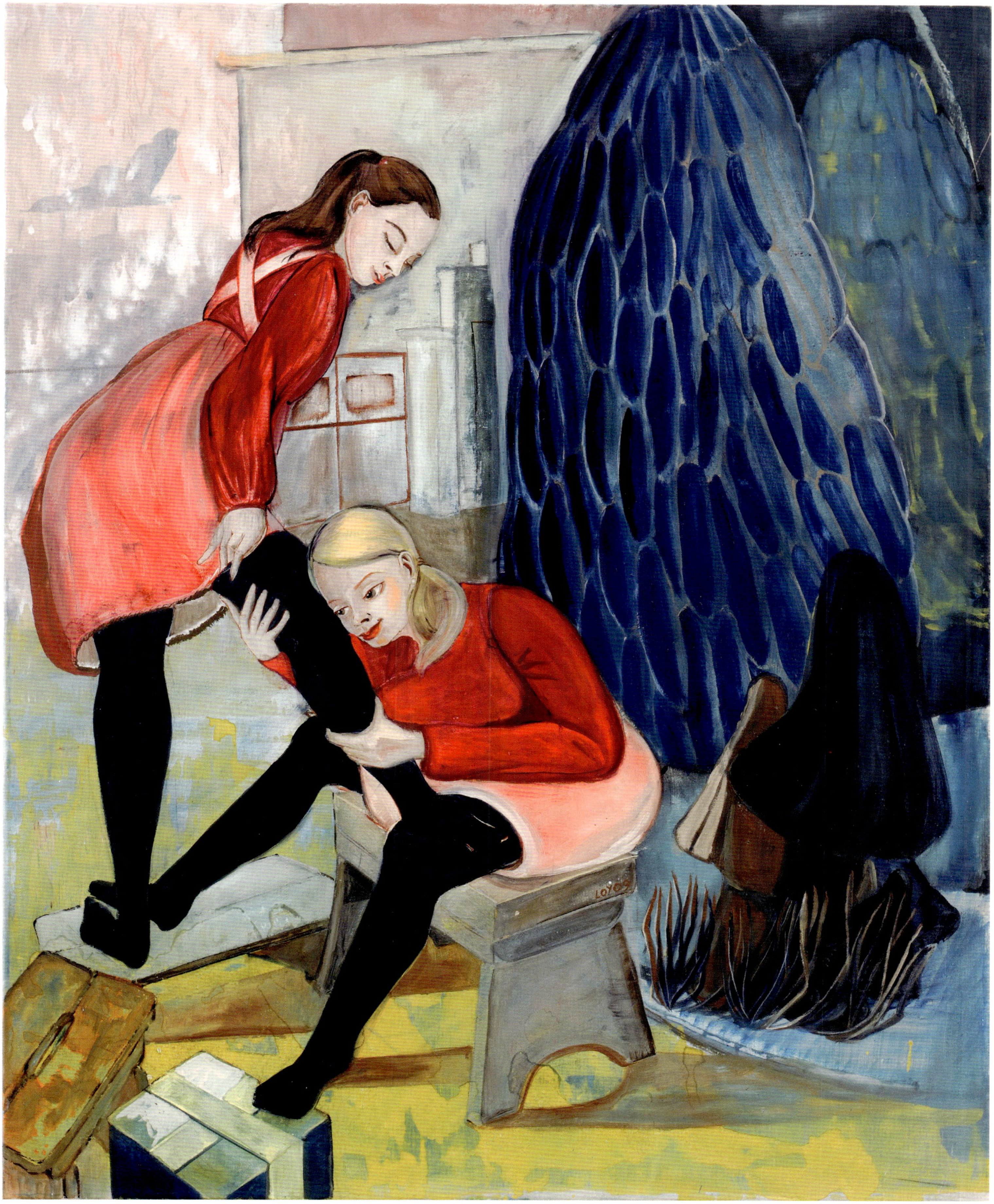

Rosa Loy
Anbetung, 2009

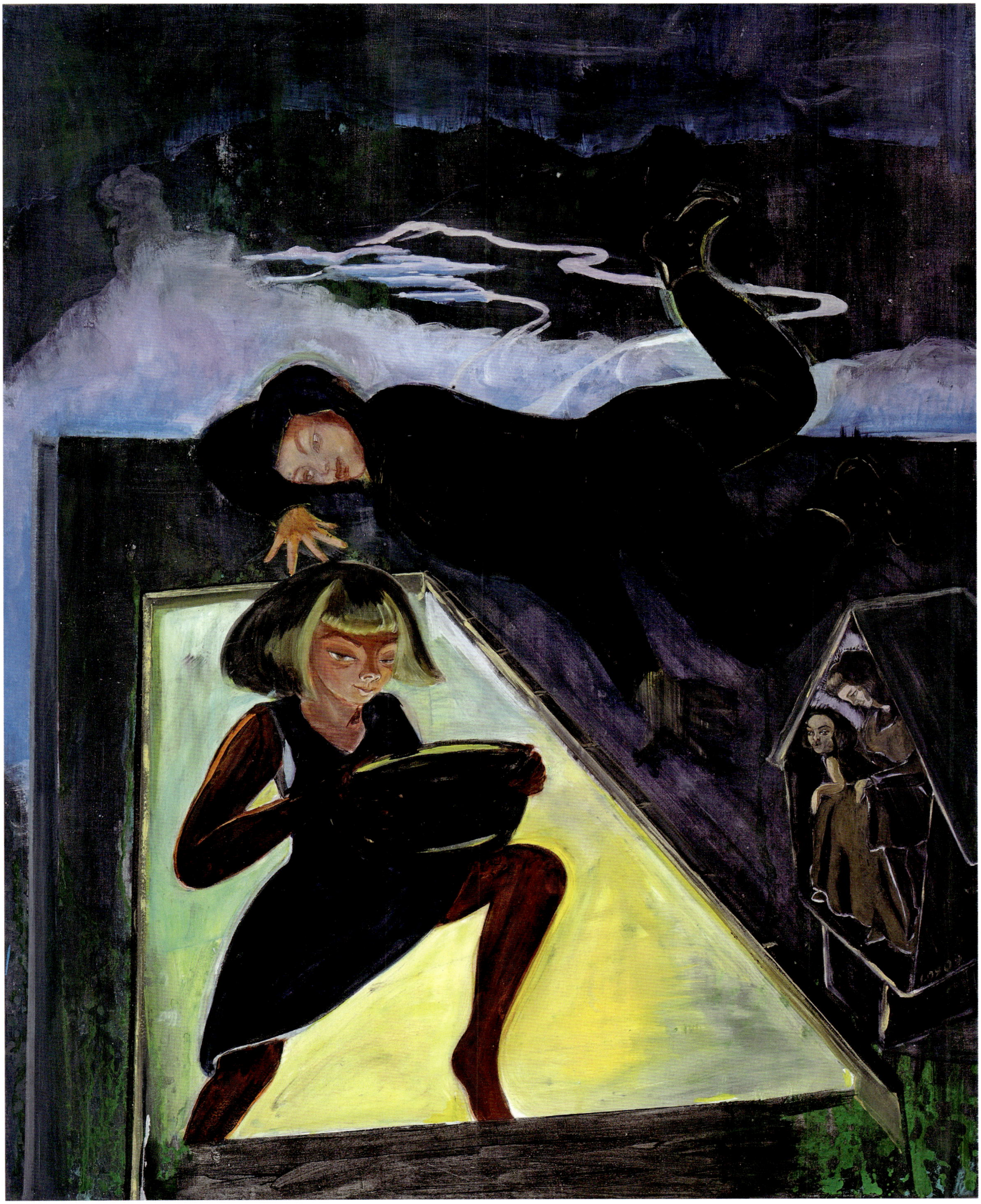

Rosa Loy

Schweinehund, 2009

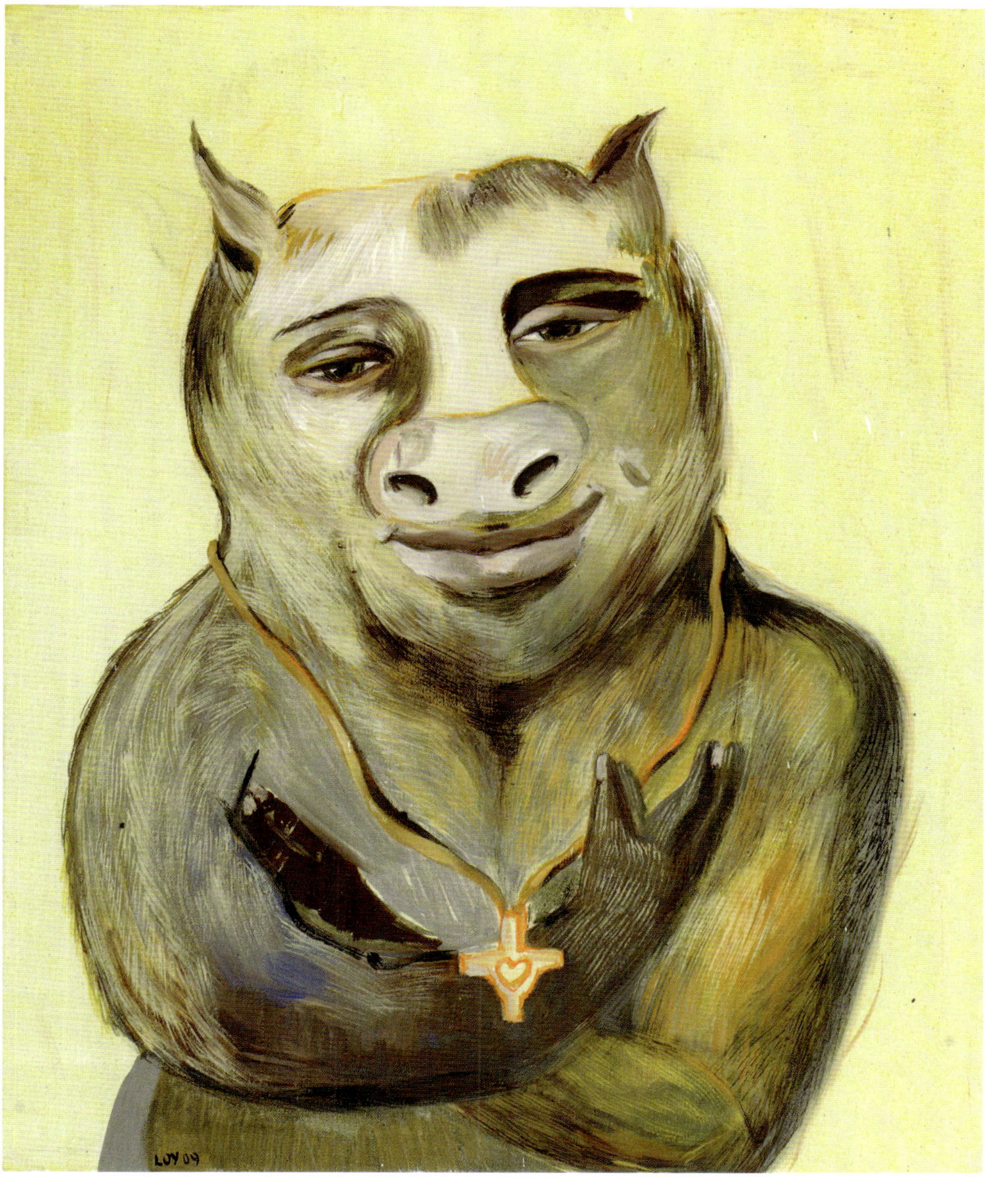

Rosa Loy

Mama, 2008

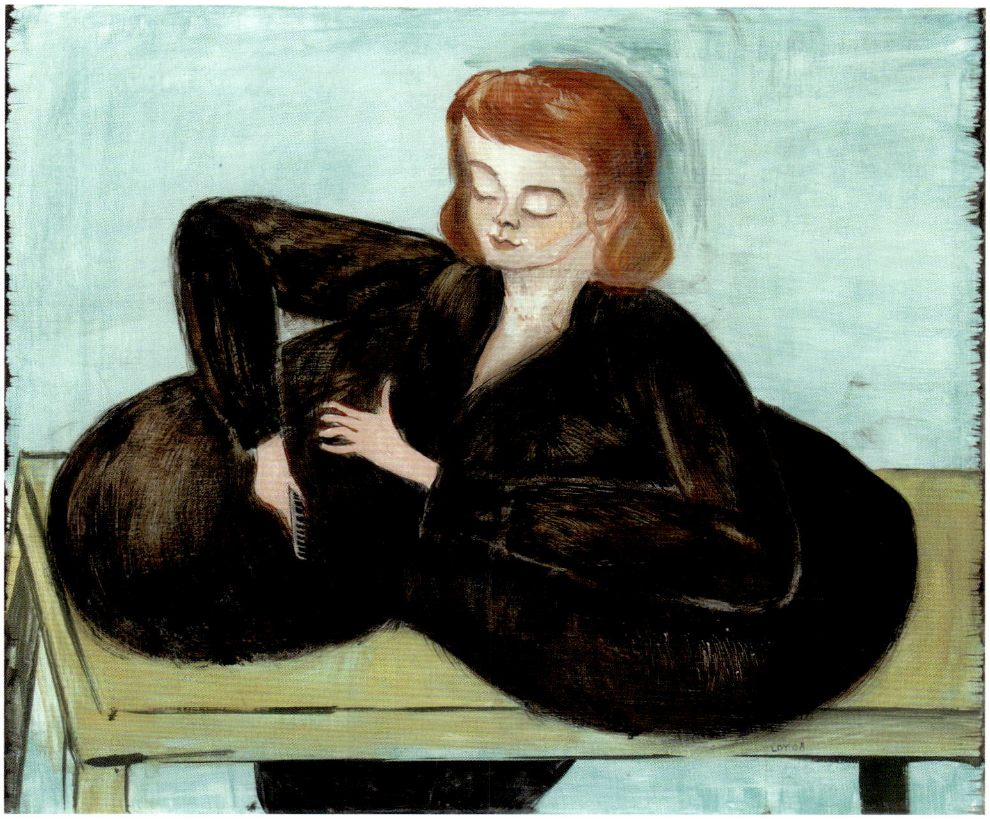

Rosa Loy

Morgen, 2007

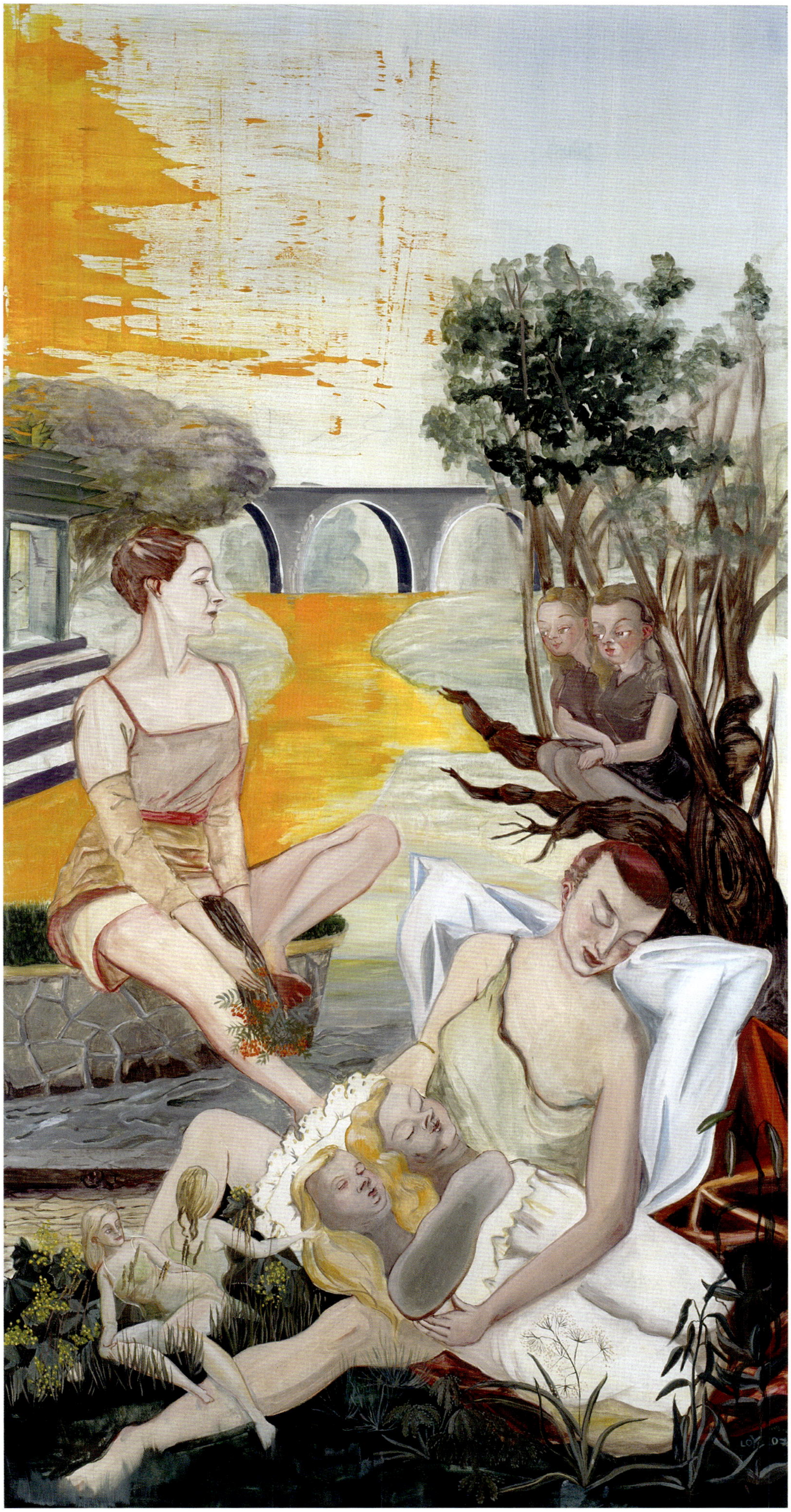

Rosa Loy

Abend, 2007

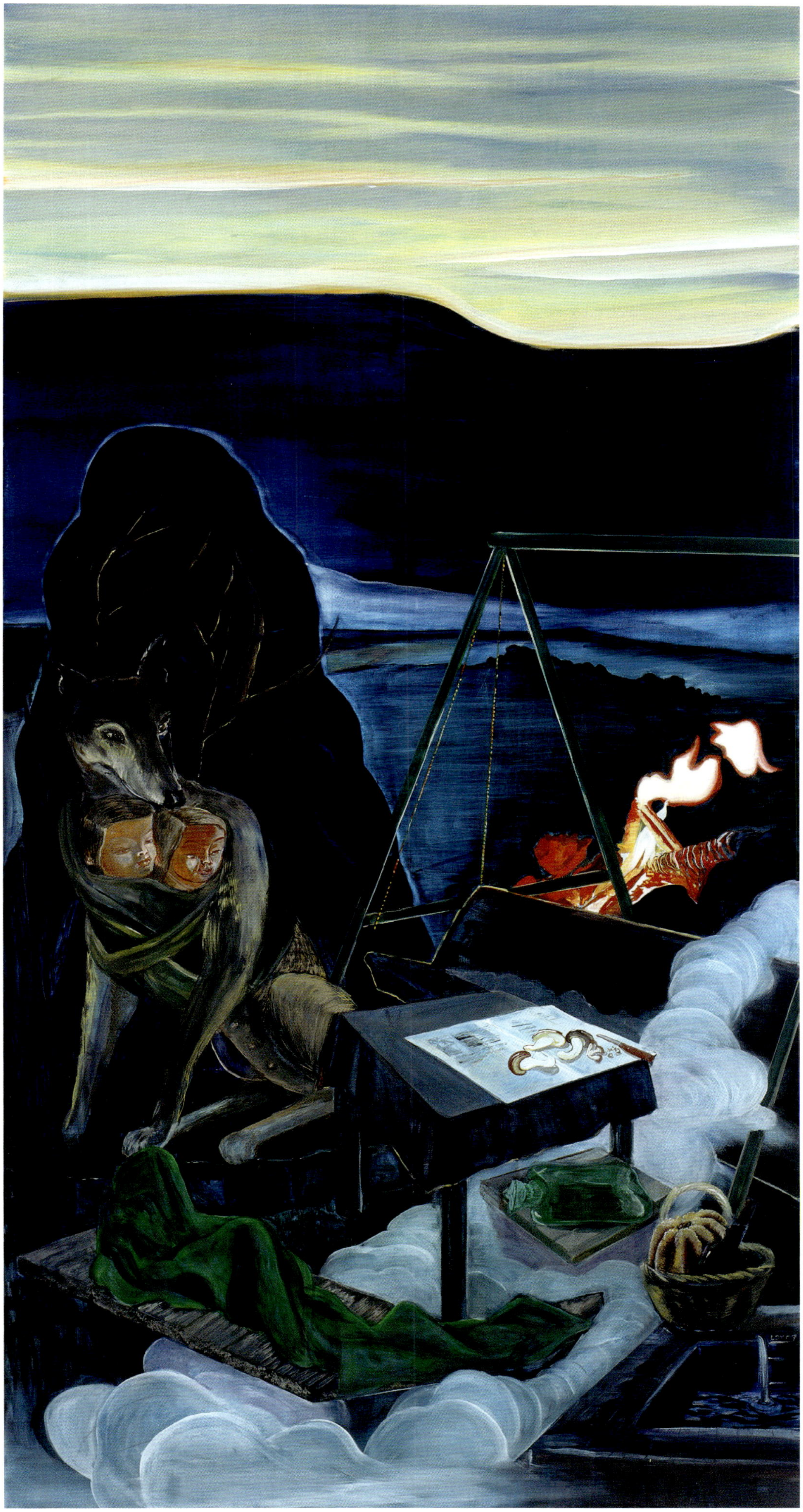

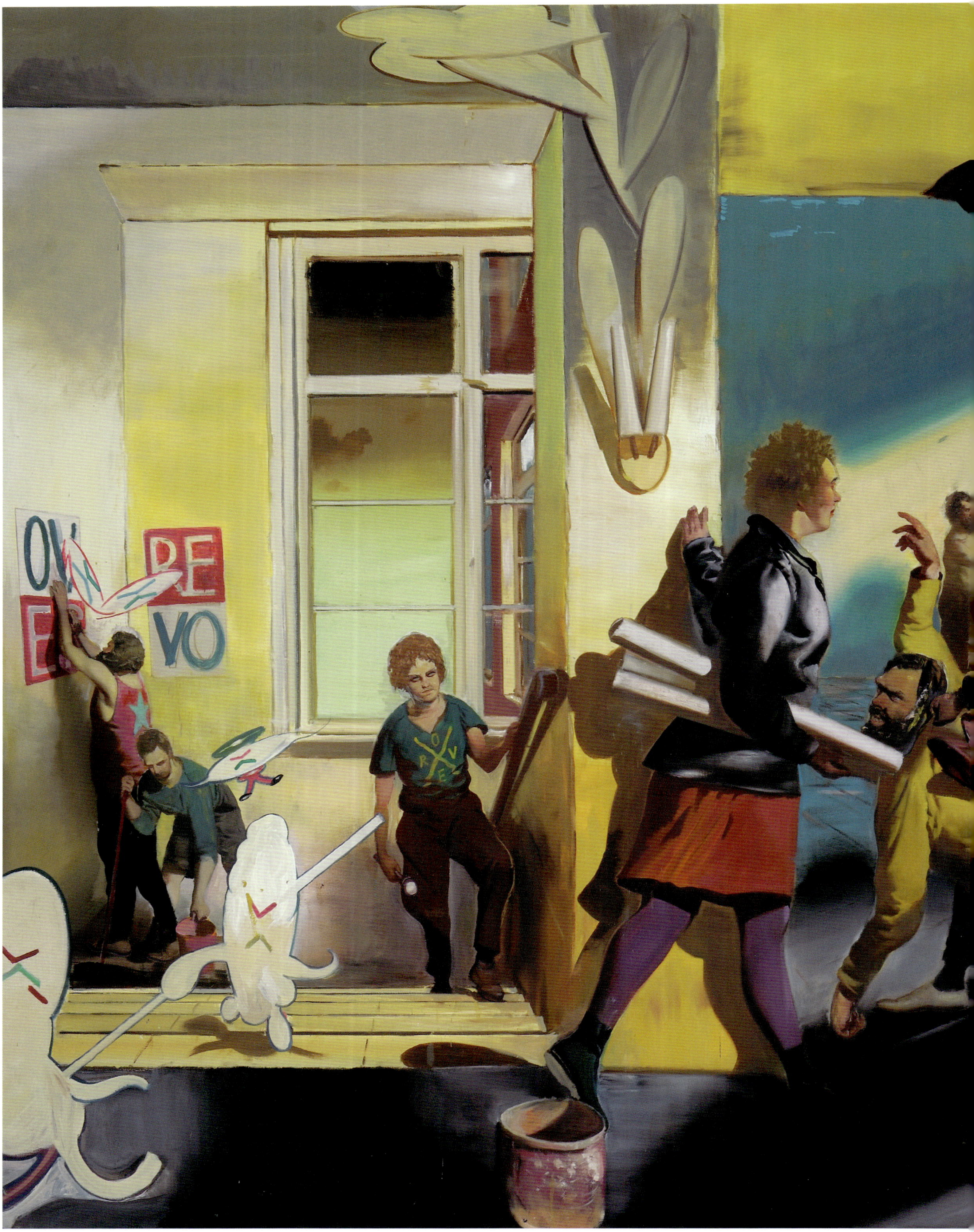
OV
RE
VO

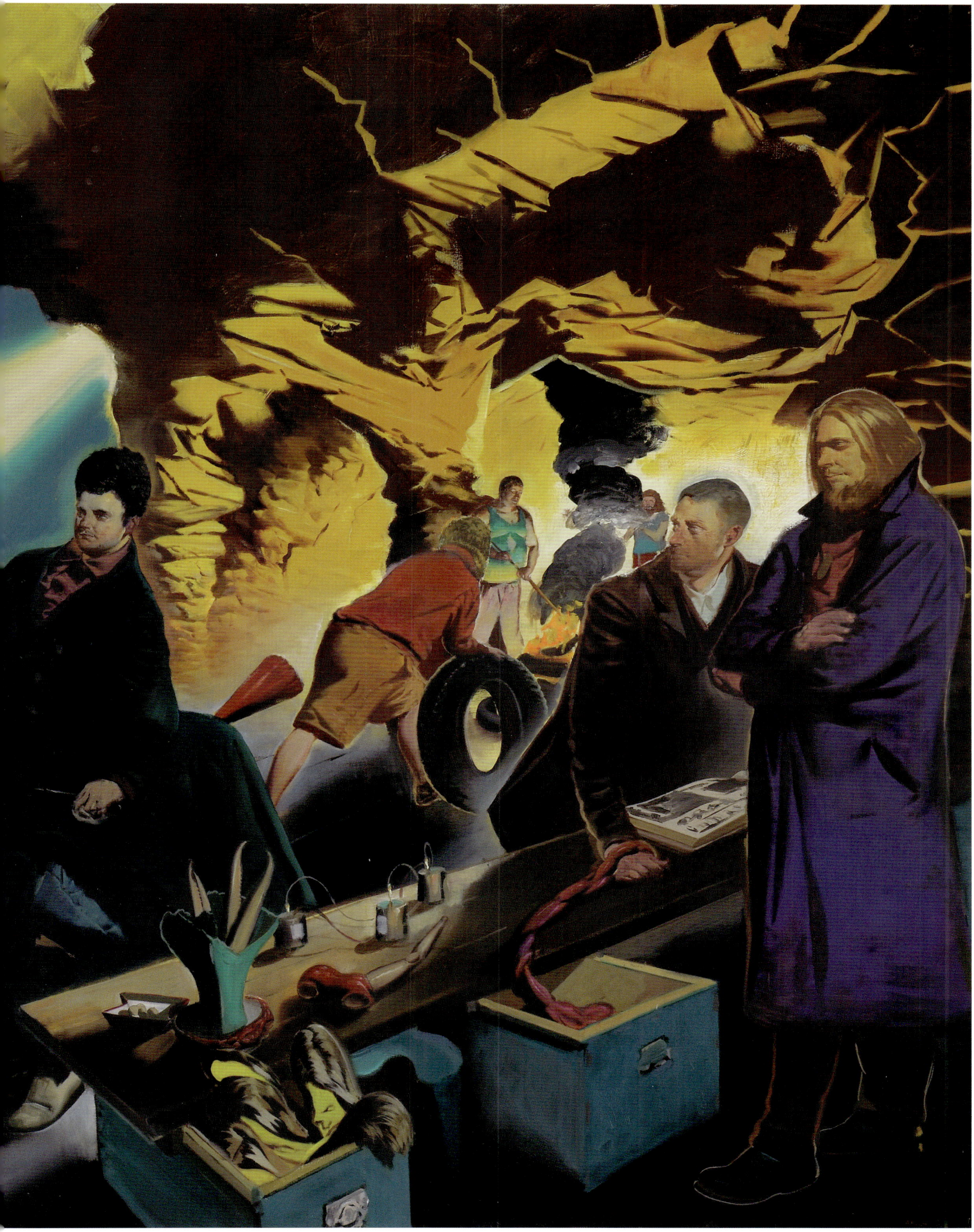

Neo Rauch
Revo, 2010
Seite / page 140 – 141

Rosa Loy
Ruf, 2003

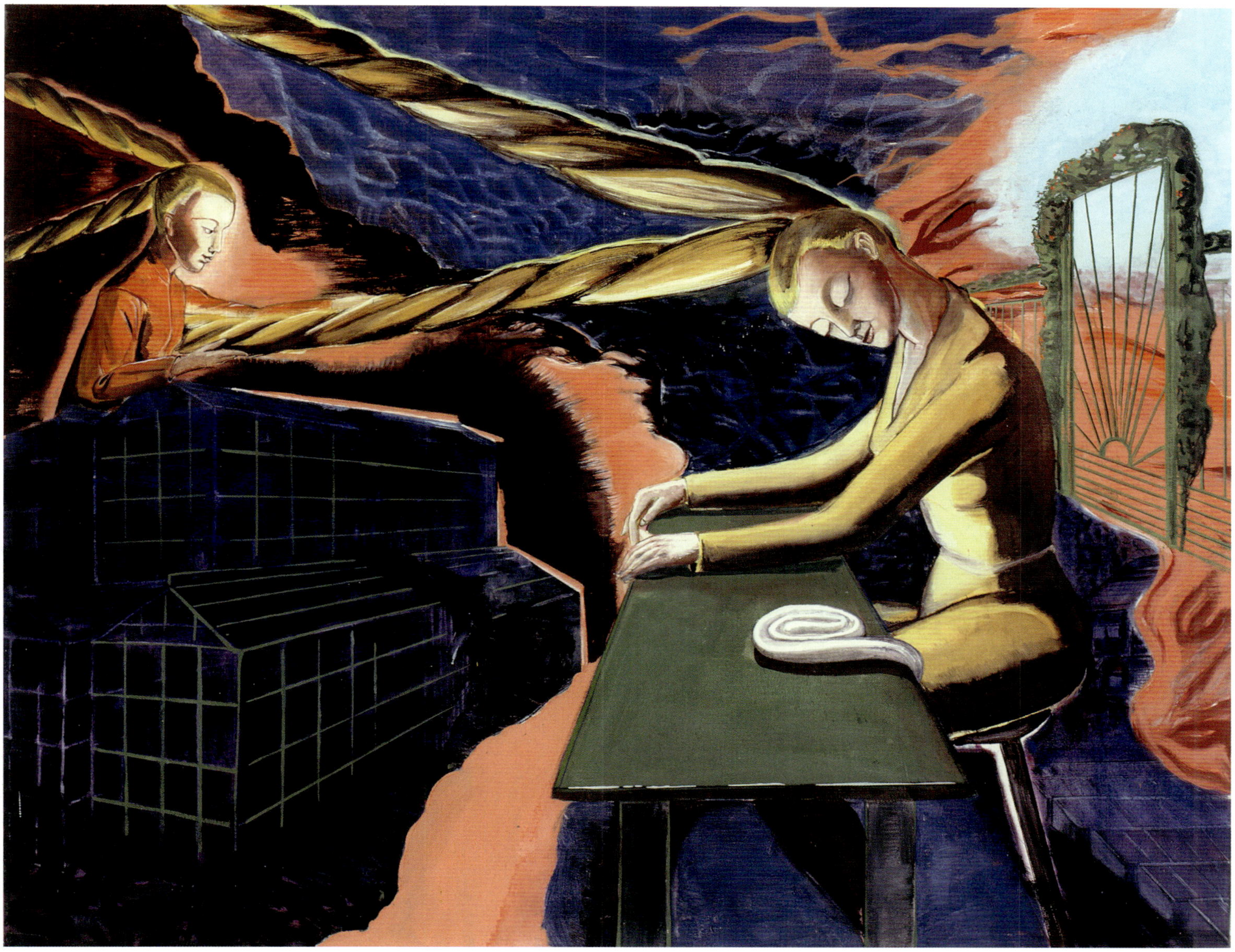

Rosa Loy

Beute, 2009

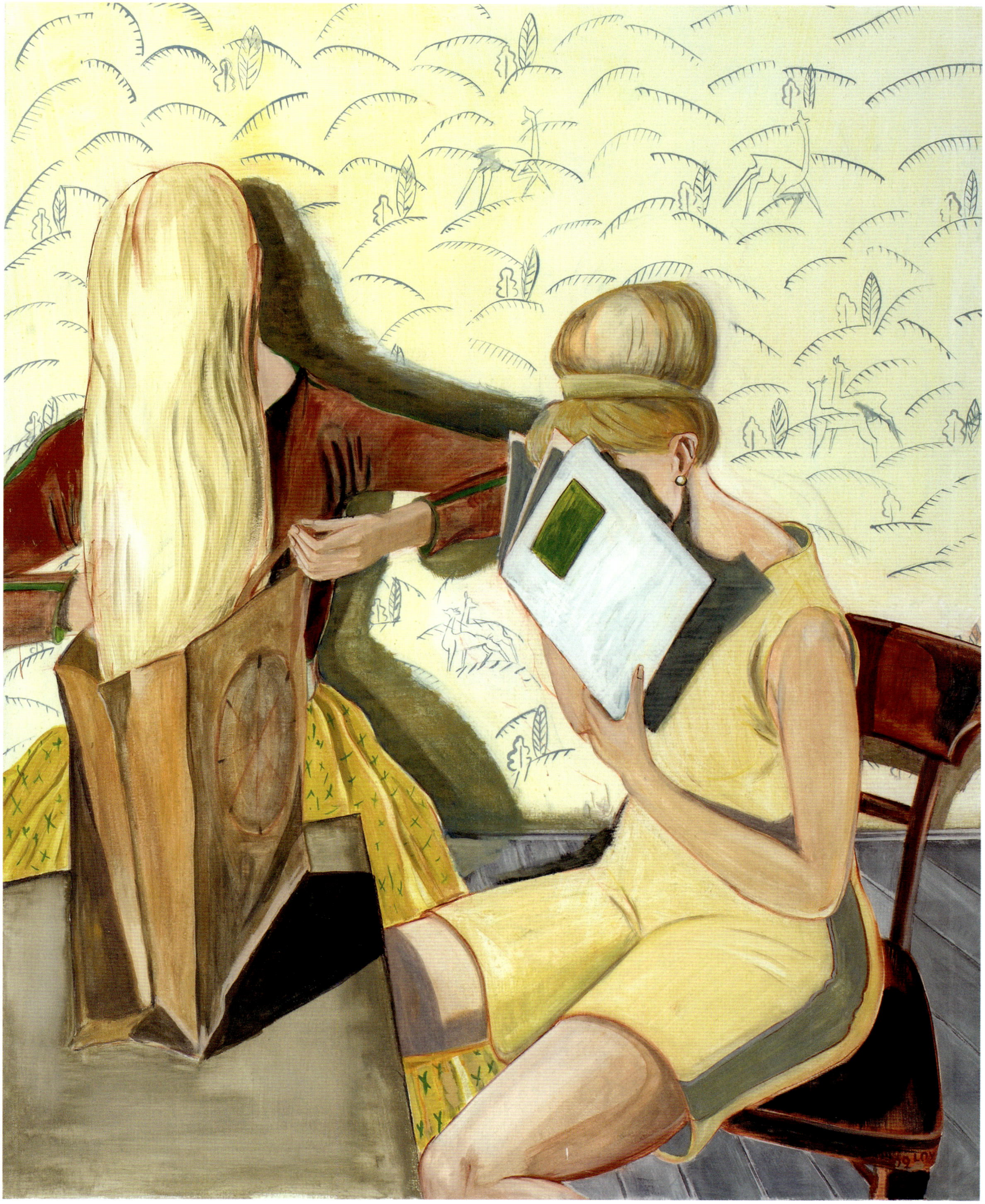

Rosa Loy
Frisör Fem, 1998

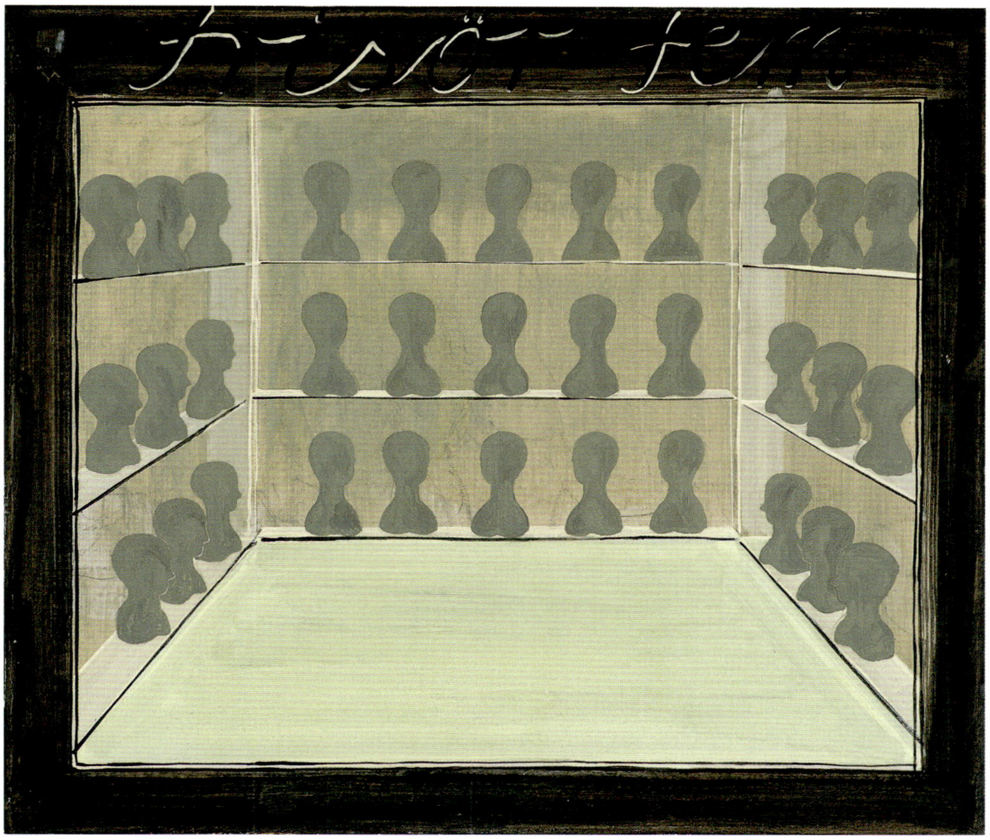
frisör fem

Rosa Loy
Methode nach D.V., 2008

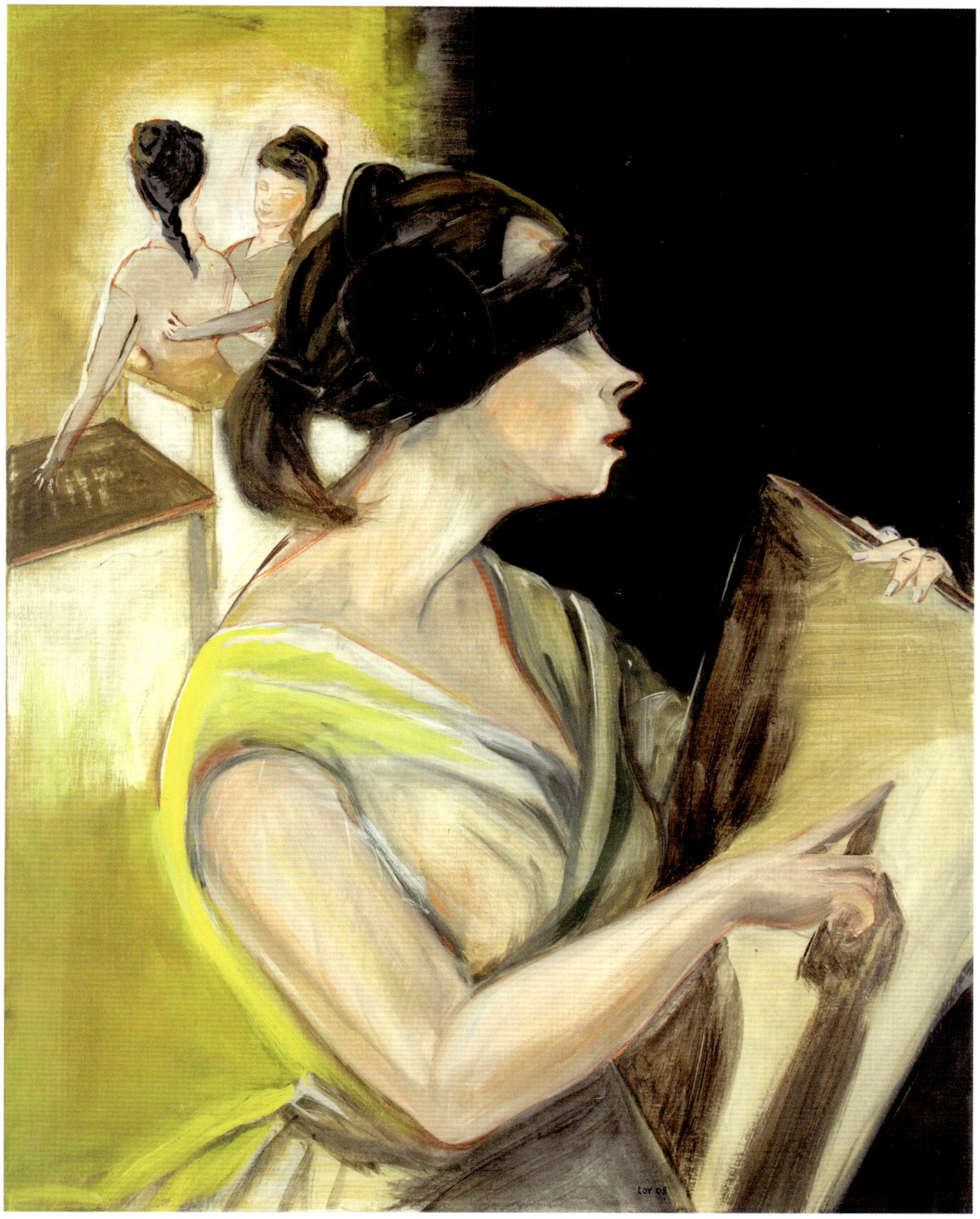

Rosa Loy
Hort, 2010

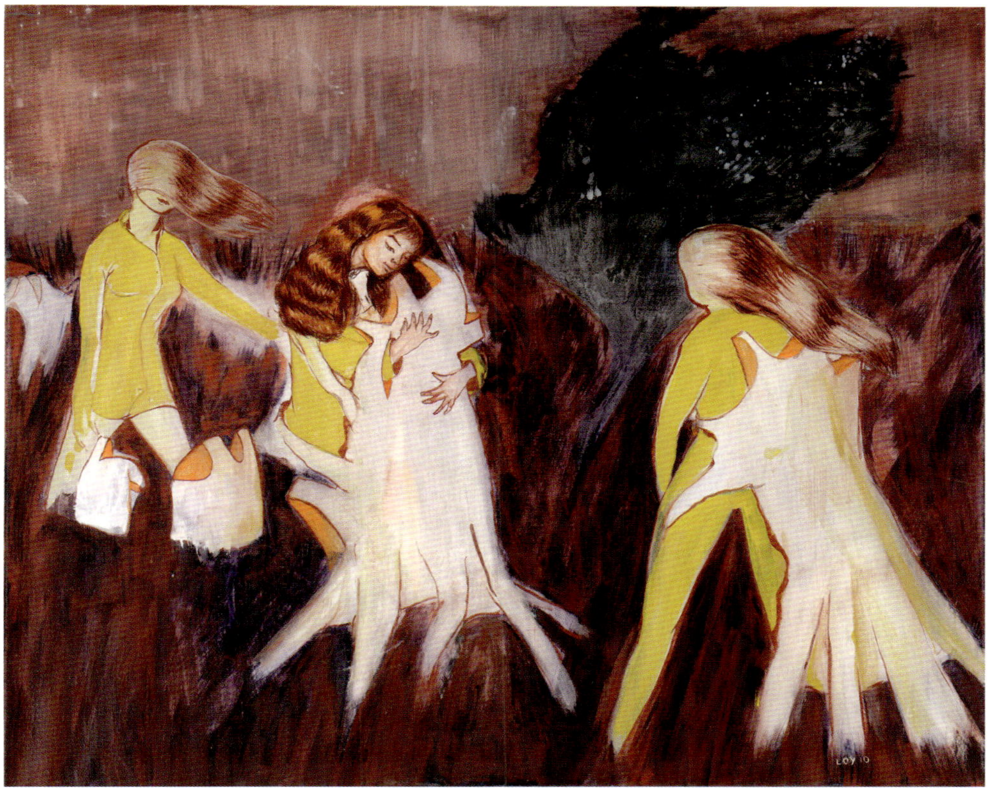
LOY 10

Rosa Loy
Treppe, 2010

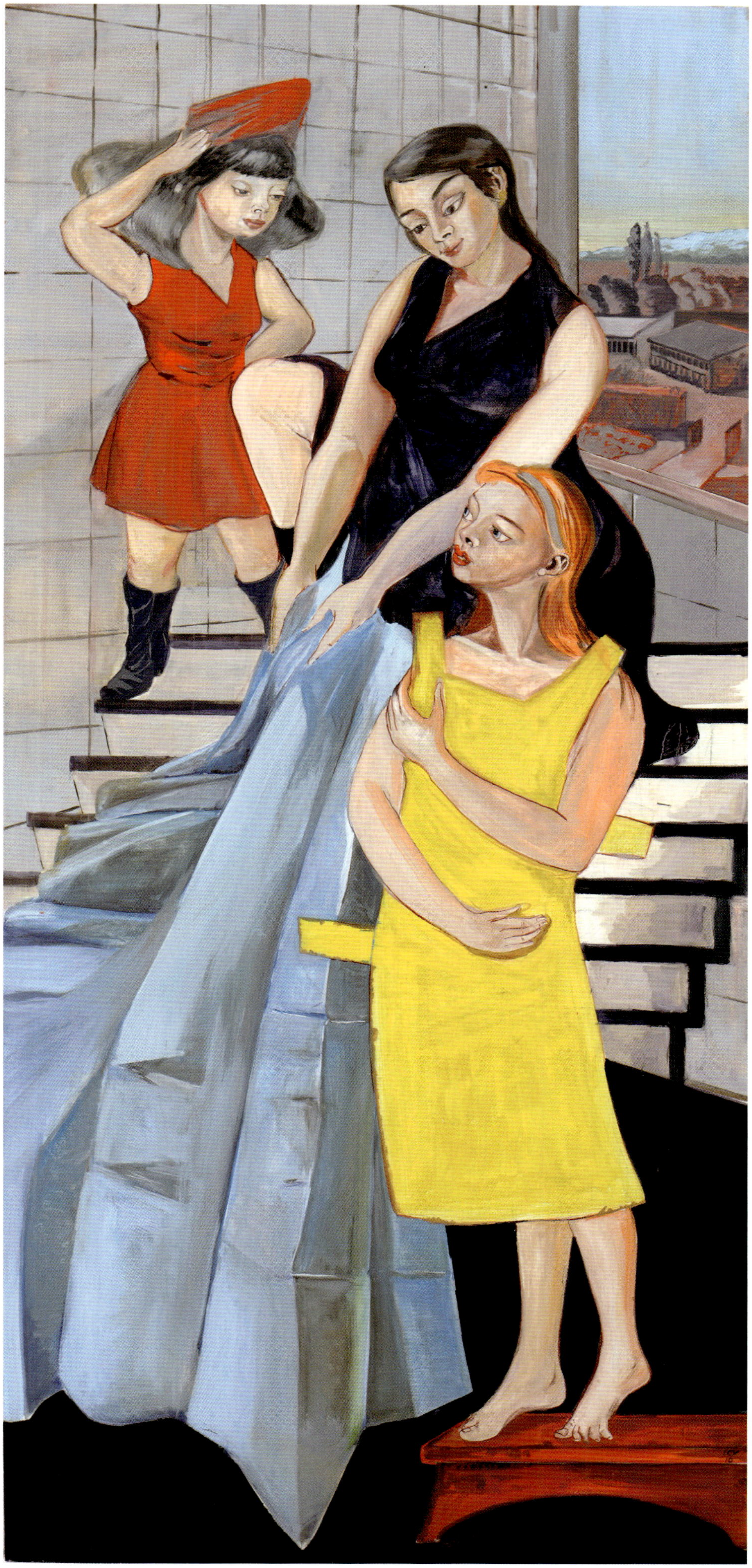

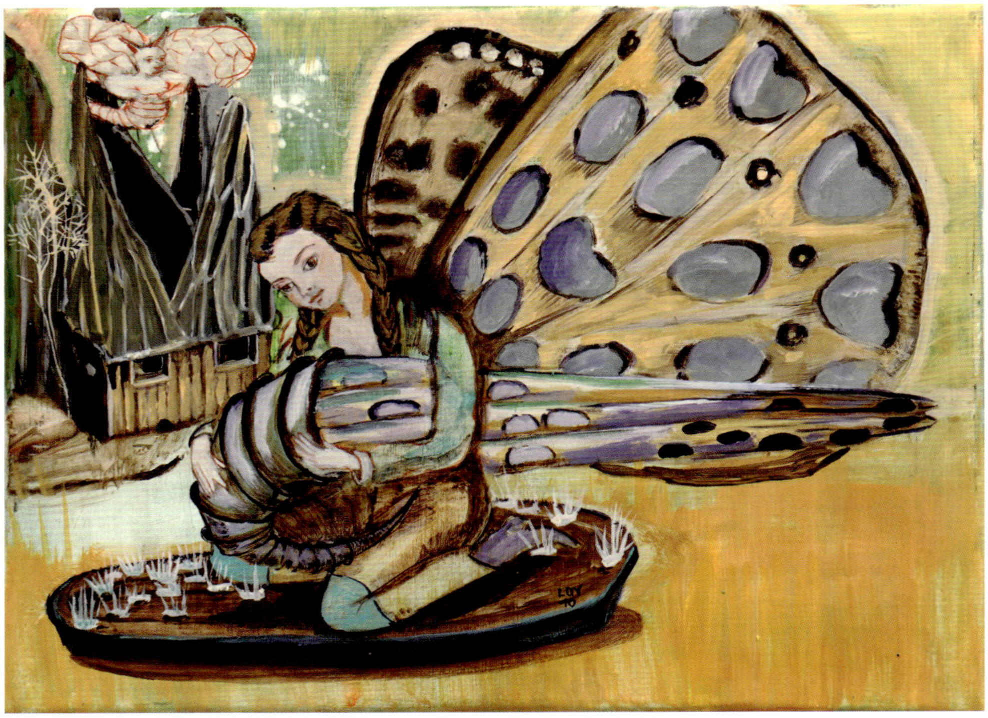

Rosa Loy

Nächste Runde, 2010

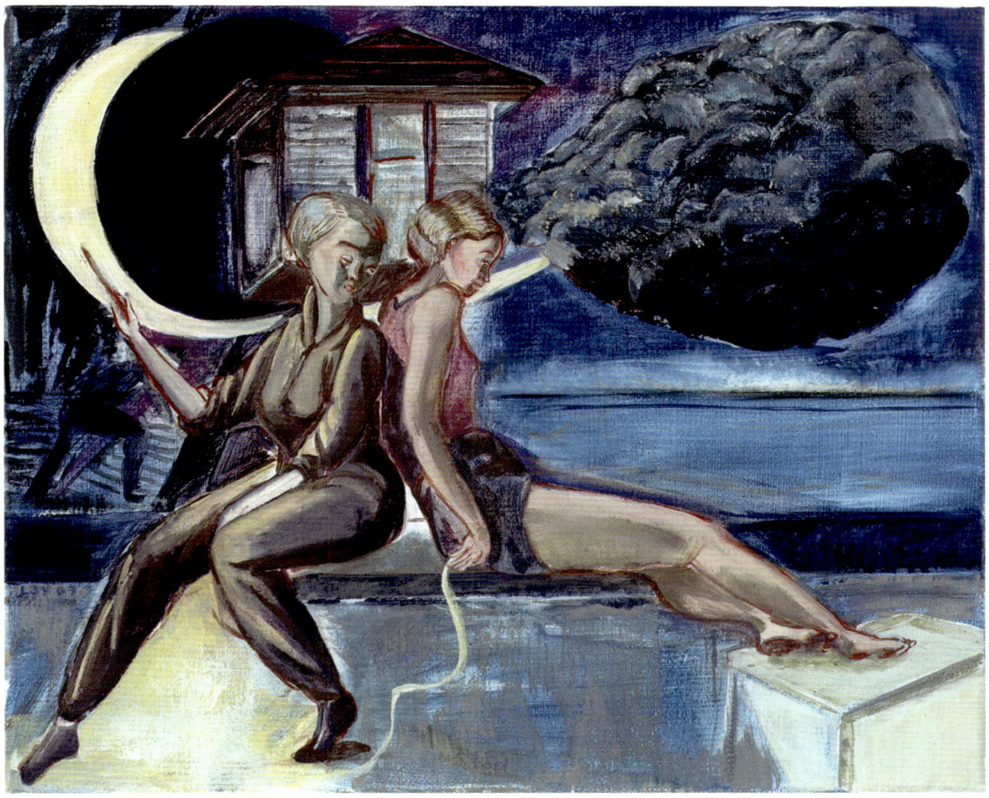

Rosa Loy
Sichel, 2007

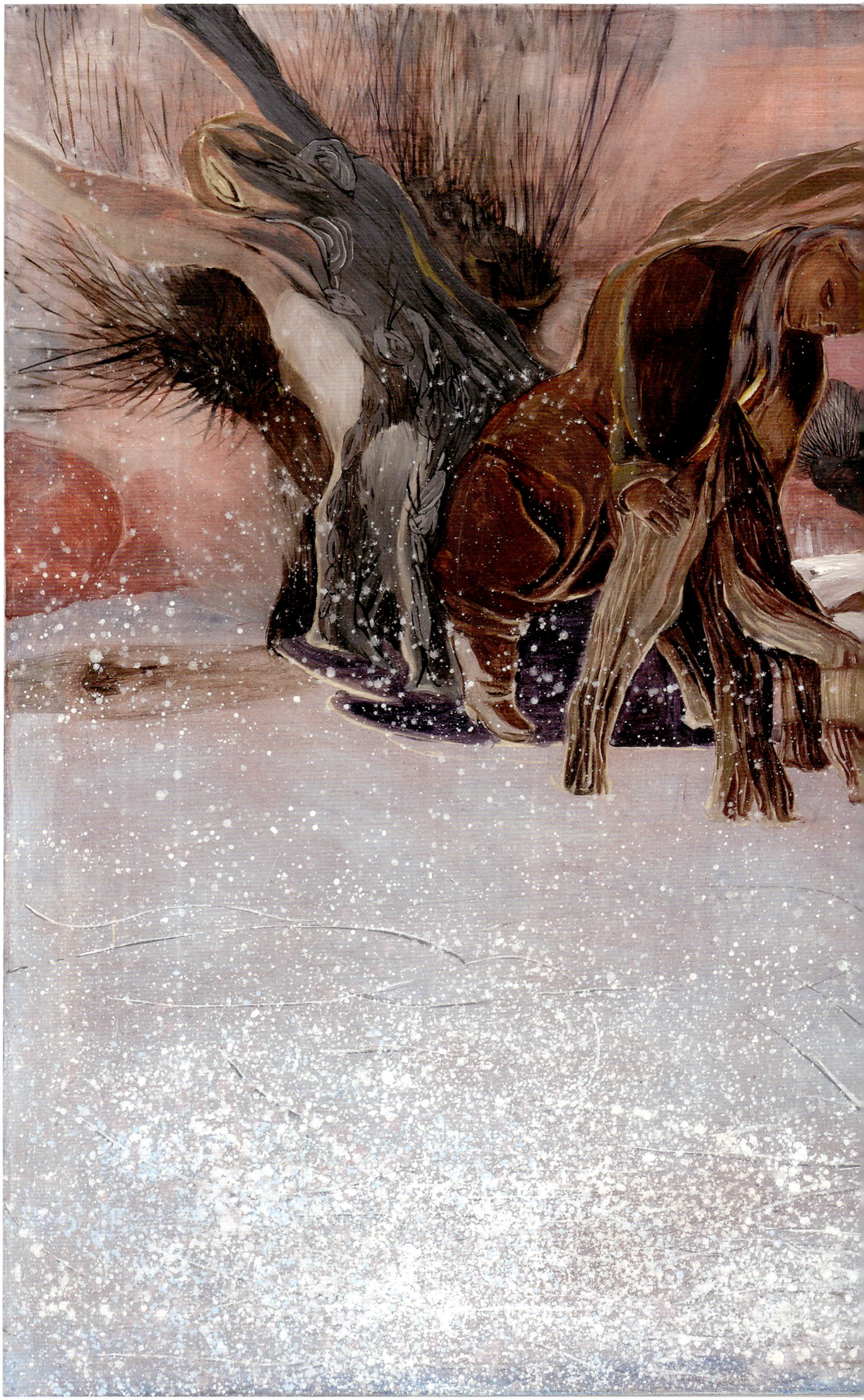

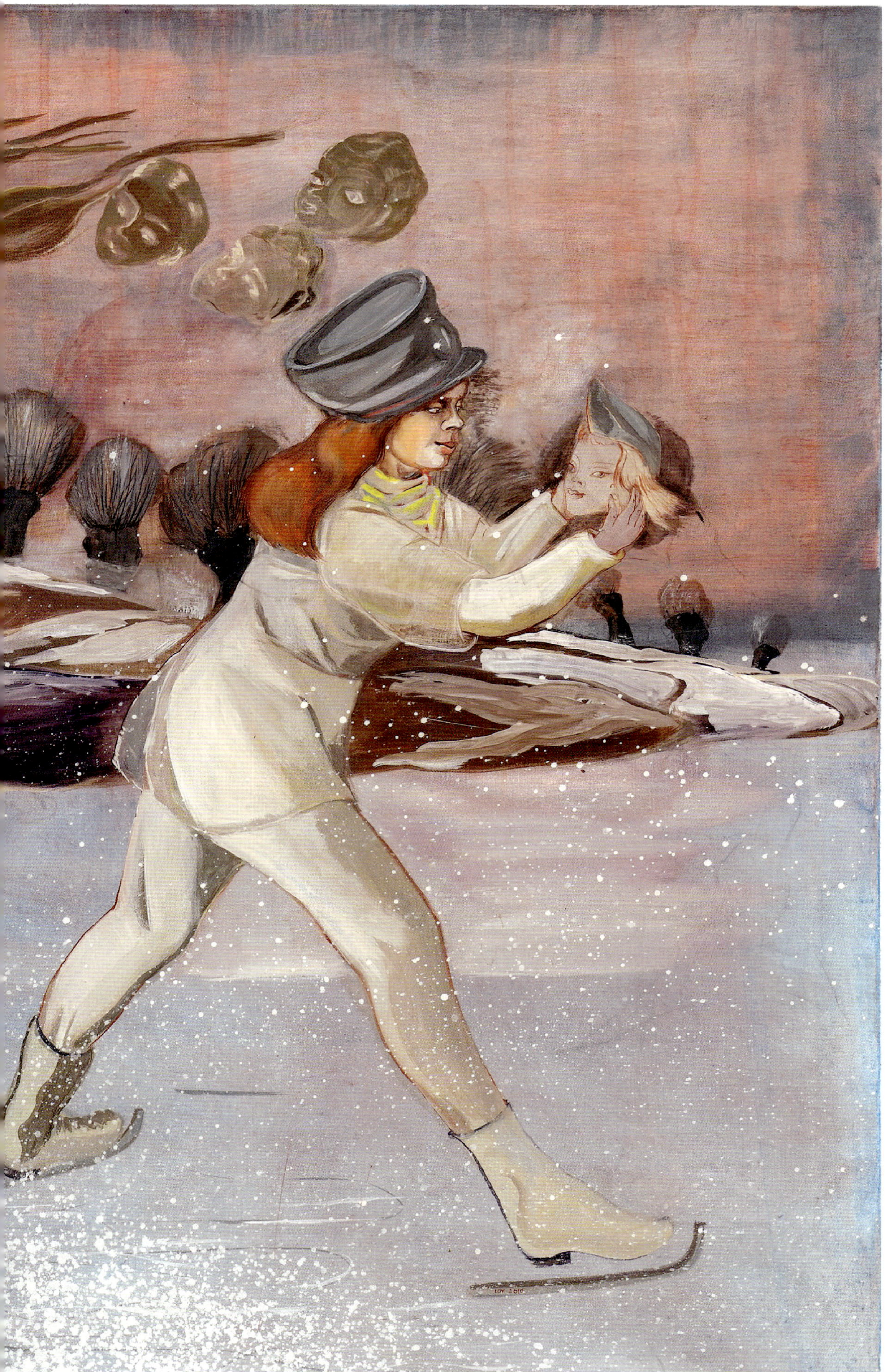

Rosa Loy
Reich, 2010
Seite/page 156 – 157

Rosa Loy
Aus dem Walde, 2011

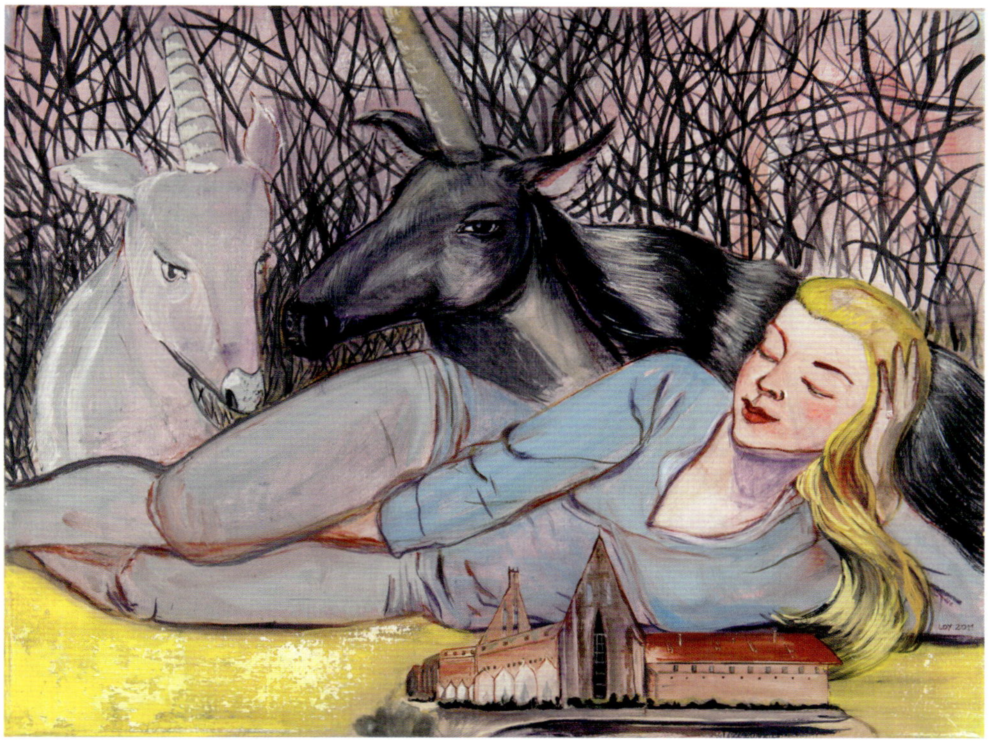

Rosa Loy
Handhilfe, 2011

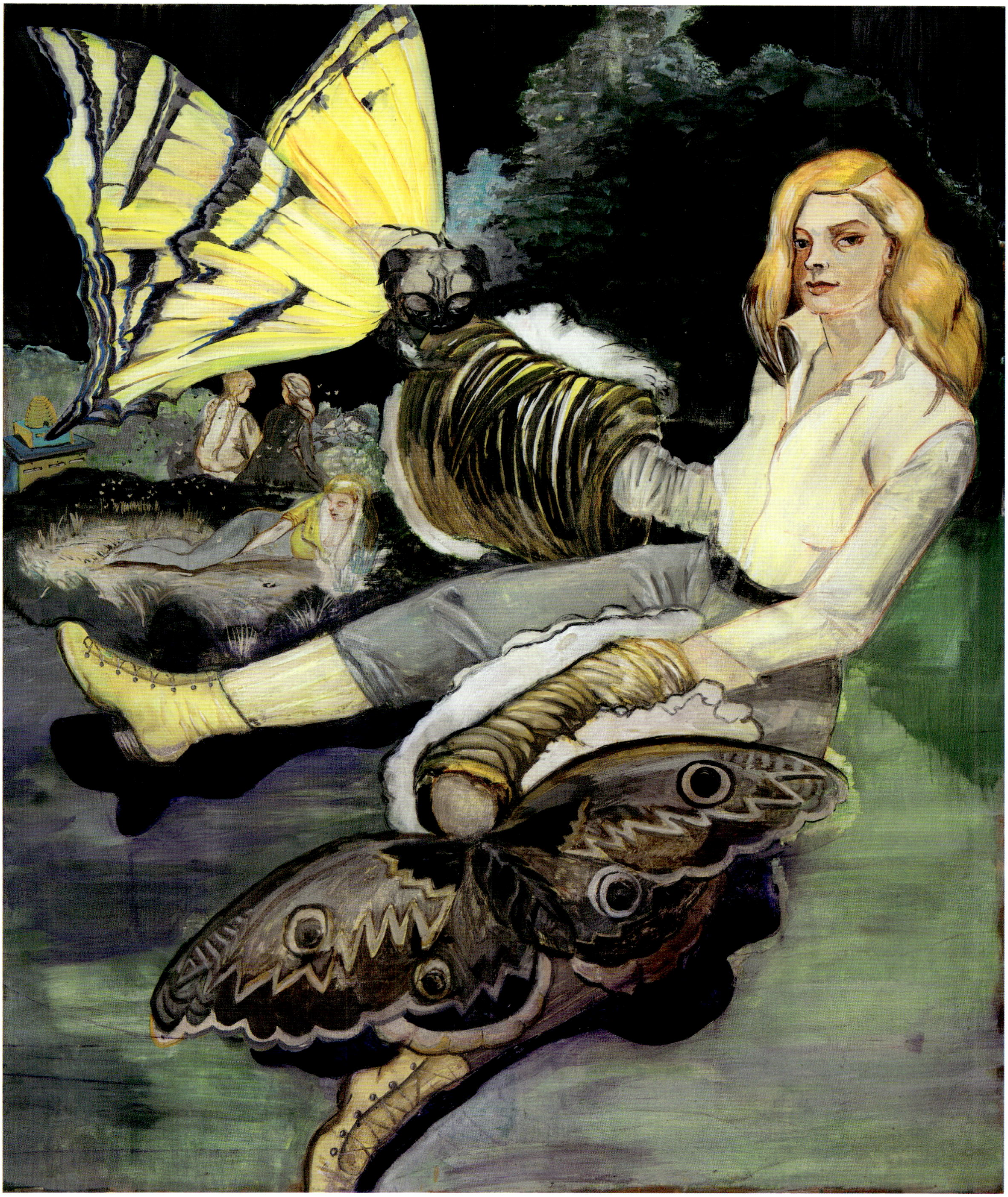

Rosa Loy

Schatten, 2011

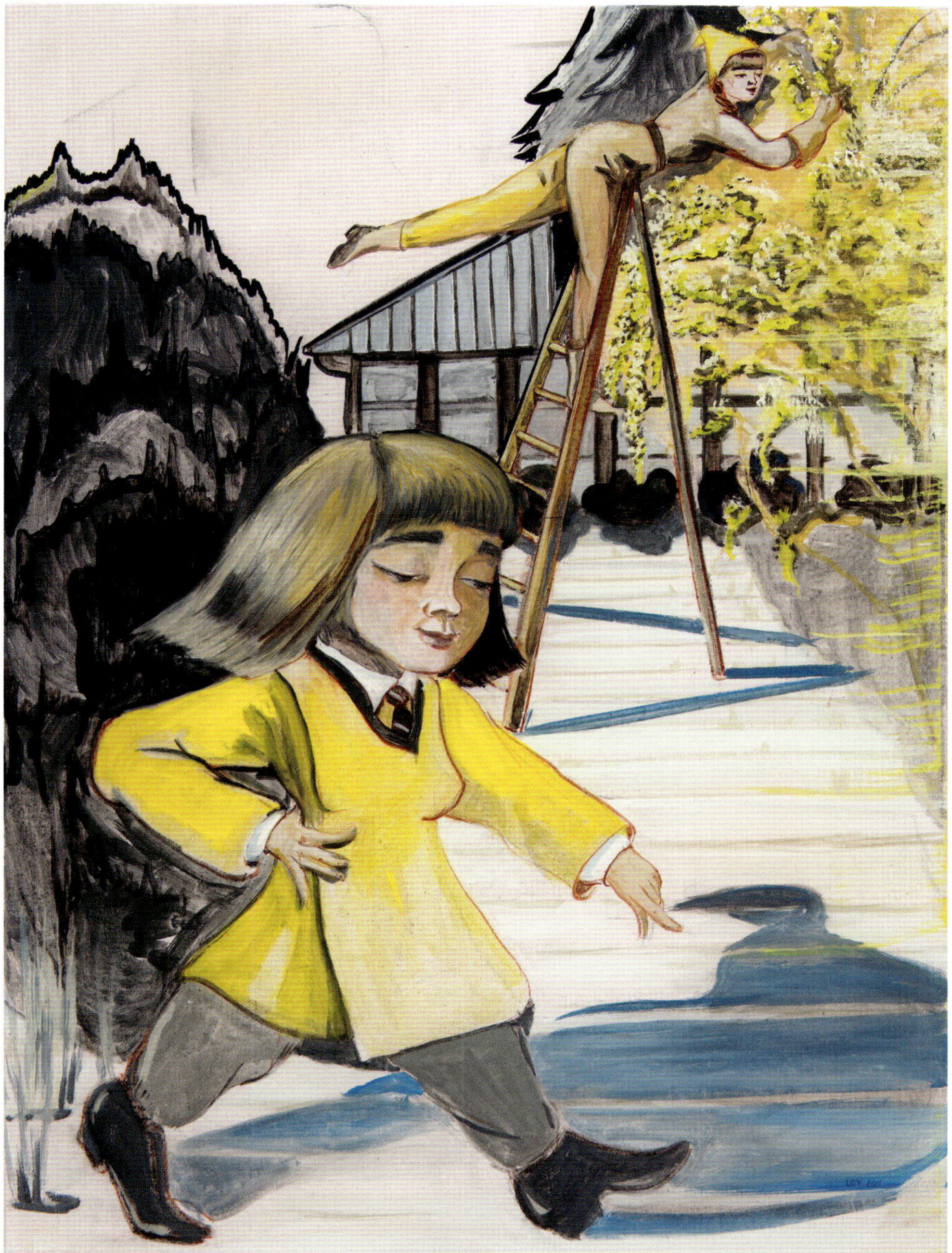

Neo Rauch

Unschuld, 2001

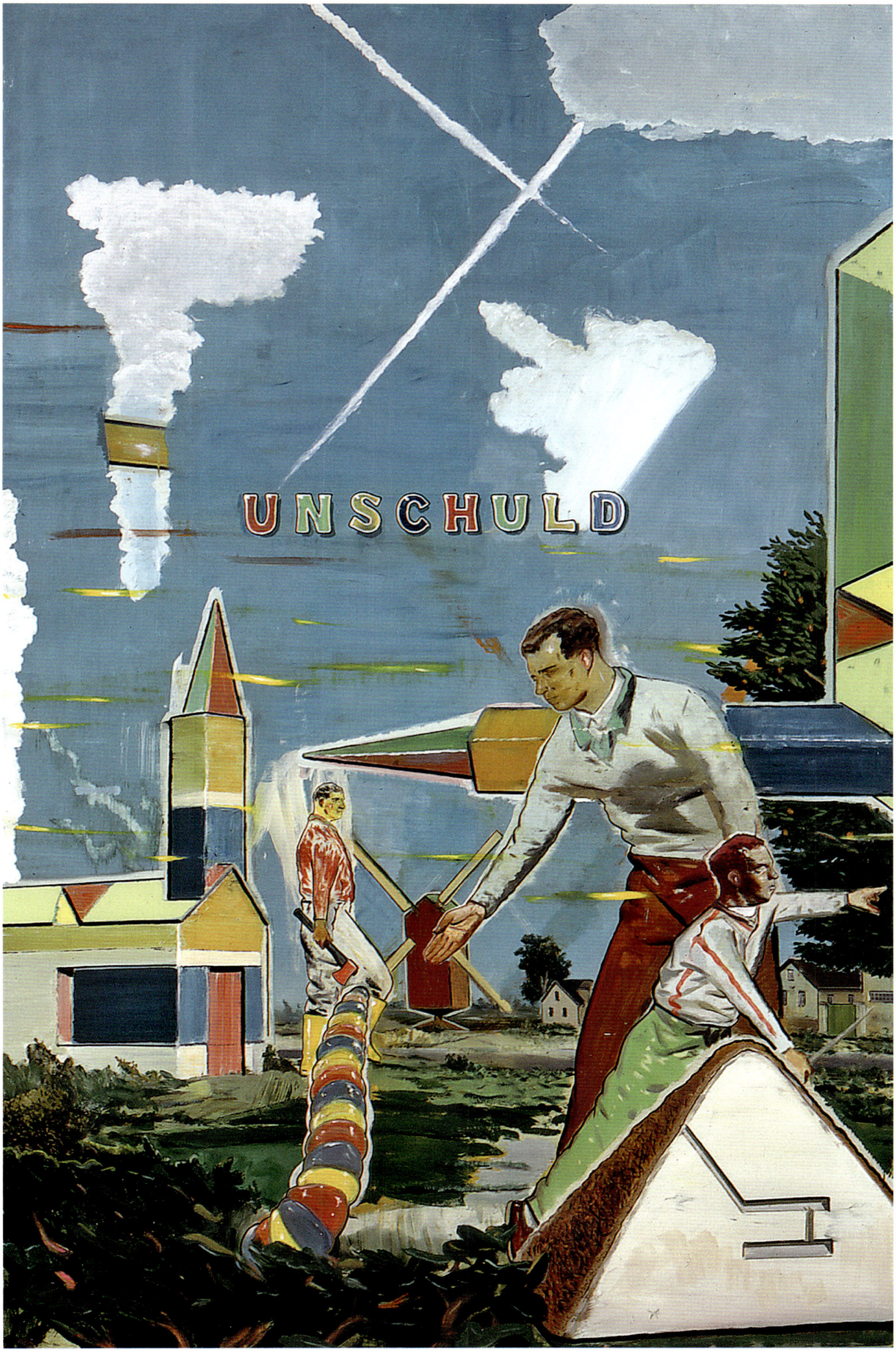
UNSCHULD

Rosa Loy

Der Bienenkorb, 2011

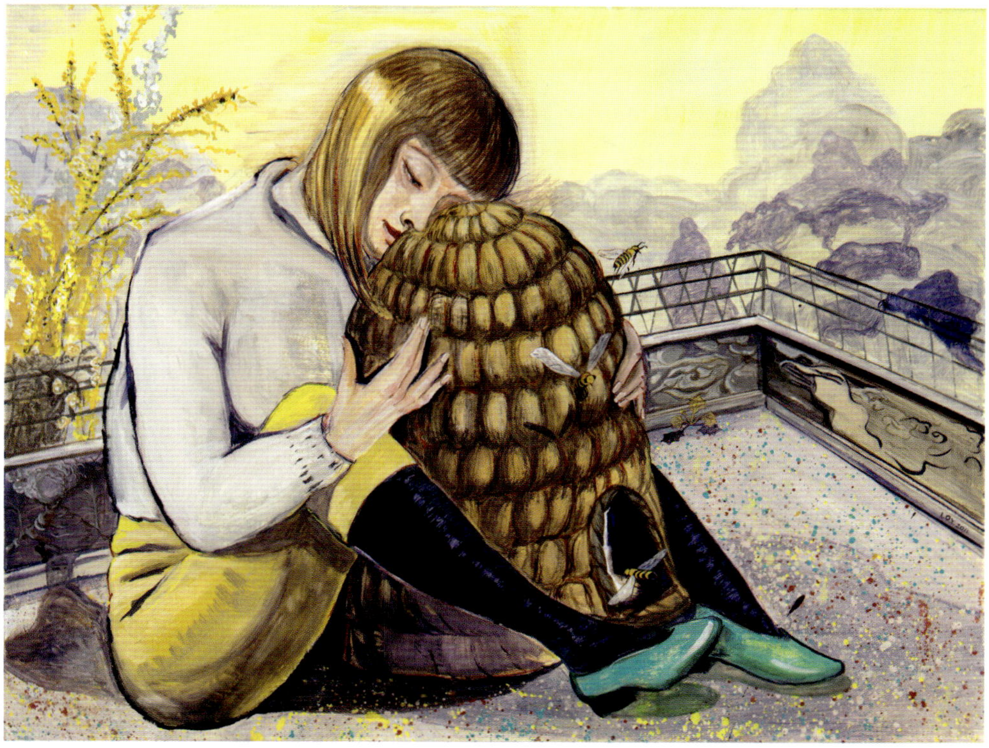

Zeichnungen

Drawings

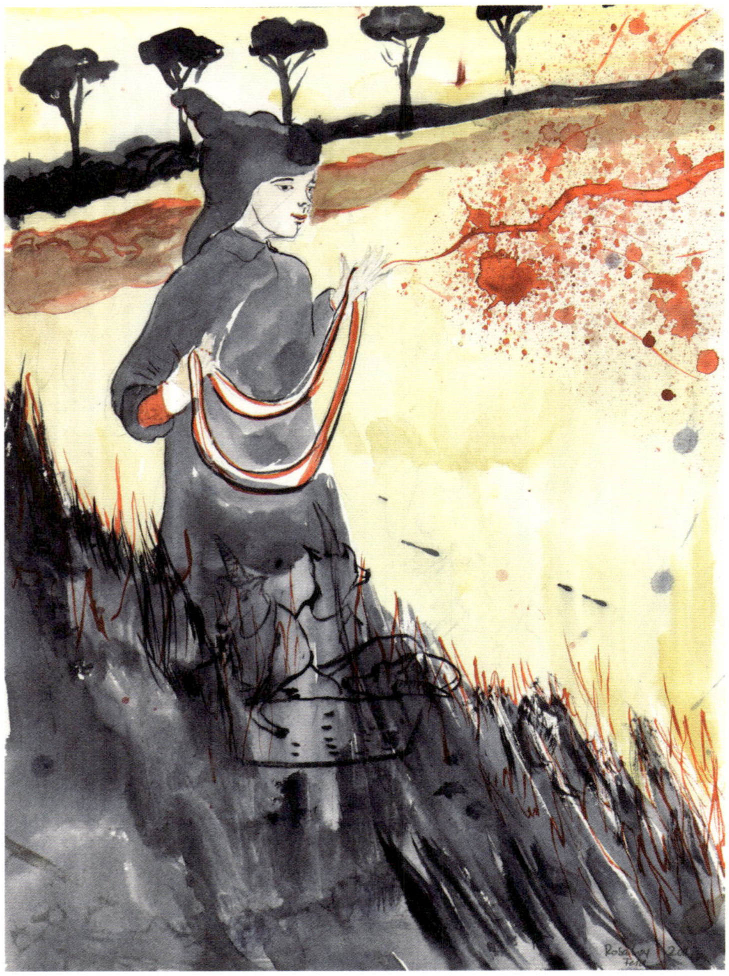

Rosa Loy
Feld, 2011

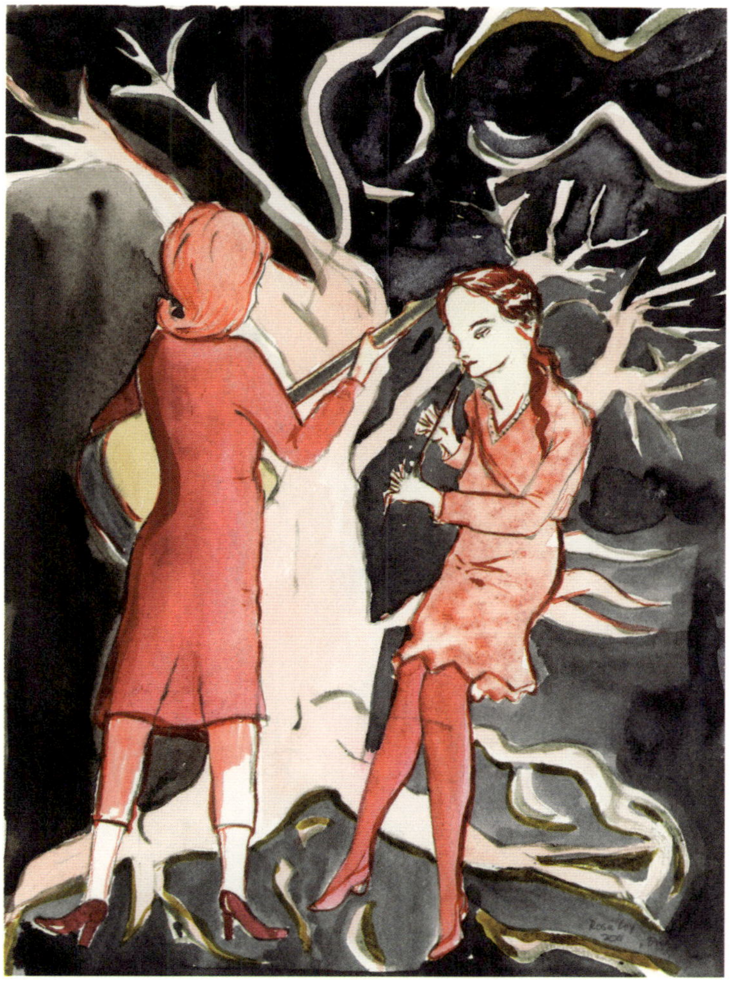

Rosa Loy
Duo, 2011

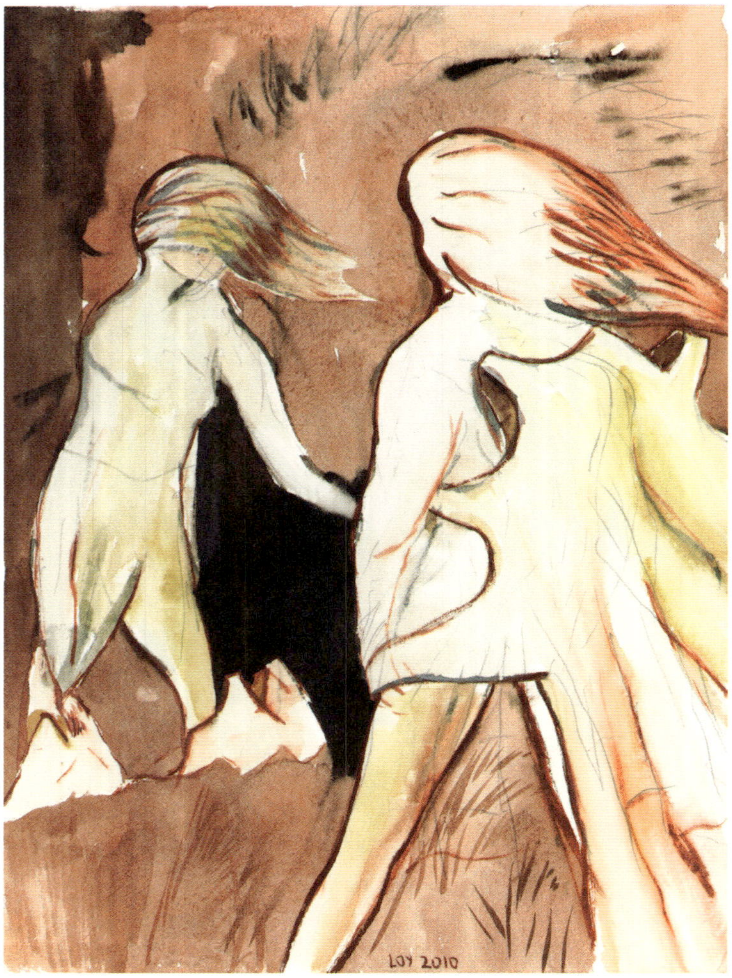

Rosa Loy
Lüftchen, 2011

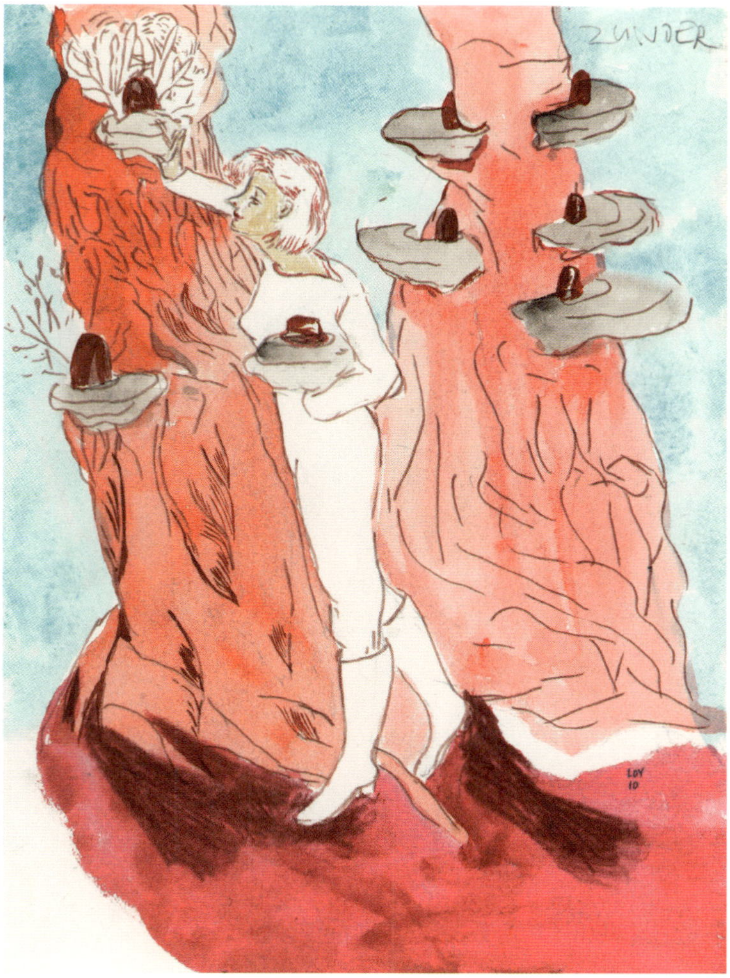

Rosa Loy
Zunder, 2011

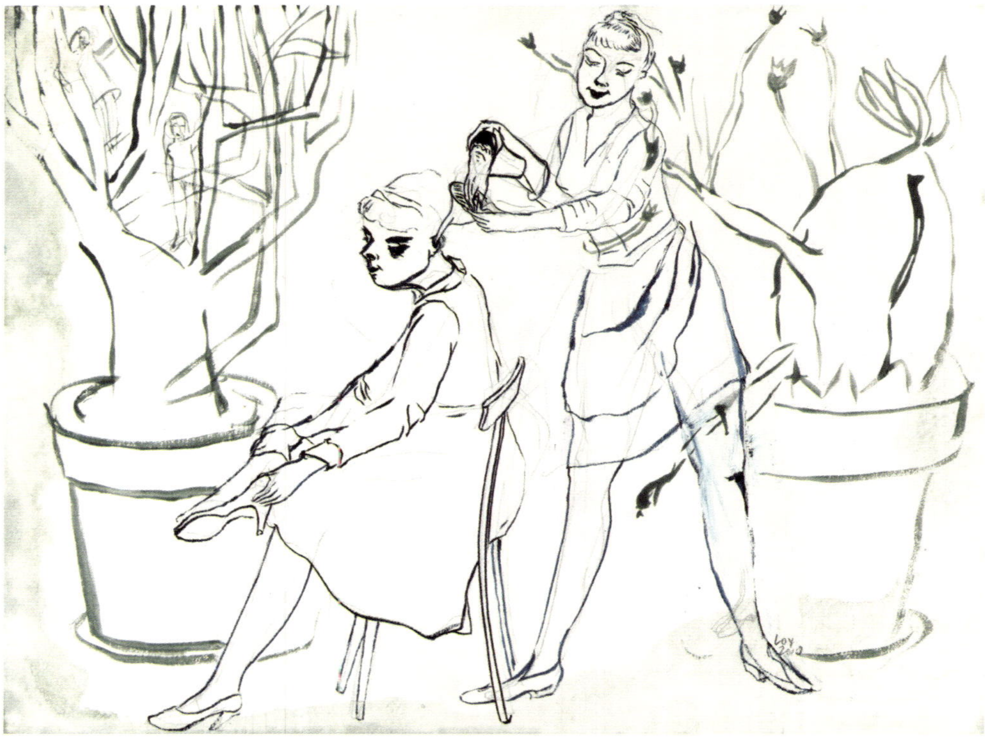

Rosa Loy

Bereicherung, 2011

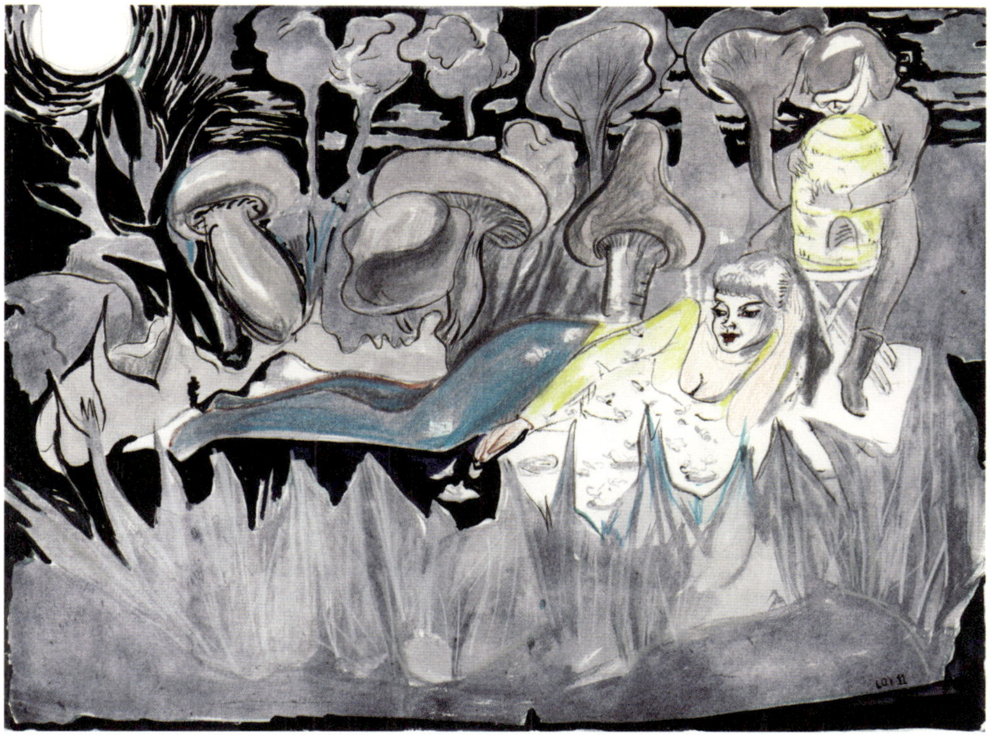

Rosa Loy
Früchte des Waldes, 2011

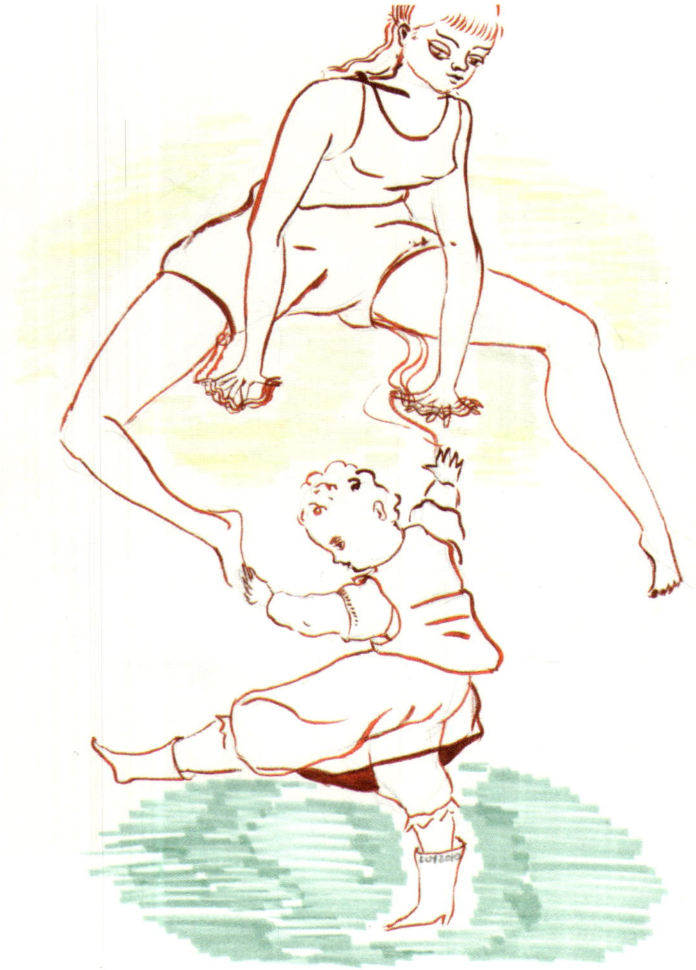

Rosa Loy

Neue Liga, 2011

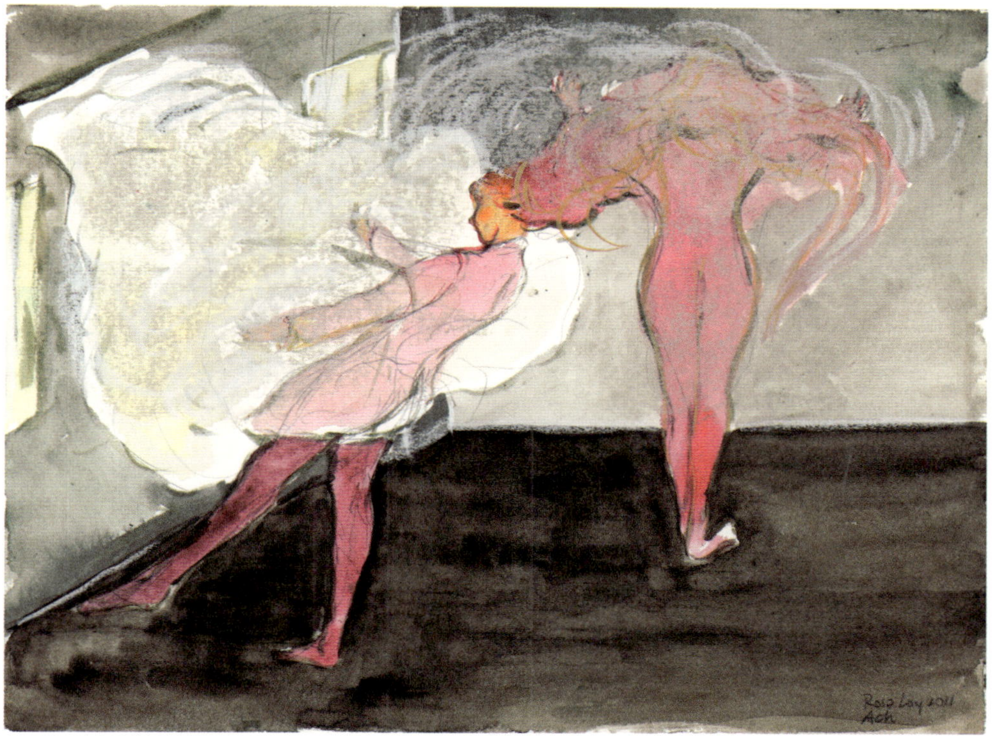

Rosa Loy
Duo, 2011

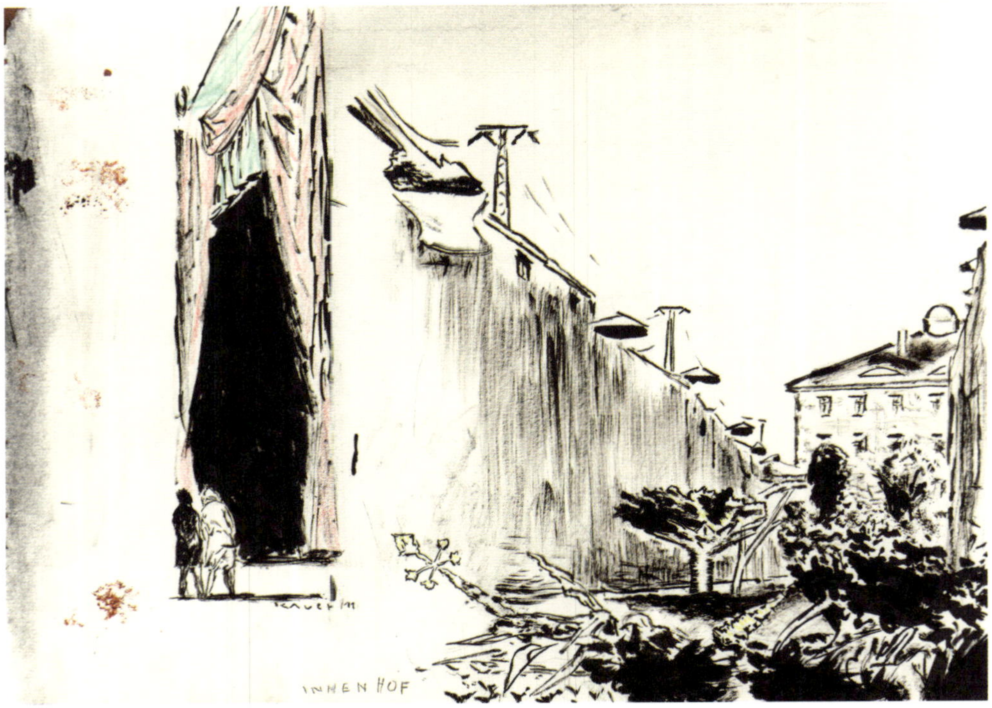

Neo Rauch
Innenhof, 2011

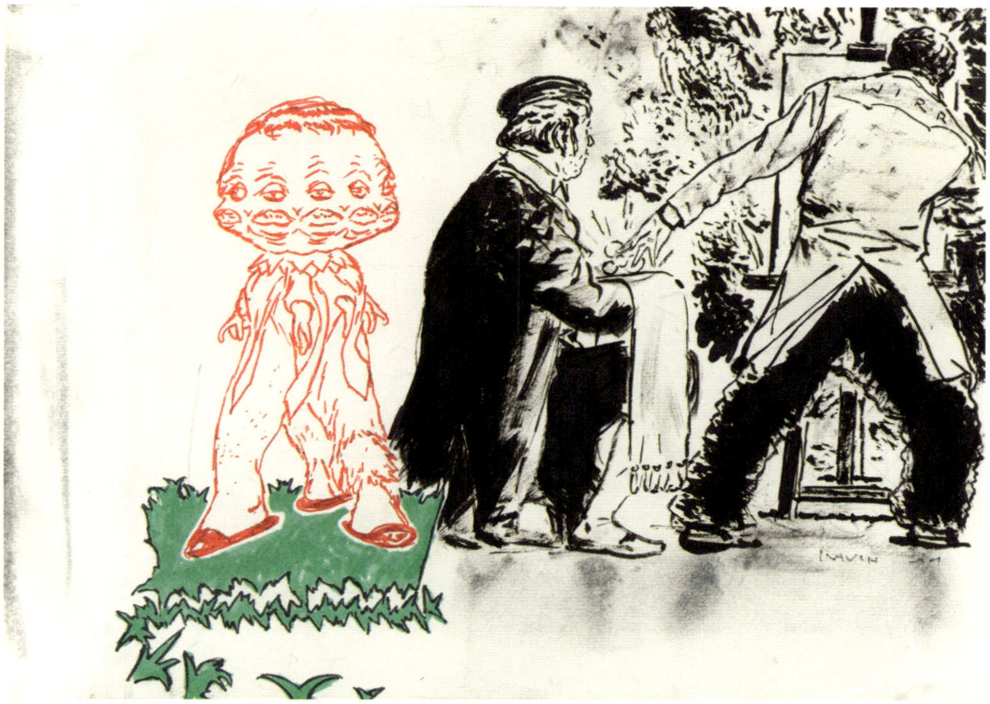

Neo Rauch
Wirrnis, 2011

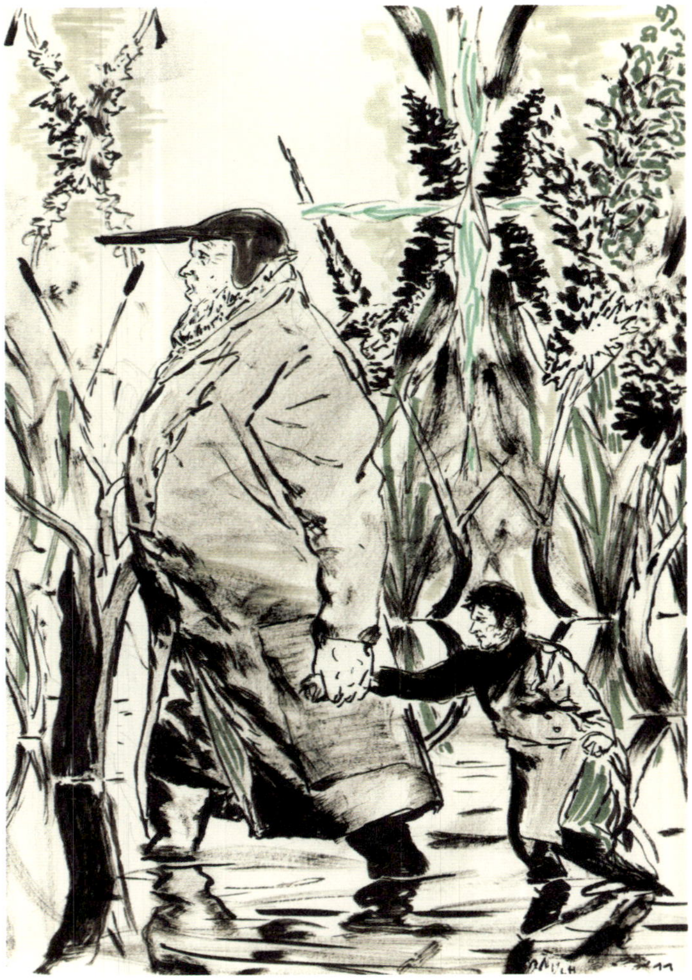

Neo Rauch

Im Röhricht, 2011

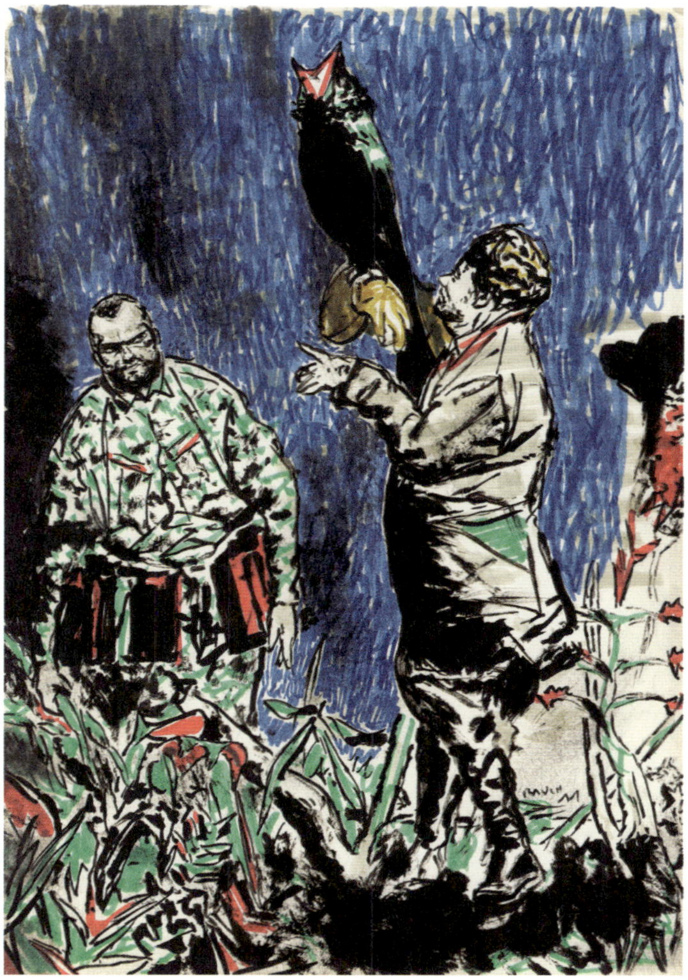

Neo Rauch
Beobachter, 2011

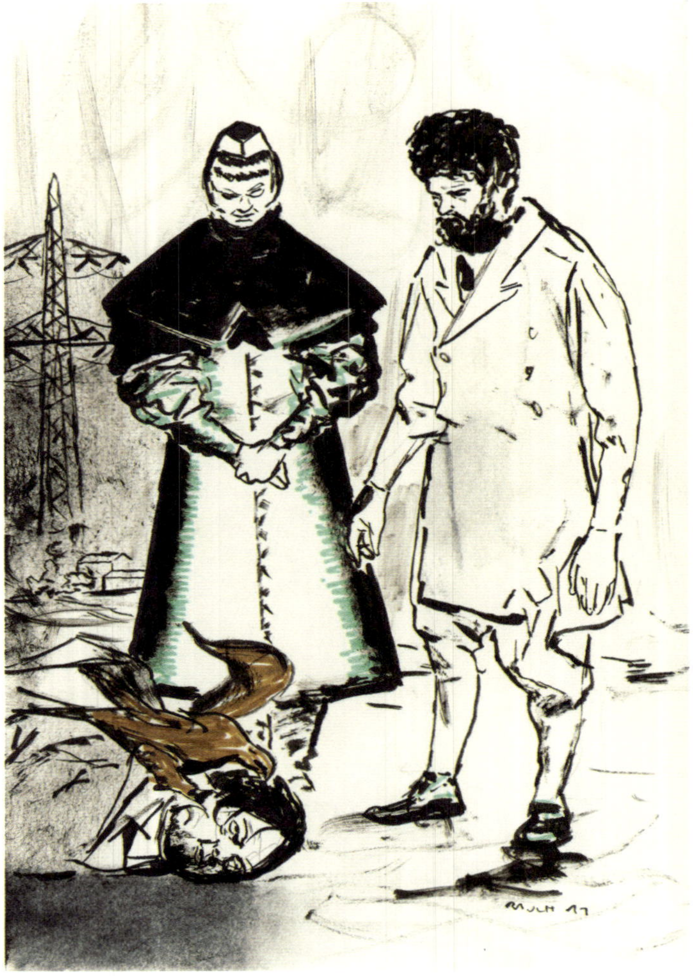

Neo Rauch

Falke, 2011

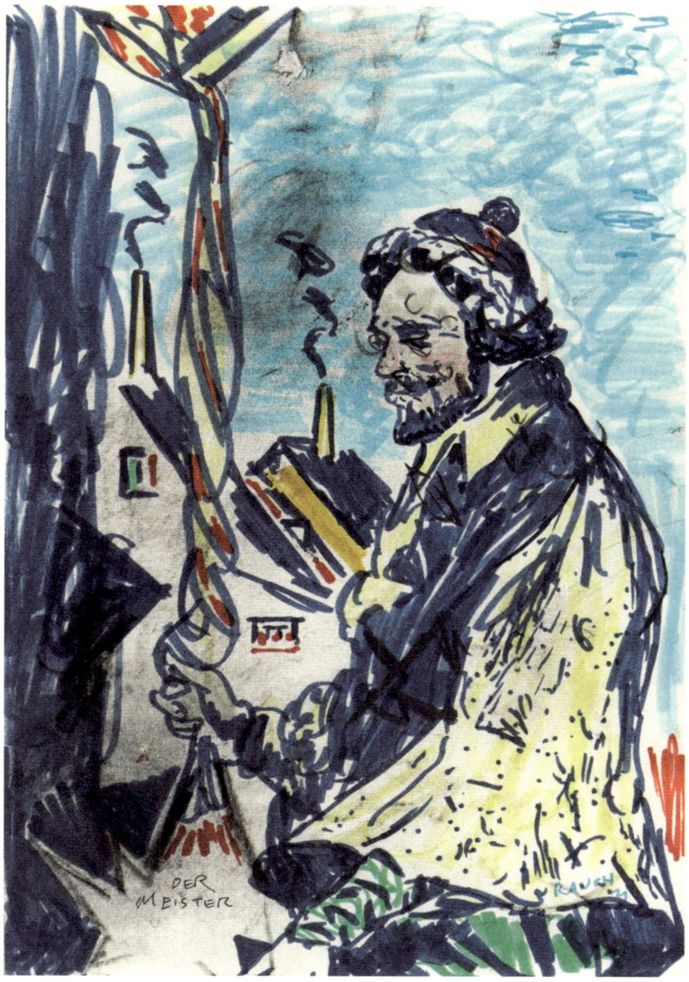

Neo Rauch
Der Meister, 2011

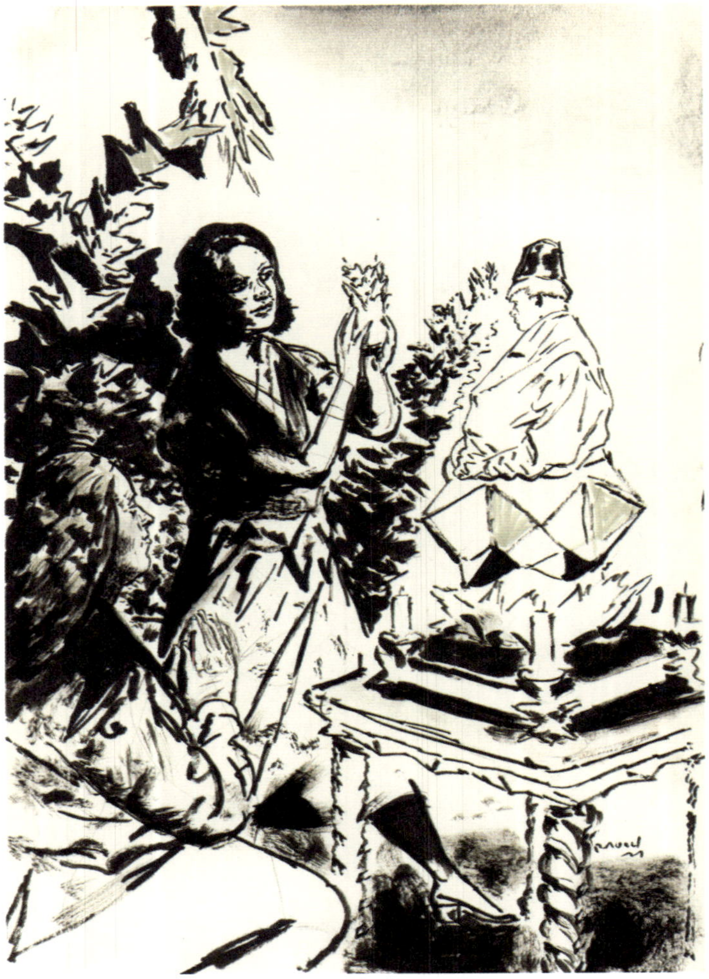

Neo Rauch
Buschgott, 2011

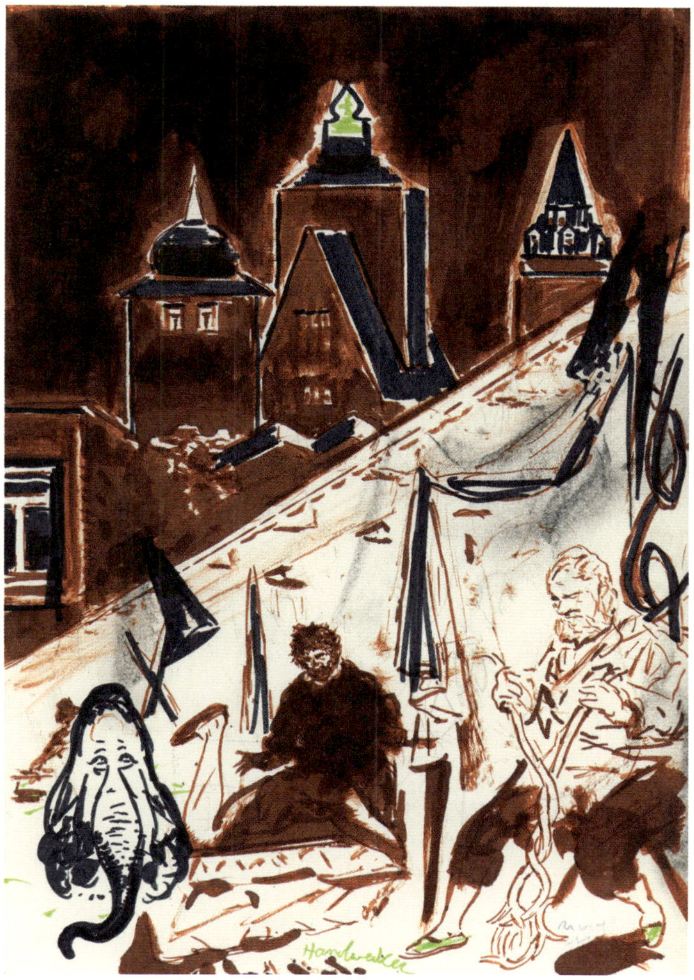

Neo Rauch
Handwerker, 2011

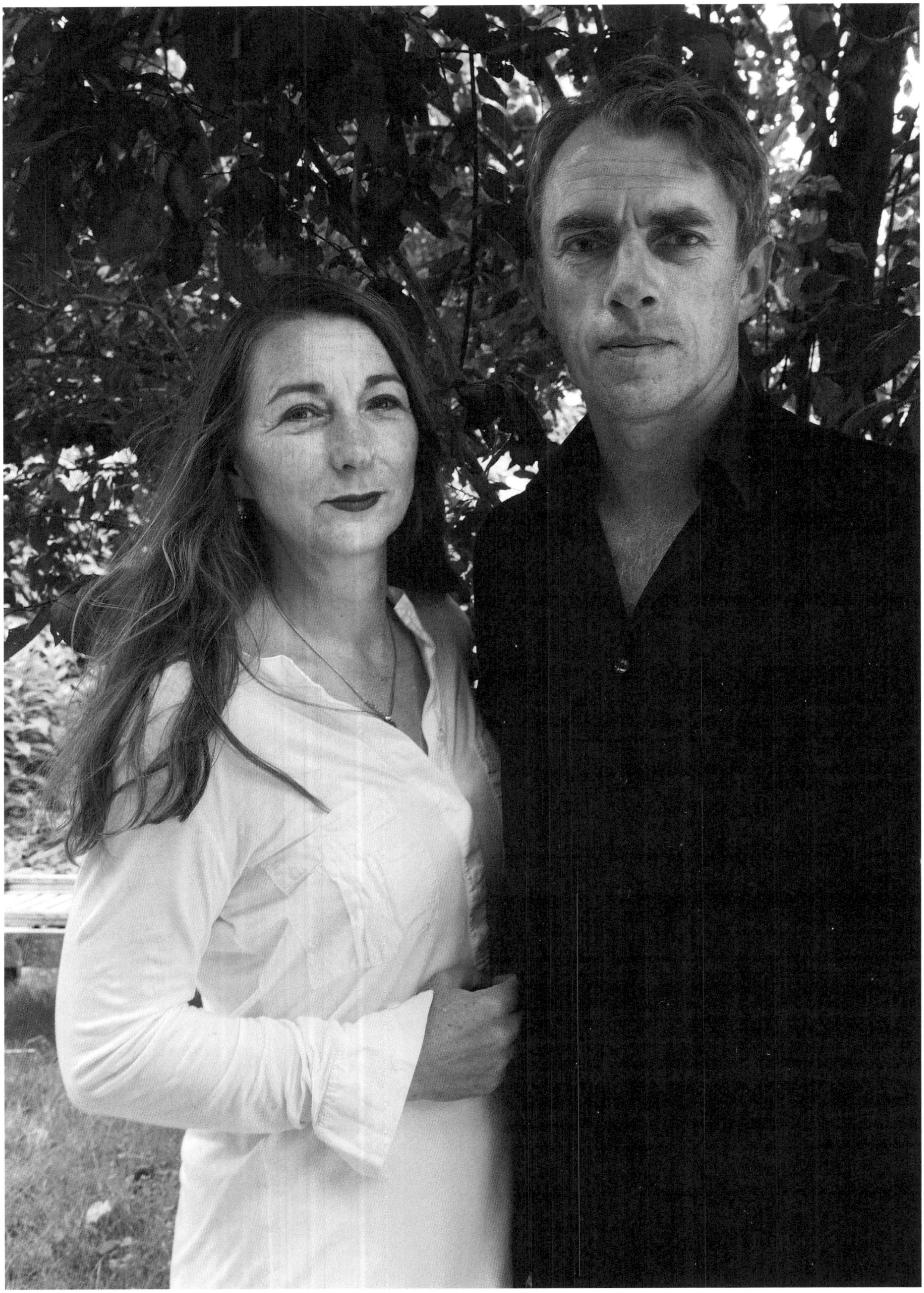

Rosa Loy und Neo Rauch
im Gespräch mit Günther Oberhollenzer

Im Rahmen der Ausstellungsvorbereitungen traf Günther Oberhollenzer, Kurator im Essl Museum, am 10. Juni 2011 Rosa Loy und Neo Rauch zu einem Gespräch. Das Interview fand im Atelier von Neo Rauch statt, das sich gleich neben jenem von Rosa Loy im Herzen der Leipziger Baumwollspinnerei befindet. Rosa Loy und Neo Rauch sind seit 1985 verheiratet und schaffen beide ein eigenständiges Œuvre.

GÜNTHER OBERHOLLENZER.

In der Ausstellung des Essl Museums treten Sie zum ersten Mal als »Künstlerpaar« in Erscheinung. Wie entstand die Idee einer Gemeinschaftsausstellung?

NEO RAUCH.

Mit dieser Idee gehen wir schon lange schwanger. Es fehlte nur an einem geeigneten Ort und an einer glücklichen kalendarischen Fügung. Denn es musste für uns beide gleichzeitig möglich sein, diesen Ort verantwortungsbewusst zu bespielen. Durch die Aufgeschlossenheit von Herrn Essl ist es uns jetzt möglich gewesen, diesen lang gehegten Wunsch in seinem Museum Wirklichkeit werden zu lassen.

OBERHOLLENZER.

Wieso war das ein wichtiger Wunsch für Sie und welche Erwartungen verbinden Sie damit?

ROSA LOY.

Wir wurden öfter gefragt: Malen Sie auch gemeinsam Bilder? Wie sehen die aus? Machen Sie was gemeinsam? Arbeiten Sie in einem Atelier? Also es gibt immer Fragen, wie man als Paar arbeitet. Wie sieht das dann aus? Die Bilder sind ja ganz gleich, oder sie sind ganz unterschiedlich. Und wir haben uns dann gedacht, mein Gott, wir stellen mit allen Möglichen aus, warum haben wir noch nie miteinander ausgestellt?

OBERHOLLENZER.

Also eigentlich das Naheliegende, wenn man so will?

LOY.

Ja, wenn man sich so nahesteht, dann ist man immer im Windschatten des anderen und bemerkt manche Dinge nicht. Und so haben wir gesagt, das wäre doch mal eine tolle Idee, wir machen einfach gemeinsam eine Ausstellung. Und dann ging es natürlich los: Wann, wo und welche Arbeiten können wir zeigen?

OBERHOLLENZER.

Wie haben Sie die Auswahl der Arbeiten festgelegt?

LOY.

Wir haben überlegt, es sollten neue Arbeiten sein, und auch ein paar ältere. Deshalb haben wir auch Arbeiten aus unserer eigenen Sammlung genommen, die wir uns gegenseitig geschenkt haben. Oder füreinander angefertigt haben. Auf diese Weise ist dann noch mal eine neue Schicht oder Ebene der Gemeinsamkeit zu sehen. Und Arbeiten, die wir gegenseitig ausgesucht haben und die wir schätzen und mögen. Wo wir sagen, ach, das finde ich toll, dass diese Arbeit dabei ist. Dieses Bild wollte ich schon immer einmal neben dem sehen. Wir machen es ja nicht mal im Atelier, dass wir die Bilder nebeneinanderstellen.

OBERHOLLENZER.

Das ist spannend. Für Sie ist es also auch das erste Mal, dass Sie die Bilder nebeneinander im Dialog oder auch Nichtdialog zeigen.

LOY.

Ja, das kann man so sagen.

RAUCH.

Wir haben ein Mikrotestfeld in Gestalt unseres eigenen Hauses. Dort koexistieren die Bilder in trauter Eintracht und mitunter auch in fruchtbringender Dissonanz. Sodass wir schon immer die Möglichkeit hatten, zu spüren, was es werden könnte, wenn man diesen letzten Endes ja sehr verschiedenen Ansätzen, die wir verfolgen, die Möglichkeit eines etwas weiter gespannten Aufeinandertreffens und Miteinandertanzens einräumen könnte. Ich verspreche mir davon tatsächlich ein Mit- und Gegeneinander zugleich. Das Prinzip des Sowohl-als-auch ist das eigentlich Reizvolle. These und Antithese, das findet sich in unserem Schaffen in Gestalt der ebenso ähnlichen wie unterschiedlichen Ansätze wieder.

LOY.

Das kommt auch schon im Titel zum Tragen. Wir haben eine ganze Weile überlegt, welchen Titel wir wählen, und sind dabei immer privater geworden. Was verbindet uns privat? Wir mögen eben unseren Garten sehr. Und das »Hinter dem Garten« oder »Hinter den Gärten« ist die nächste Schicht, die sich auf unsere Arbeit bezieht. Alles ist auf uns, auf unsere Beziehung und auf die Spannung in unserem gemeinsamen Leben und in unserer Arbeit ausgerichtet.

OBERHOLLENZER.

Ich war sehr berührt von dem schönen Text »Rosa«, den Sie, Herr Rauch, für den Katalog »Manna« über Rosa Loy geschrieben haben. Darin bezeichnen Sie die Arbeiten Ihrer Frau als »Gärten, die von einem Geist verwaltet sind, der den Haushalt feinster Stoffe im Sinn hat«[1]. Frau Loy, kann man Sie als eine »Gärtnerin der Kunst« bezeichnen?

LOY.

Na ja, man muss wissen, ich bin im ersten Beruf Gärtnerin. Ich habe Gartenbau studiert, bin Diplomgartenbauingenieurin und komme aus einer Gärtnerfamilie, das ist bei mir genetisch festgelegt. Gemalt habe ich auch immer gerne, und ich habe dann einfach Beruf und Hobby vertauscht.

1: Neo Rauch, Rosa, in: Rosa Loy. Manna, Ausst.-Kat. Kunsthalle Gießen, Ostfildern bei Stuttgart 2011, S. 229–235, hier S. 232.

Natürlich kann man sagen, ja sicherlich pflege ich meine Bilder aufzubauen wie ein Beet oder wie einen Garten. Das kann durchaus passieren, dem würde ich mich gar nicht verweigern. Aber unabhängig davon sehe ich bei Neo auch immer mehr Gärten in seinen Bildern.

RAUCH.

Schon immer.

LOY.

Ja, das wird immer mehr, dass das Pflanzliche Einfluss nimmt.

OBERHOLLENZER.

Man kann es auch als metaphorisches Bild sehen: Ich habe gelesen, dass Sie, Herr Rauch, Ihre Einflüsse, Ihre Inspirationen als »Wildwuchs« bezeichnen, den Sie wie ein Gärtner zu bändigen versuchen.

RAUCH.

Ja, gewiss. Ein Künstler sollte sehr viel von einem Gärtner an sich haben. Von daher ist auch die Titelfindung sehr geglückt, denn »hinter« den Gärten erstrecken sich die Gebiete des Ungesonderten, des Ungebändigten, dort ist der Wald, dort lauern die Ungeheuer und der Wildwuchs. Und übertragen auf die Sphären des Rationalen und des Irrationalen, die ja allerhöchstens durch einen Gartenzaun voneinander getrennt sind, lassen sich auch schöne Rückschlüsse auf die Eigentümlichkeit unseres malerischen Tuns ziehen. Denn es geht ja darum, diesen Wildwechsel zwischen den beiden Zonen im Auge zu behalten. Was springt über? Was geht von der Ratio, von unserem unter Umständen sehr formellen Garten, hinüber ins Dickicht und was kommt von dort zurück? Und das sind die Dinge, die man mit den Leinwänden auffängt.

LOY.

Es ist nicht nur so, dass aus der Wildnis etwas in den gepflegten Garten kommt, sondern es gibt immer auch Pflanzen, die auswandern, die verwildern und die man dann irgendwo wiederfindet. Und man denkt sich: Interessant, die kennst du doch von irgendwoher! Sie sind sozusagen auf eigenen Beinen davongewandert und haben sich irgendwo tief verwurzelt. Sie überraschen mit einer neuen Ordnung und lachen einen einfach an und sagen: Sieh mal, ich bin schon da, ich komm aus deinem geordneten System und das Chaos hat mich aufgenommen. Und hier ordne ich jetzt und bis zu einem gewissen Grad werden sie vielleicht auch verschlungen. Das ist ja das Schöne: Beide Seiten befruchten einander. Man macht nicht immer nur Ordnung. Plötzlich ist das Chaos da und bringt die scheinbare Ordnung durcheinander.

RAUCH.

Dass man es auch zulässt!

LOY.

Ja. Und man macht einen Schnitt und plötzlich sieht das Bild ganz anders aus, oder es gibt eine ganz neue Idee, eine neue Qualität. Das ist diese Befruchtung von innen nach außen.

OBERHOLLENZER.

Ich möchte auf dieses Thema später zurückkommen und Ihnen jetzt ein paar allgemeine Fragen zum Thema Malerei stellen, auch wieder an beide gerichtet. Unsere Alltagswahrnehmung ist einer scheinbar beliebigen, immer schnelleren Überflutung mit Bildmaterial und Bildzeichen ausgesetzt. Die starre Leinwand kann im positiven Sinn dagegen durchaus eine Entschleunigung darstellen. Wie wichtig ist dieser dem Medium der Malerei innewohnende Aspekt der »Stilllegung« für Ihre Arbeit? Ist es ein wesentlicher Aspekt der Malerei, dass man hier einer Bilderflut still entgegentreten kann?

LOY.

Ja, unbedingt, wir sind mit Bildern aufgewachsen. Wir haben Bilder im Kopf. Seit 30.000 Jahren lebt der Mensch mit Bildern, und das ist für uns eine bestimmte Sprache. Und indem ich mich lange vor ein Bild setze, verharre ich in einer bestimmten Situation. So kann ich meine eigene Geschichte entwickeln. Ich kann mein eigenes Inneres, wenn ich ein Bild anschaue, aufblättern. Wenn ich einen Film angucke oder eine furchtbare Information durch Fernsehnachrichten erhalte, kann ich hingegen überhaupt nicht mehr meine Geschichte entwickeln, ich bin richtig paralysiert von diesen negativen Nachrichten. Mit der Malerei habe ich viel eher die Chance, meine Zeit für mich festzulegen, wie ich mich darin sortieren kann. Ich gebe den Ton und den Takt an, und das ist für mich das Positive daran, mit Bildern zu leben.

RAUCH.

Der Grundcharakter des Malens, dem wir uns verschrieben haben, besteht darin, dass man über eine bestimmte Situation einen Bann ausspricht oder verhängt. Man spricht ja auch davon, etwas »auf die Leinwand zu bannen«. Das heißt, ich bringe eine Situation zur Ruhe, die unter Umständen von ihrer Charakteristik her unangenehm oder bedrohlich sein kann. Aber ich verhänge den Bann der Malerei über sie, indem ich der Malerei einen Königsdienst erweise, einen Dienst, der ihrem Herrschaftsanspruch Genüge tut. Dadurch erlange ich Macht über die geschilderten Zustände, über den Text des Bildes, wenn man so will, und die Malerei wirft sich dann auf den Wirtskörper dieses Textes und verleibt ihn sich ein und befriedet ihn dadurch auch. Das ist das enorme Potenzial der Malerei, dass ich etwas Böses oder etwas Krankes malen kann, indem ich ein hochvitales Stück Malerei produziere. Die Malerei triumphiert über das, dem sie sich zuwendet. Das ist die enorme Möglichkeit, die in diesem Medium liegt. Denken wir an das *Kranke Kind* von Edvard Munch zum Beispiel, das ist ein außerordentlich starkes Bild. Man kann im Grunde genommen mit der Malerei einen Triumph über die Schrecklichkeiten dieser Welt davontragen.

OBERHOLLENZER.

Sie meinen also, die Malerei ist letztendlich immer stärker als das, was »dargestellt« ist oder was dahintersteht?

RAUCH.

Sie muss es sein! Das ist das Ziel der Veranstaltung, dem man natürlich nicht immer Genüge tut.

LOY.

Eine Malerei oder ein Bild anzufertigen bedeutet, einen gewissen Zeitraum an einem Thema, an einem Bild zu arbeiten. Und in dieser Zeit ist man ja verschiedenen Einflüssen ausgesetzt. Insofern ist das Bild auch eine Überlagerung von verschiedenen Zeitebenen, von verschiedenen Ereignissen, die zur gleichen Zeit stattfinden. So habe ich die Chance, ganz anders zu agieren, Dinge vielschichtiger darzustellen, als ich das mit einer eindimensionalen Nachricht machen könnte. Ich kann in einem Bild viele Dinge verweben, die parallel stattfinden, indem ich der Kondensator bin und das auf das Bild transportiere. Ich kann also Polynachrichten – oder wie man das nennen könnte …

RAUCH.

Polyvalenzen.

LOY.

… einbringen und verweben ins Bild, die zur gleichen Zeit stattfinden, an verschiedenen Orten, in verschiedenen Räumen, das ist egal. Ich habe die Macht, das auf das Bild zu bannen, und das finde ich sehr interessant.

OBERHOLLENZER.

Herr Rauch, Sie verhandeln in Ihren Bildern oft Krieg und Tod, Zerstörung und Elend. Ihre Darstellungen werden beschrieben als eine Welt kurz vor dem Zusammenbruch. Es sind archetypische Zustände, zyklisch wiederkehrende Muster der Geschichte, aus der wir anscheinend nicht lernen können. Welche Rolle sehen Sie hier für sich als Künstler, wenn Sie diese Geschehnisse, diese Schrecken auf die Leinwand bannen? Sind Sie ein vorhersehender Warner? Oder doch ein nüchterner Beobachter des Ganzen?

RAUCH.

Weder noch. Oder sowohl als auch. Es ist eben so, wie ich es gerade zu schildern versucht habe. Meine Werkstatt ist eine Art Durchlaufstation für all diese Dinge, die in ihr eine Bündelung auf der jeweiligen Leinwand erfahren. »Hinter« der Leinwand verzweigen sie sich dann wieder wild in alle möglichen Richtungen. Aber auf der Leinwand schießen sie zusammen und werden an diesem Massenschwerpunkt, an dem sie mit der Leinwand verschmelzen, durch mich einfach geordnet, strukturiert und verwaltet. Im Grunde genommen bin ich so eine Art Verwalter all der Niederschläge auf meinen Leinwänden. Und was letztendlich der Nutzeffekt dieses Tuns für andere sein könnte, ist eben genau das, was sich so schwer verbalisieren lässt, was aber wahrscheinlich jeder annähernd gleich empfindet: dass es sich – das ist ein hehres Ziel, dem ich sicher nicht in allen Fällen genüge – um ein starkes Stück Malerei handelt. Eine Malerei, die uns ergreift, uns unterschwellig auch zu befrieden vermag. Und das leistet ja jede große Malerei über die Jahrhunderte hinweg. Dass uns Schrecknisse vor Augen geführt werden, die in den kränksten Hirnen ersonnen wurden, aber was vor uns liegt oder was vor uns hängt, ist eine Malerei, die uns niederknien lässt. Und das ist wieder dieses Sowohl-als-auch, dieses Leinwand-und-Pigment-Gewordene, ein Sowohl-als-auch im Umgang mit den Möglichkeiten menschlichen Tuns im Guten wie im Bösen. Der Maler hat es vermocht, es auszubalancieren. Am Ende muss es so sein, dass der Betrachter das Gefühl bekommt, ja, mich hat jemand an den Abgrund herangeführt, aber er hat mich an die Hand genommen und hat mich davon weggeleitet. Ich glaube, das kann eine Funktion von Kunst überhaupt sein. Wenn der Betrachter mit in den Abgrund hineingenommen wird oder in ihn hineingestoßen wird, dann handelt es sich um perfiden Realismus. Aber die Kunst hat abzubremsen und auszubalancieren und zu bannen – der langen Rede kurzer Sinn.

OBERHOLLENZER.

Frau Loy, das, was Ihr Mann beschrieben hat, kann ich in Ihren Werken nicht so stark wahrnehmen und empfinden. Ich sehe in Ihren Malereien oft etwas Märchenhaftes, Magisches, aber vor allem auch Mythisches (wobei Mythen bei Neo Rauch natürlich auch eine Rolle spielen), das stark über die Natur abgehandelt wird. Landschaftsmalerei zeichnet sich oft durch ein utopisches Moment aus, die Natur stellt einen Zufluchtsort, eine Schutzzone dar. Spielen Sie in Ihrer Malerei mit diesen Sehnsüchten?

LOY.

Ich würde nicht ganz so weit gehen, dass ich die Leute an den Abgrund führe. Ich führe sie lieber um den Abgrund herum und weit weg. Denn das Leben ist ein Abgrund. Es ist so einfach, schlechte Nachrichten zu transportieren, sich in Negativität zu wälzen bis zum Gehtnichtmehr. Und meine Intentionen sind eher so, dass ich versuche, diesen Dingen die positiven Seiten abzugewinnen, um zu zeigen, wie ich vermeiden kann, überhaupt so nahe am Abgrund entlangzuwandern. Also gar nicht so weit zu gehen, sondern Möglichkeiten aufzuzeigen. Woran kann ich mich orientieren, dass ich mich von dieser ganzen Negativität befreien und von einer positiveren Grundstruktur aus mein Leben gestalten kann? Das ist für mich die Aufgabe, weil es so schwierig ist, sich von diesem Pessimismus zu befreien. Uns geht es eigentlich allen so gut, wir haben so lange in einer friedlichen Zeit gelebt, wir haben zu essen, wir haben eine gute medizinische Versorgung, eigentlich brauchen wir gar nicht so in diesem negativen Sumpf zu wühlen, das ist nicht nötig. Ich denke, es ist einfacher oder für mich eher das Ziel – vielleicht ist das auch für mich als Frau so –, glücklich zu sein, dass es uns gut geht, und das anzunehmen, zu zeigen, welcher Mittel ich mich bedienen kann, um auf diesem positiven Weg zu wandern, und da komme ich halt zur Mythenwelt. Ja, zu diesen schönen Dingen im Leben, die oft mythisch sind, diesem märchenhaften »Und dann wurde alles gut«. Im Prinzip leben wir schon sehr gut. Das sind eher meine Intentionen.

RAUCH.

Aber ist das nicht ein schöner Dualismus? Das ist auch einer der Gründe, die uns dazu veranlasst haben, diese Ausstellung zu wagen. Für mich ist es eine Herausforderung, das Paradiesgärtlein zu verlassen und im Unterholz und im Morast Kontakt aufzunehmen mit den abgründigen Formationen menschlicher Zustände und Möglichkeiten und sie für mich handhabbar zu machen, zu domestizieren und letzten Endes zu lieben und anzunehmen.

LOY.

Ja, auf der anderen Seite ist klar bei mir: Man sieht, immer, wenn man die Tür aufmacht, ist dahinter die Möglichkeit eines Abgrunds. Die Welt ist nicht so heil, es gibt immer noch eine zweite Dimension dahinter. Das ist ja auch das Schwierige: Nur Schönheit darzustellen ist nicht möglich. Das ist eine ganz schwierige Gratwanderung, wie krieg ich das hin, dass es eine positive Wirkung hat und trotzdem nicht seicht ist. Das ist, woran ich hart arbeiten muss, das ist, dass ich trotzdem sagen kann, es gibt Dinge, die sind nicht so einfach, aber wie bewältige ich das? Wie werde ich fertig mit diesen Problemen, die sich immer wieder aufdrängen? Hast du gehört, der und dem ist das Schlechte passiert! Kein Mensch sagt, ohhh, ist das nicht toll, der hatte solches Glück! Wer sagt einem das? Und genau das ist die Gratwanderung, die ich versuche.

OBERHOLLENZER.

Würden Sie dem zustimmen, was Bernhart Schwenk in seinem Katalogbeitrag schreibt, dass Sie, Herr Rauch, eher eine grundsätzlich erschütterte oder fragmentierte Weltauffassung haben und dass bei Ihnen, Frau Loy, eine stabile, kohärente Weltsicht vorherrscht? [2]

RAUCH.

Hm, also ich würde, wenn ich das einmal für mich beantworten darf, dem eigentlich nicht zustimmen. Denn meine Weltauffassung ist eine, in der das Prinzip des Sowohl-als-auch, wie schon mehrfach angemerkt, ja im Sinne einer wirklichen Ausgeglichenheit der Gegensätze, ihres Ineinanderkreisens zu verstehen ist. Die Dinge gehören also zueinander. Der Erzengel Michael ist permanent im Kampf mit dem Bösen und wird aus dieser Konstellation niemals entlassen. Die Dinge brauchen einander auch. Und das sind ja Aspekte, die wir in der Kabbala finden und in der Alchemie usw., und das begegnet uns ja in den alten mythischen Modellen. Das sind Weltmodelle, die eigentlich gerade nicht von Zerrissenheit geprägt sind, sondern von einer hohen Sinnhaftigkeit im Zusammenwirken der Extreme, im Ineinanderkreisen der gegensätzlichen Kräfte. Und dafür versuche ich Entsprechungen zu finden, indem ich mich wahrscheinlich viel stärker als Rosa Loy den dunklen Polen zuwende, um sie an das Licht zu holen und in der Malerei zu einem Ausgleich zu führen.

LOY.

Ja, das Stabile ist bei mir eigentlich auch nicht so stabil, wie es aussieht. Diese positive Reaktion ist ja immer etwas, wo ich weiß, im Hintergrund ist etwas, was mich stört, was negativ ist oder wo ich Dinge gesehen habe, die mir nicht gefallen haben. Und das ist dann meine Antwort darauf. Wenn ich diese Stabilität abbilde oder mich intensiv damit beschäftige, ist das ja eine Reaktion auf eine Instabilität. Das ist immer eine Antwort, wenn ich ein Bild male, eine Auseinandersetzung mit einer bestimmten Problematik, die ich sehe. Und insofern steht hinter jeder Stabilität, die ich abbilde, oder hinter jeder Thematik, die für mich gelöst scheint, eigentlich eine Antwort auf eine Auseinandersetzung mit einer instabilen Situation. Insofern ist das schon eine Yin-und-Yang-Sache. Und das entspricht vielleicht auch meiner Persönlichkeit und Intention. Was passiert nach meiner Diskussion mit mir selbst oder nach der Auseinandersetzung mit dem Thema? Meine Intention ist, eine Lösung anzubieten und nicht das Problem noch mal aufzuschäumen. Und daher kommen auch diese Unterschiede. Ich will nicht zeigen: Wenn du jetzt da weitergehst, kommst du in dieses Loch. Guck dir dieses Loch gar nicht erst an, sieh lieber, wie kannst du diese ganzen Sachen vermeiden und zufriedener aus der Situation herauskommen. Und daher natürlich auch diese Stabilität. Man denkt, es ist so stabil, aber es gibt im Hintergrund immer noch diese vielen Schritte des Dahinkommens.

OBERHOLLENZER.

Ich möchte gleich noch bei Ihnen bleiben. Das ist sicher eine Frage, die Sie schon häufig gehört haben, aber für viele Leserinnen und Leser des Kataloges ist es wohl spannend zu erfahren, weshalb Sie fast ausschließlich Frauen malen. Sind das Doppelgängerinnen, Stellvertreterinnen für Sie? Welche Rolle spielt der Mann in Ihrem Werk?

2: Siehe S. 19.

LOY.

Ja, überall, wo Frauen sind, sind Männer nicht weit weg. Das ist eine jener Auseinandersetzungen, mit denen ich mich beschäftige. Wir leben seit über 2000 Jahren in einer patriarchalischen Gesellschaft. Obwohl die Frauen erstarken, haben sie es natürlich schon schwer. Indem ich Frauen male und mich damit beschäftige, unterstütze ich sie, und sie können erstarken. Ich will sie beim Ausgleich der Situation, beim Ausgleich der Geschlechter, der Situation auf der Welt oder überhaupt der Situation im täglichen Leben unterstützen. Wenn die Frauen unterstützt werden, können die Männer auch wieder erstarken. Wenn die Frauen weiblicher sind, sind die Männer gezwungen, sich auch wieder ritterlich zu verhalten, ihre männlichen Eigenschaften zu forcieren. Dabei denke ich, dass die Spezifik der Frau und der weiblichen Welt und die Spezifik der männlichen Welt einander unterstützen und sich entwickeln können, sodass beide auf eine höhere Ebene kommen und in einer anderen Position miteinander leben und verkehren. Diese Gleichberechtigung auf sehr hohem Niveau, das heißt für mich nicht Gleichmacherei.

OBERHOLLENZER.

Ist in diesem Zusammenhang auch der Blick der Frauen zum Betrachter /zur Betrachterin zu verstehen? Dieser selbstbewusste, den Dialog suchende Blick?

LOY.

Ja, natürlich. Ich will auch sehen: Was ist überhaupt weiblich? Was kann Weiblichkeit heute sein? Das ist anders als vor 20 Jahren. Wir sind in so einer schnellen Zeit und wie unterstützen wir uns gegenseitig? Es ist wirklich für die Frauen schwieriger, das ist überall drinnen. Es ist eine Männerwelt, in der wir leben. Ich finde es viel interessanter, wie Frauen und Männer einander ergänzen, sich auf einem hohen Niveau begegnen. Das ist nur möglich, wenn die Frauen unterstützt werden, denn sie haben noch nicht diesen Rang auf gleicher Ebene.

OBERHOLLENZER.

Da Geschichte heute weniger als Aneinanderreihung von Fakten denn als Erzählung, die eine Gesellschaft von sich selbst verfertigt, verstanden wird, kann zwischen der Geschichte und den Inhalten des kollektiven Gedächtnisses nur noch schwer unterschieden werden. Würden Sie diesem Verständnis von Geschichte zustimmen und wenn ja, stellen Ihre Bilder einen allegorischen Umgang mit dem kollektiven Gedächtnis dar?

RAUCH.

Durchaus. Ich bemühe mich ja ohnehin um einen allegorischen Habitus meiner Bilder. Sie treten eindeutig allegorisch ambitioniert auf und durchaus auch im Gestus der Historienmalerei des 19. Jahrhunderts. Sie bilden damit so etwas wie einen nur mäßig ironisierenden Versuch, an diese Traditionslinie anzuknüpfen, von der aus es möglich ist, Grundkonstanten menschlicher Konstellationen, geschichtlicher Zustände, gesellschaftlicher Zuspitzungen usw. zu versinnbildlichen. Aber nicht in dem Sinne, dass ein konkretes Geschichtsereignis zum Anlass genommen wird, um es bildhaft zu verarbeiten. Sondern es geht mir eben vielmehr um diese Strömungspartikel, die sich in ganz bestimmten Filterformaten festsetzen, die ich in meiner Werkstatt aufstelle. Da gibt es sehr viele analoge Strukturen, über die Zeiten und über die Parteiungen hinweg. Man muss eben immer schauen, wo sind die energetischen Zuspitzungen, wo sind die brisanten Zonen, wo sind die Schicksalsfiguren, wie sind sie beschaffen, von welchem Zuschnitt sind sie? Das sind die Materialien, die sich dann unter meiner Willkür in eine gewisse typische Ausformung hineintreiben lassen. So würde ich das jetzt mal ganz grob umschreiben. Das, was ich am liebsten habe, ist als Resultat meiner malerischen Bemühungen ein Bild, von dem man meinen könnte, es stellt ein Ereignis dar, an das ich mich eigentlich erinnern müsste, ich komme nur nicht darauf, was es war. Die Suggestivität des Bildes sollte so beschaffen sein, dass ich als Betrachter bestrebt sein müsste, in meinem Déjà-vu-durchpulsten Erinnerungskasten herumzukramen. Was ist das jetzt, ich hab das schon mal gesehen, aber ich werde nicht darauf kommen. Denn es ist eine jener Konstanten, für die wir keine Worte finden, für die wir nur Gefühle haben und Ahnungen und hin und wieder eine Bestätigung durch wiederkehrende Ereignisse in der Geschichte.

OBERHOLLENZER.

Können Sie in diesem Zusammenhang mit dem Begriff »alternative Historienbilder« etwas anfangen, mit einem Reflektieren über die Geschichte und einer Wahrnehmung von Geschichte in einem sehr allgemeinen Rahmen? [3]

RAUCH.

Ja, denn es sind nicht die Fakten, die ich hier zur Hand habe oder handhabbar zu machen versuche, sondern die atmosphärischen Schwebeteilchen, die sie umgeben und die sie auch gewissermaßen im globusumspannenden Akasha mit sich führen. Die alten Inder glaubten an die Existenz dieses Transportmediums von Weltweisheiten, in dem alles mitschwingt und alles mitpulst. Man muss »nur« in der Lage sein, da hineinzugreifen und etwas herauszuziehen. Das heißt, man bedarf einer erhöhten Sensibilität, um die Dinge, die vom Wesenskern ausgehen und von ihm abgestrahlt werden, zu erfassen und dann zu versinnbildlichen. Das ist die Aufgabe der Kunst.

OBERHOLLENZER.

Dieses Versinnbildlichen schließt für mich ein, dass man sich als Betrachter bewusst ist, dass man »nur« ein Bild und nicht die Realität vor sich hat. Was Sie, so habe ich den Eindruck, dadurch verstärken, dass Sie Theaterkulissen und illusionistische Bühnenelemente mit einbeziehen, die zwar den Betrachter oft in das Bild hineinholen, ihn jedoch zugleich sehr auf Distanz halten und bei ihm den Eindruck hinterlassen: Es ist ohnehin nicht die Realität, es ist nur inszeniert.

RAUCH.

Ja, vor allem ist es »nur« ein Bild. Franz Marc hat gesagt: »Ich weiß, dass es keine blauen Pferde gibt, das ist kein blaues Pferd, das ist ein Bild.« Und das ist natürlich das eigene Bewährungsfeld des Malers. Zu guter Letzt könnte man kühn behaupten, es sind ohnehin alles abstrakte Malereien. Der ganze stoffliche Vorlauf, den ich jetzt hier auch mit vielen Worten abgespult habe, der ist ja nur Mittel zum Zweck, der ist unter Umständen Privatangelegenheit. Aber es kommt darauf an, etwas zu entwickeln, was mit der Selbstverständlichkeit einer Zimmerpflanze oder eines Baumes auf uns einwirkt. Mit der kreatürlichen Intaktheit und Selbstverständlichkeit absichtslos und vital.

LOY.

Das Verrückte ist ja zum Beispiel, dass das Wissen von Männern, das angeblich historische Wissen, sehr viel dokumentiert worden ist. In Schriften, in Büchern und Tagebüchern. ↔

---

3 Siehe dazu: Hans Belting, Larry Rivers und die Historie in der modernen Kunst, in: Ekkehard Mai (Hg.), Historienmalerei in Europa. Paradigmen in Form, Funktion und Ideologie, Mainz am Rhein 1990, S. 419.

↛ Und das Interessante ist, das Wissen der Frauen wurde sehr viel mündlich weitergegeben. Die haben einen anderen Wissensfundus und die greifen anders darauf zu. Wie ist das transportiert worden? Die haben abends zusammengesessen und gesponnen und haben sich Sachen und Geschichten erzählt. Viele Dinge sind mündlich weitergegeben worden und sind zum Teil besser erhalten als schriftliches Wissen. Denn wenn das niedergeschrieben und zerstört wurde, war das weg. Wie viele Bibliotheken, wie viele Klöster sind zerstört worden? Und das ist das Interessante. Ich denke, wir leben heute in einer Zeit, wo wir guten Zugriff haben auf dieses zum Teil verschollene Wissen. Es wird wieder erzählt, manche Leute träumen solche Sachen. Wir kommen wieder besser an diese Dinge heran, weil wir offen dafür sind. Wir sind momentan alle neugierig, wir sagen: Was ist das? Wo bekomme ich das her? Wo kommt es her?

OBERHOLLENZER.

Versuchen Sie in Ihren Bildern darauf zuzugreifen?

LOY.

Ja.

OBERHOLLENZER.

Weil Sie gerade den Traum angesprochen haben: Das ist natürlich ein Stichwort, das vielleicht oft gerade bei Ihnen auch falsch eingesetzt wird. Spielen Mechanismen des Traumes in Ihrem Malprozess eine Rolle? Herr Rauch, Sie bezeichneten die Malerei einmal als eine »Fortsetzung des Traumes mit anderen Mitteln«.

LOY.

Ich würde nicht sagen, dass ich Träume male. Man findet im Traum eine Figur, eine bestimmte Szene oder ein bestimmtes Bild, wo man denkt: Mein Gott, was war denn das jetzt? Es ist eigentlich nicht möglich, das direkt zu malen, sondern das fließt – was ich vorher sagte – in diese Kreuzung ein. Das ist eine von diesen Linien, die plötzlich zu einer bestimmten Zeit in die Geschichte, in das Bild hineinschießen, was wieder von etwas anderem konterkariert wird. Wo Dinge zu einer bestimmten Zeit stattfinden. Und das kann eine Traumsequenz sein.

OBERHOLLENZER.

In diesem Sinn habe ich das auch gemeint und nicht, dass Sie Träume malen, also dass Sie etwas träumen und dann am nächsten Tag malen, sondern dass Sie sich des Charakters eines Traumes – auch wie es Sigmund Freud gesehen hat – bedienen.

LOY.

Ich würde das weniger auf Sigmund Freud beziehen, sondern eher auf C. G. Jung. Der hat ja mehr diese mythischen Bilder thematisiert, die plötzlich entstehen, die natürlich im Unterbewusstsein entstehen und die geklärt werden. Ja, ich finde eher einen Anklang an C. G. Jung als an Sigmund Freud. Wie ist das bei dir?

4: Neo Rauch. Korrespondenz mit Alison M. Gingeras, in: »Lieber Maler, male mir …«. Radikaler Realismus nach Picabia, Ausst.-Kat. Kunsthalle Wien, Schirn Kunsthalle Frankfurt und Centre Georges Pompidou, Paris, Wien 2002, S. 96–100, hier S. 98.

RAUCH.

Na ja, ich habe mir da erlaubt, den Satz von Carl von Clausewitz etwas umzuformulieren, der gesagt hat: »Der Krieg ist die bloße Fortsetzung der Politik mit anderen Mitteln.« Darauf habe ich Bezug genommen, als ich sagte: »Die Malerei ist die Fortsetzung des Traumes mit anderen Mitteln.« Insofern ist das etwas, was auf eine andere Gangart hindeutet – unter grundsätzlich gleichbleibenden Voraussetzungen, die sich nur verschärft haben. Also ist die Malerei unter Traumbedingungen eine, die – wie Rosa gerade sagte – nicht den Traum abbildet, den ich hatte. Sondern es ist eine Malerei, die versucht, die Mechanik des Träumens zu simulieren, nachzugestalten, zu nutzen, um Lösungen zu finden, die die Alltagspolitik im malerischen Geschäft nicht zuwege brächte, weil die Gangart nicht scharf genug ist.

LOY.

Es ist sogar schon vorgekommen, dass ich mich auf einen Traum von jemand anderem bezogen habe. Denn er kam genau zu der Zeit und man denkt sich: Warum erzählt die mir jetzt diesen Traum? Dann war es aber irgendwann klar. Also solche Dinge passieren auch, es sind nicht immer nur die eigenen Sachen.

OBERHOLLENZER.

Ihre Bilder sind von einer sehr spezifischen Farbigkeit geprägt. Welche Bedeutung hat die Farbe in Ihrer Malerei?

LOY.

Jedes Bild ist erst mal eine abstrakte Komposition. Wenn ich ein Bild anfange, dann überlege ich mir schon einen Farbtenor. Und ich habe mich dabei ertappt: Es gibt wirklich Winterbilder, Sommerbilder, Frühlings- und Herbstbilder – ich verwende wirklich verschiedene Farben. Manche sind rot, manche sind blau und im letzten Katalog hat die Gestalterin die Bilder nach Farben geordnet. Ich bemühe mich, dass ein Bild in einem bestimmten Farbklang ist, und nicht ganz bunt. Aber manchmal sind sie auch bunt. Farbe spielt eine große Rolle in der Komposition, in der Aussage, in allem.

OBERHOLLENZER.

Oft versteht man Ihre Bilder stärker über die Farbe und die Atmosphäre als über die figurative Ebene. Bedeutung wird erst mal über die Farbe ausgedrückt.

LOY.

Ja, das ist immer zuerst eine abstrakte Formulierung im Bild. Man hat immer eine Komposition, mit Farben und mit Formen. Das ist ganz wichtig. Figuren sind dann noch eine wunderbare Dreingabe, es ist so toll, dass man auch noch Figuren hineinsetzen kann, neben den ganzen malerischen Mitteln.

OBERHOLLENZER.

Sie arbeiten ja in der Technik der Kaseinmalerei, können Sie dazu etwas sagen?

LOY.

Der Name »Kasein« kommt von »Käse«. Kasein ist ein Eiweißbestandteil der Milch. Es wird aufgeweicht, dann mit Ammoniumkarbonat versetzt und dann schäumt es. Das ist ein alchemistischer Prozess. Kasein ist im Prinzip das Bindemittel, das Malmittel, und man hat das früher in den Kirchen verwendet. Wenn der Kalk noch feucht war, dann wurden die Bilder ganz frisch reingemalt. Die ganzen Kirchen der Renaissance sind so ausgestattet, in dieser Technik. Aber ich verwende das auf der Leinwand und gebe dann auch ein bisschen Öl rein, weil das eine unwahrscheinliche Spannkraft hat. Die Alchemistenküche wird also herangezogen, um Bilder zu malen. Und wie Frauen nun mal sind – sie haben immer mehrere Baustellen –, muss es schnell trocknen.

OBERHOLLENZER.

Sie malen an mehreren Bildern gleichzeitig?

LOY.

Ja, es muss schnell trocknen, damit man flott weiterarbeiten kann. Männer können sich die Zeit nehmen, mit Ölfarbe zu arbeiten, die recht langsam trocknet. Aber Neo hat auch mehrere Baustellen.

RAUCH.

Ja.

OBERHOLLENZER.

Herr Rauch, Gottfried Boehm spricht bei Ihrer Malerei von einem »koloristischen Klima«[5], man kann spannende inhaltliche Beziehungen von Objekten, Personen und Gegenständen über die Farben wahrnehmen. Welche Rolle hat die Farbigkeit bei Ihnen, auch im Verhältnis zum Figurativen?

RAUCH.

Ja, die Farbe ist ein Blicklenkungsmittel. Der Blick wird durch den Mechanismus des Bildes hindurchgesaugt in bestimmte Stationen. Das geschieht zum einen natürlich durch die Komposition, zum anderen auch durch das Kolorit, indem ich Dialoge inszeniere auf der Fläche zwischen einem Karmesinrot links unten und einem solchen rechts oben. Das würde die Schwarz-Weiß-Reproduktion nicht vermitteln. Das heißt, es könnte eine relativ betuliche Komposition in der Schwarz-Weiß-Reproduktion ein Gähnen entlocken, während ich dann, vor dem Original stehend, plötzlich merke – über das Kolorit –, da ist eine Überhitztheit ins Spiel gekommen, die fast dem Pochen des Wahnsinns nahekommt. Also ich kann an den Reglern drehen und einen neurotischen Schub in die Komposition hineinblasen, der die Komposition nicht anficht, sie aber unterwandert – oder wie aufgestäubt wirkt, wie ein süßes Gift. Ich kann auch eine dramatische Komposition durch das Kolorit beruhigen und einbinden, sozusagen durch koloristische Harmonie eine Befriedung herstellen, und umgekehrt. Dann haben wir noch gar nicht den ausschlaggebenden Aspekt der Farbsymbolik besprochen, von dem ich voraussetze, dass er wenigstens unterschwellig eine tragende Rolle spielt.

5: Gottfried Boehm, Plötzlich diese Übersicht. Farben und Imagination bei Neo Rauch, in: Neo Rauch. Neue Rollen. Bilder 1993–2006, Ausst.-Kat. Kunstmuseum Wolfsburg, Köln 2006, S. 35-39, hier S. 35.

OBERHOLLENZER.

Als Sie uns letztes Jahr im Museum besucht haben und wir durch die Max-Weiler-Ausstellung ›Die Natur der Malerei‹ gegangen sind, haben Sie sich von dem österreichischen Künstler begeistert gezeigt, vor allem davon, wie er zu seinen Bildfindungen kam. Er verwendete nämlich Schmierpapiere, Probierblätter, also eigentlich Abfallprodukte, die meist unbewusst entstanden, als Vorlage für seine Arbeit, und transformierte sie in große Malereien. Damals haben Sie gesagt, das passiert manchmal auch bei Ihnen, Sie hätten ähnliche Inspirationsquellen.

RAUCH.

Wenn Sie sich hier umsehen: Der Atelierfußboden ist ein unerschöpflicher Quell der Inspiration, da ich meine Farben ja häufig auf dem Fußboden anmische. Und da kommt es zu Konstellationen, zu koloristischen Arrangements bis hin zu kompositorischen Setzungen. Nicht unter der Hand, sondern unter der Schuhsohle. Setzungen, die mich regelrecht peinigen können, wenn ich davorstehe und mir sage: Darauf wäre ich nie gekommen, als planender Geist. Dann läuft hier etwas buchstäblich und ich sollte versuchen, dem auf der Leinwand eine Entsprechung zu liefern. Was aber immer ein hoffnungsloses Verlangen ist und nur vergleichbar mit dem Versuch, einem Fremden einen Traum eins zu eins zu vermitteln. Das ist ja auch komplett unmöglich. So ist es auch unmöglich, diese Zufallsschöpfungen, diese Geschehnisse aus dem Nichts, aus der Absichtslosigkeit heraus, auf großen Leinwänden – mit der gleichen Wirkung nämlich, mit der Wirkung eines Fremdproduktes, einer Zusendung – auferstehen zu lassen. Aber so ist es eben mit Anregungen. Die sind meistens stärker als das verarbeitete Produkt.

OBERHOLLENZER.

Was mir in Ihren Bildern auffällt, sind die immer wiederkehrenden organischen Farbschlieren, die herumstehenden Maltöpfe, aus denen Farbe ausrinnt. Hat es damit eine bestimmte Bewandtnis, oder passiert das einfach?

LOY.

Ja, manchmal braucht das Bild das einfach. Okay, hier muss ein Bruch her, hier lass einfach mal die Malsau raus. Hier wird die Farbe wirklich mal so reingetreten. Das ist wichtig, dass die Farbe auch mal explodiert und ihren eigenen Weg geht. Die sagt manchmal: Jetzt will ich aber hier rein. Solche Dinge passieren und oft steht das Bild eine ganze Weile da, und man kommt in der Früh ins Atelier und sagt: Ja klar, es geht gar nicht anders. Es verlangt dann richtig danach. Man denkt am Freitag, wenn man nach Hause geht, toll fertig bekommen, und dann sieht man, es ist am Wochenende mit sich selbst zu Rate gegangen und hat beschlossen, dass es doch noch etwas Bestimmtes braucht.

RAUCH.

Ja, durchaus. Zum anderen sind eben diese Farbtöpfe – in meinem Fall jedenfalls – immer ein augenzwinkernder Hinweis darauf, dass es sich um Malerei handelt und es sich immer auch um Malerei handeln muss. Ganz im Rahmen ihrer Eigengesetzlichkeit. Also eben nicht in dem Versuch, das bessere Foto zu liefern, sondern es bleibt innerhalb der Prämissen des malerischen Mediums. Diese Töpfe sind eben die Donnerbüchsen, aus denen die Teufel aufsteigen, wenn ich sie aufzuschrauben vermag. Und dazu gehört auch die Möglichkeit, Zerstörungen zuzulassen, die auf diese Weise erfolgen. Das Bild malt sich dann selbst, das ist der Hinweis darauf: Das Bild hat nach wie vor noch alles bei sich, was es braucht, um an sich selbst weiterzuarbeiten. ↔

↔ Auch um sich zu zerstören, wenn ihm danach ist. Es ist – wie ich vorher schon sagte – ein vitaler Organismus, der sich nimmt, was er braucht. Das passiert von einem bestimmten Moment des An-ihm-Arbeitens an, dass das Bild sich durch mich malt.

LOY.

Manchmal sieht man es auch durch einen Spiegel andersherum und dann ist es eigentlich klar, dann ruft es richtig: Jetzt, hier, jetzt aber!

RAUCH.

Ja, der fremde Blick. Da sind wir wieder bei unserer Konstellation. Der Blick des Fremden, den man in Bezug auf die eigene Arbeit nur mit solchen Prothesen wie einem Spiegel anzuwenden vermag. Oder das auf dem Kopf stehende Bild. Oder man holt sich einfach den Nachbarn oder die Nachbarin ins Atelier und erbittet von ihm oder ihr den diagnostischen Blick.

OBERHOLLENZER.

Wie läuft der Prozess von der Idee bis zum fertigen Bild? Wie würden Sie diesen Prozess beschreiben?

LOY.

Meistens gibt es eine Idee als Auslöser, ein Ereignis, eine bestimmte Situation oder eine Nachricht, und zu der gesellen sich dann andere Dinge, das gruppiert sich ringsum. Ich mache oft Skizzen vorher oder kleine Zeichnungen, die ich dann teilweise übernehme oder verwerfe. So ein Bild baut sich so langsam auf. Oft ist es so, dass ich, wenn ich anfange, schon ein ganz konkretes Bild vor Augen habe, wie es auszusehen hat am Ende, aber es ist mir noch nicht ein einziges Mal gelungen, das Bild dann auch so fertigzustellen, weil es mir dann einfach in die Parade fährt – was wir gerade besprochen haben –, es macht, was es will …

RAUCH.

Es malt sich selbst.

LOY.

… ja, und zwingt mich einfach dazu, andere Wege zu gehen, als ich eigentlich wollte. Das ist wahrscheinlich auch das, was mich bis zu meinem Lebensende beschäftigen wird. Dass ich nie das malen werde, was ich mir vorher gedacht habe.

OBERHOLLENZER.

Aber ist das nicht auch schön?

LOY.

Natürlich ist das schön. Aber man hat schon einen gewissen Ehrgeiz, immer schneller zu sein als das Bild. Das gelingt einem aber nie. Die Bildfindung ist eine tolle Auseinandersetzung, dieses Ringen … Man denkt, man hat es, und dann haut es einem aber das ganze Bild wieder um die Ohren. Es ist schon verrückt, wie sich die Inspiration oder die Muse, die im Raum ist, einmischt. Das ist wahrscheinlich auch bei Leuten so, die schreiben, die denken: Okay, das ist jetzt mein Konzept! So wird der Roman sein! Und zwischendrin passieren irgendwelche ganz anderen Dinge. Das ist schon fantastisch, das ist toll!

OBERHOLLENZER.

Bei Ihnen, Herr Rauch, gibt es keine Vorzeichnungen?

RAUCH.

Nein.

LOY.

Von »konkreten« Vorzeichnungen habe auch ich nicht gesprochen. Das geht nicht, das funktioniert einfach nicht. Ich könnte auch nicht von einem Foto abmalen, das geht auch nicht. Also keine Inszenierungen, das wird mir zu langweilig.

RAUCH.

Vorzeichnungen unterlasse ich schon deshalb, um mir die Lust am großen Abenteuer nicht zu nehmen. Wenn ich das alles konzeptuell im Vorfeld schon durchdeklinieren würde, was da zur Verhandlung ansteht, dann wäre die Ausführung des Bildes nur noch eine reine Handwerksverwaltung. Und das hätte dann überhaupt nichts mehr von all dem, was dieses Medium an geheimnisvollen Wechselwirkungen bereithält: verwirrende Paradoxien, von links ausgehen und rechts ankommen oder nach oben wollen und unten landen. Das sind Dinge, die das Medium einfach freischaltet, weil sie innerhalb dieser schwer benennbaren Folgerichtigkeiten zirkulieren. Wenn ich eine einigermaßen fest umrissene Ausgangskonstellation habe, etwa vier Sängerinnen auf einer Waldlichtung, dann heißt das noch lange nicht, dass es dabei auch bleibt. Es heißt aber, dass ich die gesamte Bildatmosphäre sich erst einmal auf diesen Sachverhalt einstimmen und verständigen lasse. Das Bild will dann von diesen Sängerinnen alles Mögliche wissen, hat auch die Macht, das Personal vollständig umzudekorieren, umzukonstruieren und umzuwidmen. Ich finde das einfach ganz wunderbar, mich diesen geheimnisvollen Zuständen anheimzugeben. Also in diesen Wechselwirkungen als Autor auch vorübergehend zu verschwinden und dann mit einem unverhofften Wissenszuwachs wieder daraus zum Vorschein zu kommen.

OBERHOLLENZER.

Das Einzige, was Sie zu Beginn hier entscheiden müssen, ist das Format. Sind das rein formale Entscheidungen oder ist ein größeres Bild auch ein wichtigeres?

LOY.

Es gibt verschiedene Gründe. Wenn ich zum Beispiel eine Ausstellung in einer Galerie vorbereite, dann habe ich ein Modell vom Raum und schaue, wie spanne ich den am besten aus. Welche Bilder habe ich schon, welche Formate brauche ich dazu? Und dann ergibt sich das.

OBERHOLLENZER.

Aber die Malerei verändert sich ja, wenn Sie in einer kleinen Größe malen oder in zwei mal drei Metern.

LOY.

Das ist schon etwas anderes. Das Format gehört ja auch zum Bild dazu, das spricht mich an, ich gucke, was ich da draufkriegen kann, was da passt.

RAUCH.

Rosa ist ja eine Großmeisterin des kleinen bzw. vor allem des mittleren Formats.

OBERHOLLENZER.

Davon werden viele in der Ausstellung zu sehen sein.

RAUCH.

Das sind Formate, mit denen ich mich schwertue, weil ich das »Eins-zu-eins-Gegenüber« brauche. Ich brauche das Gefühl: Die Figuren, die ich da heraufbeschwöre, die könnte ich auch bei den Schultern packen, wenn es nottut, könnte sie herausschmeißen aus dem Bild, könnte sie auch in den Schwitzkasten nehmen. Das sind also Figuren, die mir auf Augenhöhe begegnen. Ich brauche diese direkte Konfrontation mit scheinbar realen Persönlichkeiten und habe immer das große Problem auf dem Puppenstubensektor, mich selbst als jemanden wahrzunehmen, der sich vor dieses Häuschen kauert und die Figürchen hineinstellt. Rosa kann das wunderbar abstrahieren.

LOY.

Ich kann auch mit modellhaften Situationen sehr gut umgehen.

RAUCH.

Ja, du findest auch wirklich den rechten Ton im Umgang mit miniaturisierten Szenarien.

OBERHOLLENZER.

Ich denke, das wird auch sehr schön in unserer Ausstellung zu sehen sein – gerade dieser unterschiedliche Umgang mit dem Bildträger.

LOY.

Ja, das kann sein. Mir ist das gar nicht so bewusst, das ist einfach normal.

OBERHOLLENZER.

Herr Rauch, Sie haben einmal gesagt: »Manchmal genügt ein Wort, um ein Bild auszulösen.« [6]

RAUCH.

Das kann ein Wort sein wie »Ursprung« oder »Buschwindröschen« oder »Hintergrund« …

LOY.

… oder »Hinter den Gärten«. Man hat dann sofort eine Assoziation und dann kommt so eine Perlenkette …

RAUCH.

… Klangräume schließen sich dann auf, Farben wehen hinein …

6: Holger Broeker im Gespräch mit Neo Rauch, Goethe-Institut Prag, 10. Mai 2007

OBERHOLLENZER.

Ich möchte die Frage in den Raum stellen, wie es Ihnen mit der Vertextlichung von Malerei geht. Wir haben ein visuelles Medium vor uns und reden jetzt sehr viel darüber. Kann das auch problematisch sein, dass man Dinge zerredet oder Sie als Künstler und Künstlerin zu viel von dem preisgeben, was ich als Betrachter eigentlich selbst erkunden sollte?

LOY.

Ich finde es immer am allerbesten, wenn andere Leute mir meine Bilder erklären, das finde ich bereichernd. Das ist so verrückt, welche Geschichten dann kommen. Und dann sehe ich nämlich, dass ich im Prinzip ein Angebot gemacht habe, und jeder kann daraus das ziehen, was er möchte und was für ihn wichtig ist. Deswegen finde ich es auch ganz schwierig, Bilder zu erklären. Jeder Betrachter kann ein Bild für sich selbst entschlüsseln, da wir alle gelernt haben, mit Bildern und Piktogrammen umzugehen. Da wir aus unterschiedlichen Kulturen kommen, lesen wir Bilder unterschiedlich. Wir haben unterschiedliche Erfahrungen gemacht. Das ist ja das Schöne, sonst könnte ich ja gleich einen Text schreiben.

RAUCH.

Ich denke, auch ich kann ruhig alles Mögliche erzählen, und tue es ja auch einschränkungslos, wenn man es mir abverlangt, wohl wissend, dass es viele Kollegen gibt, die das anders handhaben. Mein Kollege Daniel Richter hat einmal so schön gesagt, er sieht sich meine Bilder am liebsten kopfüber an, weil sich ihm da die ganze Machart des Bildes erschließt, sein eigentlicher Wirkungsmechanismus. Das finde ich großartig, darum geht es zu guter Letzt. Ich kann einem staunenden Publikum unentwegt erzählen, was es selbst eigentlich auch sieht bzw. sehen würde, wenn es die Augen auftäte. Aber es sind ja nur die Augen, die die Erzählung abtasten, von denen jetzt die Rede ist. Die Augen, die dahinterliegen, das sind die, die dann in der Lage sind, abzutasten, was das Bild eigentlich als Malerei mitzuteilen hat. Da habe ich neulich ein schönes Beispiel geliefert bekommen für diesen Wirkungsmechanismus in Gestalt eines Mannes, der mit besonderer Sensitivität ausgestattet ist, im Sinne eines Wünschelrutenganges, der gebeten wurde, eines meiner Bilder mit seiner speziellen Sensorik daraufhin zu untersuchen, ob es dem Raum guttut, in dem es hängt, und somit auch dem Besitzer. Das Bild stellt eine Kanone dar, also etwas »Böses« der landläufigen Auffassung zufolge, etwas Todbringendes. Der Mann, der kein Kunstsachverständiger ist, meinte, dieses Bild habe heilende Kraft. Was will ich damit sagen? Einfach nur, dass es sich offenbar um meinen Triumph der Malerei über den Gegenstand handelt, dem sie sich zuwendet. Das ist das Entscheidende. Ich kann Geschichten erzählen, Geschichten über Geschichten, aber die eigentlichen Geschichten erzählen die Komposition, das Kolorit, der Farbauftrag: Wie liegen zwei pastose Partien nebeneinander? Wie gleitet der Schmelz der Ölfarbe ineinander? Das ist das, was uns die Malerei erzählt. Und wenn das gut ist, dann richtet uns das auf, dann beschert es uns Glücksmomente und ein Gefühl dafür, was Menschen zu tun in der Lage sind.

LOY.

Ja, ich habe aber auch die Erfahrung gemacht, dass viele Leute unsicher sind und sich nicht selbst glauben, wenn sie etwas auf dem Bild sehen. Dass sie dann fragen: Ist denn das richtig, wenn ich das jetzt sehe? Und deshalb gebe ich auch oft einen kleinen Einstieg in die Herangehensweise oder in die Idee, die mich zu einem bestimmten Bild inspiriert hat. Es ist schon schön, was für Dialoge sich dann entspinnen und dass die Leute oft ihren eigenen Empfindungen trauen und ↔

↔ sagen, ach, das ist ja interessant, das habe ich auch so gesehen, oder das finde ich aufregend! Das ist das Problem, dass wir heutzutage eher dem geschriebenen Wort vertrauen als dem, was man selber empfindet. Dann passiert es ganz oft in so einem Gespräch, dass die Leute glücklich sind, weil sie recht in dem haben, was sie gesehen haben, und man ihnen das Vertrauen gibt und die Zuversicht, dass sie immer richtigliegen in dem, was sie sehen. Die Leute können wieder dem Bild vertrauen und ihren eigenen inneren Bildern trauen.

OBERHOLLENZER.

Das ist auch der Ansatz unseres Museums, unserer Kunstvermittlung – Bilder nicht zu erklären, sondern den Menschen selbst die Fähigkeit zuzutrauen, Bilder zu sehen, auf sich wirken zu lassen. Gerade bei Ihrer Malerei sind wir der Überzeugung, dass wunderbare Kunstgespräche möglich sein werden. Hierzu anschließend eine provokante Frage: Herr Rauch, ich habe selten in meiner Vorbereitung über jemanden so viele Aufsätze und kunsthistorische Texte gefunden wie über Sie. Ihre Kunst ist reich an Verweisen und Zitaten, und so wird versucht, Sie kunsthistorisch einzuordnen, Bezüge zur Romantik, zum Surrealismus oder Expressionismus herzustellen. Braucht ein Betrachter dieses Wissen, um ein tieferes Verständnis – oder besser Empfinden – Ihrer Bilder zu erlangen?

RAUCH.

Nein, eben nicht. Wie ich vorher schon sagte, der liebste Betrachter ist mir der, der in der Lage ist, ein Bild auf sich wirken zu lassen wie eine Pflanze oder wie einen Naturvorgang. Wie einen Organismus, der ihn umfängt und nährt und ihn verköstigt. Aus dessen Umklammerung er sich im günstigsten Falle nur widerstrebend löst, aber mit einem Gefühl des Gewinns. Demgegenüber – und ich bin aufgrund der besonderen Ausrichtung meiner Bilder im Erzählerischen natürlich nicht ganz unschuldig daran, dass es sich häufig so verhält – gibt es denjenigen, der wirklich textfixiert ist und einfach nur die oberflächlichen Informationen des Bildes abzugrasen versucht, um sich dann letzten Endes eine Geschichte daraus zu stricken. Selbst der wird jedoch unterschwellig von den subtilen, nicht verbalisierbaren Wirkungsmöglichkeiten des Bildes erfasst. Es sei denn, er ist ein ganz grober Klotz, der von Sinnesnahrung unberührt bleibt, weil seine Sinne zu stumpf sind. Ein reiner Zerebraltyp.

LOY.

Das Merkwürdige ist natürlich auch, dass selbst Kunstwissenschaftler oder Leute vom Fach immer dieses Korsett brauchen. Die haben ihre Schubladen und sagen: Okay, das, das und das trifft zu, also ist es das. Das ist ja das Problem, dass alle Leute immer ein Konzept haben wollen. Da ist eine Giraffe darauf, also ist es Surrealismus. Das ist eben das Problem: Selbst normale Betrachter trauen sich oft keine eigene Meinung mehr zu, weil sie schon vorher in der Zeitung gelesen haben, wie sie das Bild verstehen müssen, obwohl sie es durchaus anders sehen oder als etwas begreifen, das sehr viel mit ihren Erfahrungen zu tun hat. Diese merkwürdigen Mechanismen haben sich eingeschlichen: dieses Korsett.

OBERHOLLENZER.

Aber es ist manchmal auch dieser Deutungswahn, dem man selbst verfällt: Man will alles erklären, alles festmachen. Für viele Betrachter ist jedoch das Faszinierende an Ihren Bildern, dass sie – auch wenn man immer wieder bestrebt ist, sie zu entschlüsseln – rätselhaft und geheimnisvoll bleiben. Dieser Rätselcharakter Ihrer Werke bedingt gerade ihre Faszination.

RAUCH.

Ja, es muss immer einen Restbestand des Unentschlüsselbaren, des Nichtverbalisierbaren geben. Das ist der Punkt. Das ist das Aufgabengebiet – wenn man überhaupt so einen technizistischen Begriff einführen möchte – der Malerei. Das Nichtverbalisierbare. Alles, was ich verbalisieren kann, muss ich nicht mehr malen. Die Malerei ist für die Zwischentöne und die Zwischenstufen des Wirklichen und Halbwirklichen und Unwirklichen zuständig. Man kann aber dennoch einen Text liefern, der mit dem großtuerischen Anspruch der Dechiffrierbarkeit und der Bedeutungsfülle auftritt.

LOY.

Jeder möchte das Rätsel lösen, jeder will den Stein der Weisen präsentieren. Aber damit katapultiert man sich mitunter in die letzte Reihe.

RAUCH.

Auf der anderen Seite muss ich natürlich auch warnen: Es ist ja keineswegs so, dass meine Bilder vollkommen textfrei wären. Also mir ist durchaus daran gelegen, eine Spur durch den Garten hindurch in Richtung Wildnis zu legen. Wichtig ist aber, dass sich hinter dem Gartenzaun die Spur verliert. Um bei diesem schönen Bild zu bleiben: An den schönen Beeten und Hecken vorbei ist noch alles im grünen Bereich. Da bin ich noch in einem Terrain, für das wir Begriffe haben, das wir mit unserem Verstand ablesen und abschreiten können. Dann kommen wir plötzlich mit alldem nicht mehr weiter. Wir brauchen anderes Rüstzeug, um jenseits des Zaunes einigermaßen die Orientierung zu behalten. Und diese Wechselwirkung versuche ich in meinen Bildern zu gewährleisten. Erst mal scheint alles klar zu sein und dann wird es plötzlich sehr fraglich.

OBERHOLLENZER.

Wenn es um die Wechselwirkung von Leben und Malerei geht, wird in Ihrem Zusammenhang immer wieder Leipzig als Inspirationsort, als Kraftquelle genannt. Können Sie ausführen, wie sich das äußert? Beziehungsweise inwieweit grundsätzlich Persönliches – Herr Spies hat in diesem Zusammenhang einmal den Begriff »verwendbare Vergangenheit«[7] genannt – in Ihrer Malerei eine Rolle spielt?

LOY.

Ich bin sehr regional angebunden. Dieses Mitteldeutschland, diese Sächsische Tieflandbucht ist mein Nährboden. Hier lebe ich und das ist das, was mich nährt und inspiriert. Es ist ja nicht nur der geografische, sondern natürlich auch der historische Nährboden. Wir kommen ja aus einer Gegend, die kulturell sehr dicht gewebt ist. Wir haben hier eine große Tradition in der Malerei, in der Musik, in der Literatur. Die Romantiker kommen von hier. Das ist so unterschwellig da, wir sind damit aufgewachsen. Auch dass wir hiergeblieben sind, ist ja nicht ohne Grund. Man fragt in Deutschland immer: Warum seid ihr noch da? Jetzt habt ihr Erfolg, warum seid ihr nicht in New York? Aber das ist da, wo wir uns wohlfühlen und wo ich meine Kreativität entfalten kann und wo ich auch wieder inspiriert werde.

7: Neo Rauch im Gespräch mit Werner Spies, in: Stiftung Frieder Burda und Werner Spies (Hg.), Neo Rauch, Ausst.-Kat. Museum Frieder Burda, Baden-Baden, Ostfildern bei Stuttgart 2011, S. 34–59, hier S. 34.

OBERHOLLENZER.

Herr Rauch, Sie charakterisierten Ihren Malerkollegen Daniel Richter mit den Worten: »Er markiert gewissermaßen die Wundränder der Gesellschaft mit Leuchtfarben, während ich versuche, durch sanfte Massagen den Phantomschmerz alter Wunden, weit zurückliegender Wunden, zu lindern.«[8] Glauben Sie, dass es mit den Mitteln der Malerei eher machbar ist, eine Haltung, eine Grundstimmung zu zeigen, als konkrete politische Aussagen zu treffen, es hier also um eine viel allgemeinere Fragestellung geht?

RAUCH.

Ja, das ist genau der Punkt.

LOY

Das politische Herangehen ist oft so eindimensional. Etwas ist gut oder böse.

RAUCH.

Dieser vielschichtige, sehr organische Mechanismus der Malerei ist eben geeignet, auch die organische Vielschichtigkeit der menschlichen Geschicke in ihrer zeitlichen Aneinanderfolge abzubilden. Es ist eine außerordentlich sinnfällige Analogie zu den Mannigfaltigkeiten menschlichen Wesens. Wenn ich mich der linearen Geschichtsbetrachtung anheimgeben würde, würde sie mich zwangsläufig allabendlich vor den Fernsehapparat führen, in dem Versuch oder in dem Drang, den Nachrichtensendungen die Essenz des Tages zu entnehmen, um sie an die an Vortagen gewonnene Information anzudocken und vielleicht als Mahner dann oder im weitesten Sinne als Künstler darauf irgendwie eingehen zu wollen. Aber das funktioniert nicht, nach meiner Erfahrung. Das ist ein Missbrauch des Mediums.

LOY.

Ich finde es im Gegenteil sogar sehr hinderlich, diese aktuellen Nachrichten mit einzubeziehen. Die sind so irritierend, die sind so subjektiv, die spiegeln überhaupt nicht die eigentliche Realität wider.

OBERHOLLENZER.

Das heißt aber auch, Sie stehen einer Kunst durchaus kritisch gegenüber, die das »traditionelle« Medium der Leinwandmalerei benützt, um über die Neuen Medien zu reflektieren, indem zum Beispiel Fernsehbilder abgemalt werden, um diese Bilderflut zu thematisieren.

RAUCH.

Bitte sein lassen! Dringende Empfehlung: Lasst es einfach sein!

LOY.

Wozu? Warum soll ich ein Fernsehbild noch einmal abmalen, wo ein gequältes Kind zu sehen ist? Wem nützt das, wer erquickt sich daran? Keine Ahnung, ich verstehe es nicht.

8: Holger Broeker im Gespräch mit Neo Rauch, wie Anm. 6.

RAUCH.

Wenn ich da einmal Caspar David Friedrich zitieren darf – von ihm stammt der schöne Satz: »Der Maler soll nicht bloß malen, was er vor sich sieht, sondern auch, was er in sich sieht. Sieht er aber nichts in sich, so unterlasse er auch zu malen, was er vor sich sieht.« Also es gibt Berufene und Auserwählte, aber dem Medium wird allerhand zugemutet, es wird malträtiert und missbraucht und vor allem verdünnt von Heerscharen von Fotoabmalern. Es ist eine Landplage. Und all die erheben dann auch noch den Anspruch auf Gültigkeit, auf Hängefläche und Marktpräsenz. Das ist also von Grund auf abzulehnen.

LOY.

Wir dürfen auch nicht vergessen, dass sehr viele Philosophen sich auf dem Gebiet der Kunst eingeklinkt haben, weil es viel einfacher ist, sich in der Kunst mit philosophischen Ansätzen zu beschäftigen, als reiner Philosoph zu sein. Man bekommt viel mehr Aufmerksamkeit, man bekommt Hängefläche, man bekommt Protektion. Viele Leute gehen mit dem sogenannten Konzept – das eigentlich eine Philosophie ist – in die Kunst rein.

RAUCH.

Also mir ist ein malender Philosoph lieber als ein philosophierender Maler, unter uns gesagt.

LOY.

Ja, sowieso.

OBERHOLLENZER.

Möchten Sie noch kurz etwas zu Ihrer Ausbildung sagen? Wie sind Sie zu Ihrem Malerberuf gekommen? Gibt es, wenn überhaupt, (kunsthistorische) Vorbilder?

RAUCH.

Das ist natürlich ein abendfüllendes Programm. Das kann man kurz autobiografisch zurechtstutzen. Hochschule für Grafik und Buchkunst. Ein Ort, der zu unserer Zeit noch von Geistern durchweht wurde wie Max Beckmann, Otto Dix ...

LOY.

... Max Liebermann ...

RAUCH.

... Matthias Grünewald, Oskar Kokoschka ... da könnte man noch eine Weile weitermachen. Das waren die Hausgötter dieses Instituts, die vor allen Dingen für die dort Lehrenden von Bedeutung waren und die an uns auch herangetragen wurden als große figurative Vorbildmaler. Es war eben nicht das, was viele immer wieder meinen, dass es sich um einen Ort der politischen Indoktrination im Sinne des sozialistischen Realismus gehandelt hätte. Das war zu unserer Zeit längst vorbei, hat niemanden interessiert. Da waren nur noch die Lehrer und deren Lehrer wiederum mit der Nachbehandlung der Wunden beschäftigt, die ihnen diese Zeit zugefügt hatte. Aber an uns wurde nichts mehr weitergereicht. Das muss man immer wieder sagen. Das ist schon wichtig, weil viele denken, unsere Jahrgänge seien noch mit diesem Müll malträtiert worden. ↔

↛ Aber stattdessen ging es wirklich um die Ausarbeitung und Weiterentwicklung eines Konzepts, das einen globalen Bedeutungsanspruch geltend machen kann. Figurative Malerei im besten Sinn des Wortes. Also Max Beckmann, Edward Hopper, Lucian Freud, die Namen purzeln nur so …

LOY.

Die Schule ist ursprünglich auch als ein Institut für Buchgestaltung gegründet worden. Die Malerei kam später dazu. Was so toll ist an diesem Haus, wir haben wirklich eine wahnsinnig gute Ausbildung gehabt in allen grafischen Techniken, in Fotografie, in Buchgestaltung, und es gibt dort Radierung, Siebdruck, Steindruck, Holzdruck, Holzschnitt mit jeweils guten Werkstätten. Wirklich eine ganz tolle Ausbildung, und davon profitieren wir heute noch. Und das ist Gott sei Dank noch erhalten, auch wenn es immer mehr reduziert wird zugunsten der Neuen Medien. So eine Haptik in der Kunst, die man selten in einer Ausbildung bekommt. In Leipzig gibt es eigentlich alles außer Plastik, Bildhauerei. Die ist in Dresden gewesen.

RAUCH.

Wir führen ja dieses Gespräch an dem Tag, an dem Bernhard Heisig gestorben ist.[9] Das ist schon ein bemerkenswerter Sachverhalt. Er war ja derjenige, der das Haus zu dem machte, was es dann in seiner besten Zeit sein durfte, er machte es seinerzeit auch zu einer Insel der Glückseligkeit für uns als Studenten, indem er nämlich die Insel vor politischen Indoktrinationsversuchen von außen schützte, ihnen die Stirn bot. Er hielt das Haus frei von all dem Unsinn und den Zumutungen und Widrigkeiten des kommunistischen Regimes. Wir haben dort eine Zeit der Schwerelosigkeit erleben dürfen.

LOY.

Das war schon toll. Eine einzige Einschränkung gab es. Zum 1. Mai mussten wir alle mitkommen.

RAUCH.

An der Tribüne vorbeimarschieren. Das hat er sich ausbedungen, er wollte dort nicht alleine vorbeimarschieren, das komme nicht infrage, da hätten alle mit dabei zu sein. Ansonsten stürze das Kartenhaus zusammen.

OBERHOLLENZER.

Ich möchte zur letzten Frage kommen und vielleicht noch einmal einen Bogen spannen zu dem, womit wir begonnen haben. Das Gespräch hat gezeigt, so glaube ich, dass es zwischen Ihnen beiden zu einem sehr regen Dialog und Austausch kommt. Es gibt durchaus Parallelen, aber auch sehr viele Unterschiede. Glauben Sie, dass vieles vom jeweils anderen bewusst oder unbewusst in Ihre Malerei einfließt?

9: Neo Rauch war Meisterschüler bei Bernhard Heisig.

LOY.

Es gibt bestimmt unbewusste Sachen, die einfließen. Aber es ist natürlich auch so, dass wir uns vom gleichen Humus nähren oder von ähnlichem Humus – wir gehen unterschiedlich an ähnliche Dinge heran und diese finden sich dann inhaltlich oder farblich wieder. Bewusst würde ich aber nicht sagen. Bewusst funktioniert nicht, das klappt nicht.

RAUCH.

Das kann man nicht machen. Das wäre auch höchst unfein, wenn ich hinüberginge, um dort etwas aufzugabeln und sofort wieder auf meine Leinwand zu montieren. Das passiert eigentlich ausschließlich unbewusst. Dann haben wir gemeinsame Erlebnisse, wir sehen gemeinsam bestimmte Filme oder Ausstellungen. Und tragen dann die atmosphärischen Schwebeteilchen dieser Erlebnisse in unsere Werkstätten hinein.

LOY.

Ja, das geht bis zu Konzerten.

RAUCH.

Das sind eben alles auch Dinge, die uns aufgefallen sind und die uns ja auch mit ermutigt haben, dieses Experiment zu wagen, endlich einmal gemeinsam auszustellen. Um das auch für uns mal auffächern zu können im Maßstab eins zu eins. Was ist das Gemeinsame? Was ist das Verbindende? Was ist das Trennende? Und wie klingt das große Sowohl-als-auch bei uns und im Essl Museum.

LOY.

Ja, wir arbeiten hier 15 Jahre zusammen, wir sind 25 Jahre verheiratet. Wir sind ein altes Ehepaar.

OBERHOLLENZER.

Das ist ein schönes Schlusswort. Wir freuen uns sehr, das Ergebnis im Essl Museum in der Ausstellung zu sehen. Vielen, vielen Dank für das Gespräch.

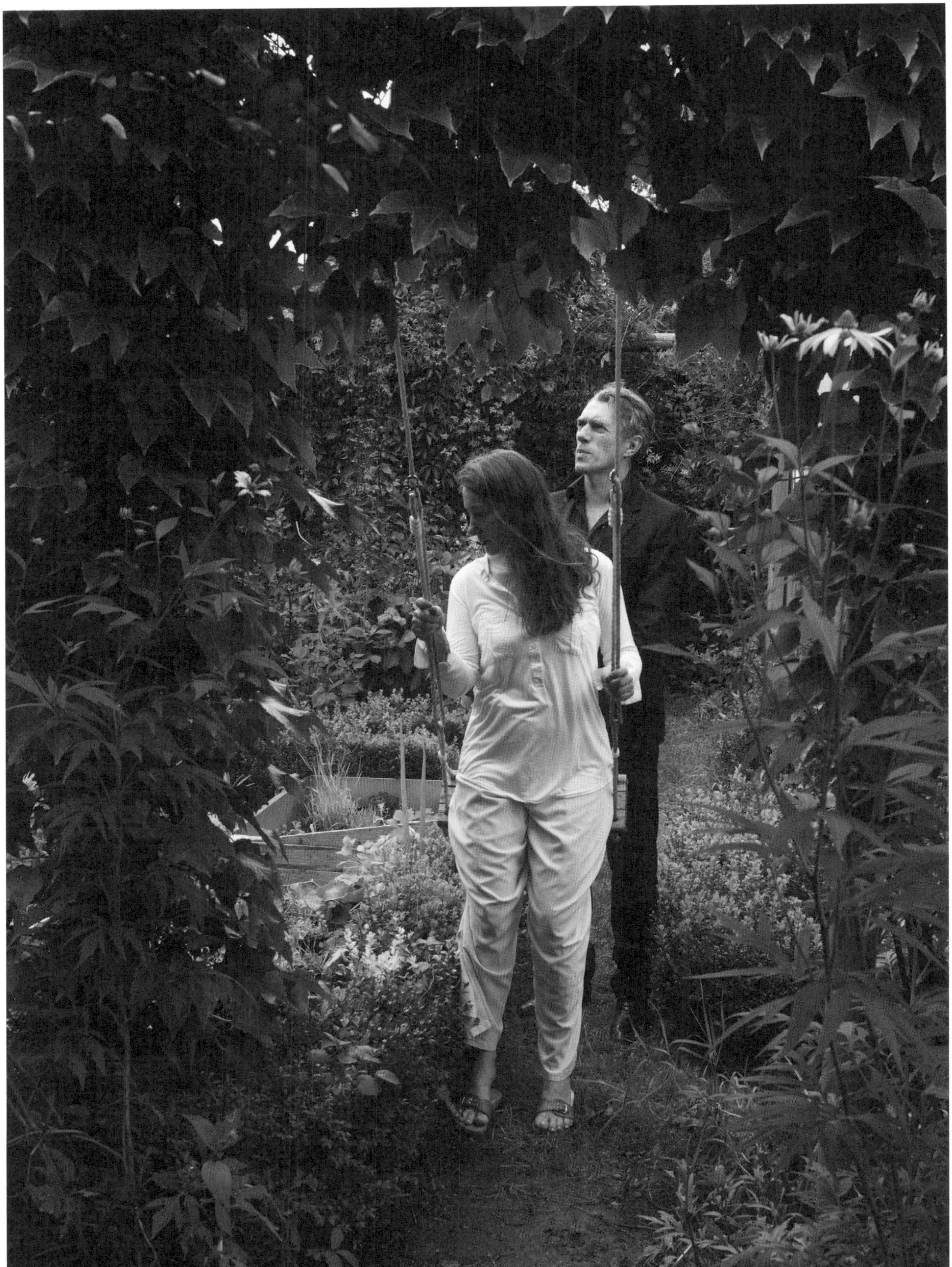

Rosa Loy and Neo Rauch
conversation with Günther Oberhollenzer

During the preparations for the exhibition, Günther Oberhollenzer, curator at the Essl Museum, met Rosa Loy und Neo Rauch for an interview on 10 June 2011. The interview took place at the studio of Neo Rauch, which is adjacent to that of Rosa Loy, at the heart of the *Leipziger Baumwollspinnerei* building in Leipzig. Although they have been married since 1985, Rosa Loy and Neo Rauch maintain complete artistic autonomy.

GÜNTHER OBERHOLLENZER.

At the exhibition at the Essl Museum you will appear as an »artist couple« for the first time. How did the idea for a joint exhibition come up?

NEO RAUCH.

We'd been toying with the idea for a long time. All we lacked was an appropriate venue and a mutually convenient date. We both needed to have enough advance notice for presenting our work properly at the same time. The fact that Mr Essl was open to our idea made it possible to bring this to fruition now at his museum.

OBERHOLLENZER.

Why was it such an important wish for you, and what are your expectations for the show?

ROSA LOY.

People have often asked us: do you paint together? How do co-produced paintings look? Do you collaborate in any way? Do you work at the same studio? You see, there are always questions being asked about how you work as a couple. What is it like? The paintings are so similar, or they are completely different. So we thought, goodness, each of us has had joint shows with so many others, why on earth have the two of us never exhibited together?

OBERHOLLENZER.

So, it actually was an idea that suggested itself very readily?

LOY.

Yes, if you are as close as we are, you are always downwind of the other and apt to overlook something that may be very obvious. And so we said, wouldn't it be a great idea simply to have a joint exhibition? And then the discussions started: when, where, and what works should we show?

OBERHOLLENZER.

How did you determine which works to pick?

LOY.

We thought it should be mostly new work, and also a few things from a little further back. That is why we picked works from our own collection, works that we gave each other as presents; or that we created specifically for each other. This provides yet another layer or level of commonality. And there are paintings we chose together and that we appreciate and like. Where we can say: it's just so great to have this painting in the show. Or, I always wanted to see this painting next to that one. We don't ever put them side by side, not even in the studio.

OBERHOLLENZER.

This is exciting. So it is a premiere for you as well, to see these paintings side by side, to watch them communicate or not communicate.

LOY.

Yes, it's fair to say that.

RAUCH.

We have a micro-testbed in the form or our own home. There, our paintings coexist intimately, and sometimes in stimulating disharmony. As a result, we have always been able to sense what it would be like if our two approaches, which are ultimately quite different, were given the chance of meeting and dancing with one another in a larger context. I truly expect it to be an encounter involving harmony and friction. This principle of »both-and« is what underpins the actual appeal. Thesis and antithesis can both be found in our approaches, which are likewise similar and divergent.

LOY.

This is already expressed in the title. We thought for a while about what title to choose and our ideas became increasingly personal. What is it that connects us in our personal lives? We're both very fond of our garden. And *Hinter dem Garten* or *Hinter den Gärten* is the next layer that relates to our work. Everything is aligned to us, to our relationship and to the excitement in our life together and in our work.

OBERHOLLENZER.

I was deeply touched by the beautiful text, *Rosa*, that you, Mr Rauch, wrote about Rosa Loy for the *Manna* catalogue. In that text you describe your wife's work as »... gardens overseen by a spirit who has the alchemy of subtle substances in mind«[1] . Ms Loy, could one call you a »gardener of art«?

---

1. Neo Rauch, Rosa, in: Rosa Loy. Manna, Exh.Cat. Kunsthalle Gießen, Ostfildern bei Stuttgart 2011, p. 229–235, German quote p. 232.

LOY.

Well, you have to know that I am really a gardener by training. I have a degree in horticulture and I come from a family of gardeners, it's in my genes. I always liked to paint as well, and at some point simply turned my profession into my hobby and vice versa. Of course one might say that I craft my paintings like one crafts a flower bed or a garden. That can happen, and I wouldn't argue much against it. Be that as it may, I also see more and more gardens in Neo's paintings.

RAUCH.

They've always been there.

LOY.

Yes, but the vegetal aspect is getting more and more significant.

OBERHOLLENZER.

One could also see it as a metaphor: I have read that you, Mr Rauch, call your inspirations »rampant growth« and you try to cope with it like a gardener.

RAUCH.

Yes, certainly. An artist should have a lot in common with a gardener. From that angle, the title is very appropriate, because »behind« the gardens lie the areas of unspecific and untamed growth, this is where the forests lie, here are the monsters and rampant vegetation. And if one transfers this idea to the spheres of the rational and the irrational, which are separated by little more than a garden fence, we have a nice metaphor for the idiosyncrasies of our work as painters. For, the important thing is to keep your eyes on the intersection, the deer crossing that connects these two zones. What encroaches from one to the other? What aspect from the rational sphere, our sometimes very formal garden, spreads to the thicket, and what comes back from there? And this is what one captures on a canvas.

LOY.

It is not just that something from the wilderness will infiltrate the well-tended garden, but there are always plants that emigrate, go »native« and you see them reappear in some unexpected place. And you think to yourself: that's odd, I think I've seen you before! They wander off, if you like, and then take root again somewhere else. They surprise you with a new order and then smile at you as if to say: look, I'm already here, I come from your orderly system and have found a new home in chaos. And here they spread a little order now – or they might also be overgrown to some extent. That is the beauty of it: both sides are mutually fertilising. You don't always create order. Sometimes chaos invades and messes up what appeared to be order.

RAUCH.

It's important to let it happen!

LOY.

Yes. You create a turning-point, and suddenly the painting looks completely different, or contains an entirely new idea, a new quality. That's fertilisation from the inside out.

OBERHOLLENZER.

I would like to come back to that aspect later and first put a few general questions about painting to both of you. Every day our senses are exposed to a seemingly random, constantly accelerating flood of images, signs and symbols. An immobile canvas, taken in a positive sense, might be considered to serve as a decelerator. How important is this »immobilisation« aspect inherent to painting for your work? Is it a crucial aspect of painting that it blocks the flood of images with stillness?

LOY.

Yes, absolutely, we have all grown up with images. Our minds are full of images. For thirty thousand years human beings have lived with images and it is like a language for us. By when I sit in front of an image for a long time, I'm dwelling in a given situation. In this way I can develop my own narrative, can browse through my own mind, when looking at a picture. When I watch a film or some terrible news on TV, I can't develop my own story; I am genuinely paralysed by this negative input. With paintings I have a much better chance of taking my own time, sorting myself out. I call the tune and I set the pace, and that, for me, is the positive thing about living with paintings.

RAUCH.

The fundamental character of painting as we practice it consists of putting a spell on something, transfixing it by capturing it on canvas. In other words I bring stillness to a situation that might basically be unpleasant or threatening in nature. But I put the spell of painting on it, by paying my respects to painting in a kind of *servitium regis,* a service that pays homage to the kingship of painting. This gives me control over the depicted situation, over the text of the painting, if you like, and the act of painting will then set upon this text as though it were a host organism, absorbing it and pacifying it in the process. This is the enormous potential of painting: I can paint something evil or sick and produce an extremely vital work of art in the process. The painting triumphs over the subject it addresses. That is the tremendous possibility one finds in this medium. Just think of *The Sick Child* by Edvard Munch, which is a truly powerful painting. In essence, you can use painting to triumph over the horrors of this world.

OBERHOLLENZER.

You mean painting will ultimately be stronger than the subject that is »depicted« or the meaning behind it?

RAUCH.

It has to be! That's the object of the whole exercise, which we don't always achieve, of course.

LOY.

Making a painting or an image means spending some time working on a theme or a picture. And during this time one is exposed to different influences. To that extent the painting is also a superimposition of several time layers, several events, which take place simultaneously. This gives me the chance to act very differently, present things in a much more multi-layered way than would be possible with a one-dimensional news item. I can act as a facilitator and weave many things that take place at the same time into a picture. So, I can input poly-news – or whatever you would like to call it ...

RAUCH.

Polyvalences.

LOY.

... and weave them into the painting. Many things that take place at the same time, in different places, in different spaces – doesn't matter. I have the power of capturing all this on canvas and that's what I find extremely interesting.

OBERHOLLENZER.

Mr Rauch, in your paintings you often deal with war and death, destruction and misery. Your pictures are described as a world on the brink of collapse. They contain archetypical situations, cyclically recurring patterns of a history whose lessons we seem unable to learn. What role do you see for yourself as an artist when you capture these events and horrors on canvas? Are you a far-sighted watchman? Or a sober observer of everything that happens?

RAUCH.

Neither. Or both, perhaps. It's like I just tried to describe. My studio is a kind of transfer station for all those things which are then bundled on to a canvas. »Behind« the canvas, they veer off wildly in umpteen directions again. But on the canvas they converge and at the centre of gravity, the place where they melt into the canvas, I simply order, structure and manage them. Basically I'm a sort of administrator of everything that lands on my canvases. And the beneficial effect these actions could have on others is exactly what is so very hard to put into words, but which everyone probably feels in more or less the same way: that this is a powerful piece of painting– a noble goal which I certainly can't fulfil in each and every case. A piece of painting that grips us and may subliminally pacify us. And that is what all great painting has done across the centuries. We are made to look at horrors thought up by the sickest of minds, but what we see hanging or lying before us is a painting that makes us want to fall to our knees in awe. Here it is again, the both-and, the idea turned into canvas and pigment, the both-and in dealing with the huge range of possibilities for good and evil in human existence. The painter has been able to balance it all out. Ultimately the viewers need to get the feeling that someone has led them to the edge of the abyss, but he took them by the hand and safely guided them away. I think that can be a function of any work of art. When the viewer is pulled or pushed into the abyss, it is just treacherous realism. But art needs to slow down and balance out and cast a spell – this is the long story in a nutshell.

OBERHOLLENZER.

Ms Loy, what your husband has just described is something that I do not sense or see so strongly in the work you do. In your paintings, I often see aspects of fairy-tales and magic, and especially at the level of myth (of course, myths play a role in Neo Rauch's work as well), all of which is narrated very much through the nature angle. Landscape painting in general is often marked by a utopian element, with nature representing a place of refuge, a protection zone. Are you playing with these yearnings in your work?

LOY.

I wouldn't go quite as far as saying that I lead people to the edge of the abyss. I would rather lead them around the abyss and far away from it. Because life as such is an abyss. It's so simple to transmit negative news, to wallow in a mire of negativism. My intention is rather to see the positive side of things and to show how one can avoid getting so close to the precipice. That is, not even go there but show alternatives. What can I use for orientation so as to free myself from all that negativism and conduct my life on the basis of a more positive structure? That is the task as I see it, because it is so difficult to break free from that pessimism. We are all so well-to-do, we have lived in a time of peace for so long, we have enough food, we enjoy good healthcare; there is no need really to be bogged down by so much negativism. I think it is simpler for me, or it's my aim, rather – perhaps because I'm a woman – to be happy, to make sure we are doing well and to accept that state, showing what tools I can use to stay on that positive path, and this is what takes me to the world of myths. Yes, that's right, to the beautiful things in life which are often mythical, those magical »and everything turned out for the best« moments. In principle we all have a very good life. Those are my intentions, rather.

RAUCH.

But isn't that a nice dualism? This is also one of the reasons that led us to embark on this exhibition venture. To me it is like a challenge to leave the garden of Eden and venture into the underbrush and marshland to confront the abysmal forms of human conditions and states, to cope with them, domesticate them and, ultimately, come to accept and love them.

LOY.

Yes, on the other hand I am quite conscious of the fact that when you open the door you may find an abyss behind it. The world is not all sunshine and happiness; there is always a second dimension beneath. And that is the difficulty: you can't show beauty alone. It is a very difficult tightrope. How can I achieve something that has a positive impact and yet is not shallow? That's what I have to work hard at, that I find it in me to say there are things out there that are not easy, but how can I cope with them? And how to deal with problems that keep recurring? How can I come to terms with the problems that keep cropping up? Have you heard about the bad things that happened to this or that person? No one says, oooh, isn't it great, he was so lucky! Who will tell you something like that? And that is exactly the kind of tightrope walk I attempt.

OBERHOLLENZER.

Would you agree to what Bernhart Schwenk says in his contribution to this catalogue, that you, Mr Rauch, have a more vacillating or fragmented world view and that you, Ms Loy, have a more stable, coherent world view?[2]

---

2. See p. 23.

RAUCH.

Uhm, well, if I may answer for myself, I wouldn't agree with that. My world view is one where the both-and principle, as I have mentioned a number of times, should be seen as a genuine balancing of opposites, of opposites revolving around and within each other. Hence, these things are inseparable. The Archangel Michael is constantly pursuing his fight against evil and will never be freed from that constellation. These things even need each other. And those are aspects we find in cabbala and alchemy etc., and we encounter them in old mythical world models. In actual fact those world models are anything but marked by fragmentation, but rather by a meaningful interaction of extremes, by opposing forces circling within each other. For that I try to find corresponding images, and in trying to find them I probably give much more attention to the dark poles than Rosa Loy, in order to bring them to light and balance them in my painting.

LOY.

Yes, and in my case the stability is probably less stable than it looks. The positive reaction always includes the knowledge that there is something in the background that I mind, that is negative or that I don't like. And that is then my answer to it. When I paint a picture it's always an answer, an exploring of a certain problem that I perceive. To that extent any stability that I paint and any topic that seems to be solved is an answer to an unstable situation. In that respect it is a matter of yin and yang. And perhaps that corresponds to my personality and intention. What happens after my discussion with myself or the exploration of the issue? It is my ambition to offer a solution and not simply rehash the problem. And this is where the differences stem from. I don't want to show: if you continue going there you will sink into that pitfall. Don't even look at the pitfall, instead try to see how to avoid the whole thing and come out of that situation happier. And that of course is where the stability comes from. You always think it's nice and stable, but in the background there are always many steps to be taken until you achieve stability.

OBERHOLLENZER.

I would like to stay with you for a little while. Here's a question that you have been asked often, but for many readers of this catalogue it will be interesting to learn why you paint almost exclusively women. Are the women your doppelgängers, or substitutes? What role do men play in your work?

LOY.

Well, wherever women are, men are not far away. That is one of the issues I explore. For more than 2,000 years we have been living in a patriarchal society. Although women are getting stronger, they don't have it easy, of course. By painting women and studying their cause I support them and help them get stronger. I want to back them in balancing the situation, provide more gender equality, and support their situation in the world and, well, in daily life in general. When women get support, men are also free to get stronger. When women are more feminine, men are obliged to behave in a more gentlemanly fashion again, to stress their masculine qualities. I think that the qualities specific to women and the specificities of the male world support and foster one other, so that both can rise to a higher level and live and deal with one another differently. Equality at a very high level, to me, has nothing to do with just levelling everything down.

OBERHOLLENZER.

Is this how we should view the look that these women give the viewer? This assertive look in their eyes that wants to engage in a dialogue?

LOY.

Yes, of course. I also want to find out: what does it actually mean to be female? What can womanhood be today? It's different now from what it was 20 years ago. We are living in such a fast-paced world – how can we support one another? It is really more difficult for women, you can see that everywhere. We are living in a man's world. I find it much more interesting to see how men and women complement each other and confront each other at a high level. That is only possible if women get support, because they haven't risen to the same level yet.

OBERHOLLENZER.

Since history today is considered not so much a stringing together of facts but a narrative that a society writes about itself, it's become very hard to distinguish between history and the contents of collective memory. Would you agree with this view of history and, if so, do your paintings represent an allegorical approach to collective memory?

RAUCH.

Absolutely. I generally strive to give my paintings an allegorical habitus. They have an obvious allegorical ambition and are in some aspects similar to the 19th century genre of history painting. They are something like a moderately ironical attempt at continuing this tradition, which provides a possibility of allegorising fundamental givens of human life, diverse constellations, historical situations, societal upheaval, etc. But not in the sense that I take a concrete historical fact as an occasion for creating a painting about it. For me it's more about those suspended particles in the overall flow that get caught in particular filter formats that I install in my studio. There are many analogies in structures which are valid across periods and partisan groupings. You always have to find out where the energy peak loads occur, where the volatile zones are, where the figures of fate appear, what they are made of and what kind of a figure they cut. These are the materials which, under my arbitrary direction, drift into a particular typical shape and form. That is the process, roughly speaking. What I like best is when the result of my painter's effort is a picture that makes people think it describes an event that should actually ring a bell, but they just can't remember right now what exactly it was. The suggestive force of a painting should be such that the viewer feels compelled to rummage about in his memory which is pulsating with déjà-vu moments. What is that now, haven't I seen it before, I can't put my finger on it. Because this is one of the constants that we can't put into words, where we have only vague inklings and feelings and, now and then, get confirmation by the way history repeats itself.

OBERHOLLENZER.

Relating to this, does the notion of »alternative history paintings«, of reflecting about history and perception of history in a very general context appeal to you? [3]

---

3. see Hans Belting, Larry Rivers und die Historie in der modernen Kunst, in: Ekkehard Mai (Ed.), Historienmalerei in Europa. Paradigmen in Form, Funktion und Ideologie, Mainz am Rhein 1990, p. 419.

RAUCH.

Yes, because it is not only facts that I have at hand here, or try to make manageable, but also the atmospheric particles that surround these facts and that are conveyed along with them in the Akasha around the globe. In ancient India, people believed in the existence of this medium in which world wisdom was transmitted, in which everything that exists is vibrating and pulsating. You »simply« have to be in a position to reach into it and pull something out. That means you need a heightened sensitivity in order to perceive the things that orbit around the essence of something and radiate from it, and then show them in symbolic form. That is the task art has to fulfil.

OBERHOLLENZER.

To me, showing something in symbolic form includes the idea that the viewers are aware they are seeing »only« an image and not reality. I have the impression that you strengthen this aspect by using theatre backdrops and illusionistic stage elements which may pull the viewer into the image, but at the same time keep him very much at a distance and make him sense: hey, this is not reality, it is only a staged situation.

RAUCH.

Yes, most of all it is »only« an image. Franz Marc said: »I know that there are no blue horses; this is not a blue horse, it is a painting.« And that is the painter's arena where he has to prove his worth. Ultimately one might be as daring as to maintain that everything is abstract painting anyhow. All the physical, material aspects which I have just described at length are only a means to an end and it might be a very personal matter. The crux is that you develop something which strikes people with the naturalness and matter-of-factness of a potted plant or a tree. With the intactness and naturalness of a creature, unintended and full of vitality.

LOY.

The maddening thing is, for instance, that knowledge - purportedly historical knowledge – has been intensely documented by men. In written form, in books and diaries. And it's interesting to note that the knowledge of women has often been transmitted orally. They have a different pool of knowledge and access it differently. How has it been transmitted? They were sitting together in the evening, spinning wool and communicating to each other stories and facts. Many of the things that were transmitted orally have been better preserved than written knowledge. If it had been written down and was destroyed it was gone. How many libraries, how many monasteries have been destroyed? And that is what is interesting about it. I think we are living in a time when we have good access to this partly lost knowledge. People are telling stories once more, some people dream of things like that. We are more easily in touch with these things again because we are open for them. These days, we are all very curious and keep saying: What is this? Where can I get it? Where does it come from?

OBERHOLLENZER.

Are you trying to get in touch with it in your paintings?

LOY.

Yes.

OBERHOLLENZER.

Since you just mentioned dreams: dreams are a buzzword which is perhaps sometimes erroneously associated with your work. Do dreaming mechanisms play a role in your painting process? Mr Rauch, you once called painting a »continuation of dreaming by other means«[4].

LOY.

I wouldn't say that I paint dreaMs It happens that you encounter a figure, a particular scene or image in a dream that makes you think: goodness me, what was that? It's not really possible to paint that directly, it is more like one more influence flowing into that »deer crossing« process mentioned before. It is one of those lines which suddenly sprout into the painting at a certain point, only to be countered by something else, by other things that happen at a particular time. That can be like a sequence from a dream.

OBERHOLLENZER.

That is how I meant it, I didn't assume that you were painting dreams in the sense that you dream something at night and then paint it the next day. What I meant was that you make use of the quality of a dream – in the way Sigmund Freud saw it.

LOY.

I would think less of Sigmund Freud than of C. G. Jung. He was the one who worked with these mythical images that suddenly arise, in one's unconscious, of course, and that need to be dealt with. Yes, I feel more akin to C. G. Jung than to Sigmund Freud. How about you?

RAUCH.

Well, I took the liberty of rephrasing that maxim by Carl von Clausewitz who said that »war is just the continuation of politics by other means.« That is what I was referring towhen I said »painting is the continuation of dreaming by other means.« I took it as indicating a quickening of the pace – with the basic situation more or less the same, but everything has become exacerbated. Like Rosa just said, painting under dream conditions is not about depicting the dream that I had. It is a kind of painting that tries to simulate the mechanics of dreaming, to trace the contour of dreams and use them to find solutions which the everyday politics of a painter's work would not achieve because the pace is not acute enough.

LOY.

It has even happened to me that I alluded to someone else's dream. It simply turned up at exactly the right moment and that makes you think: why is she telling me about this dream right now? And at some point it became obvious why. So, that can happen too, it doesn't always have to come from one's own concerns.

OBERHOLLENZER.

Your paintings possess a very characteristic colouring. What significance does colour have in your art?

---

4. Neo Rauch. Correspondence with Alison M. Gingeras, in: „Lieber Maler, male mir ...". Radikaler Realismus nach Picabia, Exh.Cat. Kunsthalle Wien, Schirn Kunsthalle Frankfurt und Centre Georges Pompidou, Paris, Vienna 2002, pp 96–100, quote on p. 98.

LOY.

Every painting is first of all an abstract composition. When I start on a painting I am already thinking about what the main colour atmosphere is going to be. And I have actually caught myself making winter paintings, summer paintings, spring and autumn paintings – I do use different colours in different seasons. Some are red, some are blue, and in the last catalogue the layout designer ordered the paintings according to colours. I try to give a canvas a particular colour tone, not use too many colours. But sometimes they can be very colourful. Colour plays a very important role in the composition, the message, in every respect.

OBERHOLLENZER.

Often one understands your paintings more readily on the level of colour and atmosphere than on the figurative level. Meaning is first of all expressed by colour.

LOY.

Yes, a painting always starts out with an abstract configuration. You always have a composition, complete with colours and shapes. That is very important. Figures are a wonderful bonus; it's really great to be able to add figures on top of all the painterly aspects.

OBERHOLLENZER.

The technique you use is casein painting. Would you like to explain that?

LOY.

The name »casein« is related to the word »cheese«. Casein is a milk protein. You dissolve it in water and when you add ammonium carbonate it will foam. That is an alchemistic process. Casein is used as a binder, as a painting medium, and in former times it was used for painting in churches, where they painted frescoes on the wet lime. All those renaissance churches have been decorated with that technique. I use it on canvas, though, and I also add a little oil, which gives it great tonicity. So, one uses an alchemist's recipe for painting. And, women being what they are – always busy doing several things at one – it has the advantage of drying quickly.

OBERHOLLENZER.

You work on several paintings at the same time?

LOY.

Yes, it needs to dry fast so that you can continue working quickly. Men can afford working with oil paints that take quite a long time to dry. But Neo also works on several things at once.

RAUCH.

Right.

OBERHOLLENZER.

Mr Rauch, in connection with your painting Gottfried Boehm speaks of a »colouristic climate«[5], meaning that the viewer learns exciting things about the relationships of objects and figures through the medium of colour. What role do you assign to colour, also in relation to the figurative elements?

RAUCH.

Well, colour is a means of directing the gaze. The eyes are sucked in to certain stations through the mechanism of the picture. This is achieved first through the composition and secondly through the colouring. I stage dialogues on the canvas between a carmine red on the bottom left and the same red on the top right. This is lost in black-and-white reproductions. That is to say a relatively placid composition, when viewed as a black-and-white reproduction, could make you yawn, whereas when you see the original you suddenly realise - through the colouring – that a certain heat has been brought into play that is almost like the red hot pulse of madness. You see, one can twiddle the knobs and blow a neurotic gust into the composition which doesn't really affect it but undermines it – or acts like sweet poison dusted onto a surface. On the other hand, I can tone down and harmonise a dramatic composition through the colours; pacify the whole painting through the harmony of colours, and vice versa. And then we haven't even talked about the very significant aspect of colour symbolism, which I take as playing a crucial role, at least subliminally.

OBERHOLLENZER.

When you visited us at the museum last year and we walked through the Max-Weiler exhibition >The Nature of Painting <, you loved the Austrian artist, particularly the way in which he found his images. He used scratch or wipe-off papers, i.e. waste products created without deliberate intention, as models for his work and transformed them into large-format canvases. At the time you said that it sometimes happened to you as well, that you had similar sources of inspiration.

RAUCH.

Just look around here: the studio floor is an inexhaustible source of inspiration, since I often mix my paints on the floor. Out of this process constellations emerge, from colouristic arrangements to compositional precipitations. Not underhand, but underfoot. Some of these precipitates are almost like torture when I stand in front of them and say to myself: I would never have been able to come up with it, had I actually intended to. Because something is off and running here, quite literally, and I feel compelled to try and come up with something comparable on canvas. But that is always a hopeless ambition and can only be compared to trying to convey the experience of a dream to a stranger in perfect naturalistic detail. That is completely impossible as well. Just as impossible as giving rebirth to these coincidental creations, these events that arise out of nothing, out of non-intention, by transferring them onto large canvases – and with the same impact, at that, with the impact of a chance delivery. But that's the way inspiration works. Inspiration is usually stronger than the finished product.

---

5. Gottfried Boehm, Plötzlich diese Übersicht. Farben und Imagination bei Neo Rauch, in: Neo Rauch. Neue Rollen. Bilder 1993–2006, Exh.Cat. Kunstmuseum Wolfsburg, Köln 2006, p. 35-39, here p. 35.

OBERHOLLENZER.

What strikes me in your paintings are the recurring organic streaks of colour, the paint pots that leak colour. Is there an explanation? Is it intentional or simply accidental?

LOY.

Well, sometimes a canvas simply needs that. Okay, we need a disruption here, so let's simply go ballistic with the paint. In those instances the paint is slapped on in the best sense of the word. It's important for the paint sometimes to detonate and find its own way. Sometimes it tells me: I need to go right there, right now. Such things happen. The canvas may be leaning there for a while, and then you come to the studio in the morning and tell yourself: yes, of course, there is no other way. There is a real need for just that. On Friday when you go home you think, hey, that worked out great, it's done, and then you find that over the weekend the painting communed with its heart and decided it still needed something specific after all.

RAUCH.

Yeah, true. On the other hand those paint pots – at least in my case – are always a tongue-in-cheek hint that this is painting, after all, and always has to stay a painting. Within the limits of its own rules and laws. Meaning that it is not an attempt to deliver the better photograph, but something that needs to stay within the premises of the painted medium. Those pots are like a box of fireworks which will raise hell when I am capable of unscrewing them. That also includes the possibility of destruction, which I have to accept if it happens in this way. The painting will paint itself, and that tells me: the painting still has everything it needs to keep working on itself. Even to destroy itself, if that is what it feels like. As I said before, a painting is a living organism which grabs what it needs. From a certain moment of working on a painting it will take over and paint itself through me.

LOY.

Sometimes you also see it inverted like through a mirror, and then it becomes very clear, then it really calls you: go on, go for it, now!

RAUCH.

Yes, the view from the outside. That takes us back to our constellation. When it comes to your own work, the view of a stranger is something that you can only get by using props like a mirror. Or turn the picture upside down. Or you simply invite the neighbour to drop by the studio and ask her or him for their diagnostic opinion.

OBERHOLLENZER.

What is the process that leads from an idea to a finished painting? How would you describe it?

LOY.

In most cases there is an idea that serves as a trigger, an event, a certain situation or a piece of news, which is then joined by other things that build up around it. I often do sketches beforehand or small drawings, which I might use in part or discard completely. This is how a painting will evolve slowly. Often I have a very concrete picture in mind when I start; I know exactly what it is going to look like in the end, but not once have I managed to finish the painting the way I planned it, because it will simply throw a spanner in the works – as we just said, it will do what it wants ...

RAUCH.

It paints itself.

LOY.

... yes, and simply forces me to go down a different path from the one I wanted. That is probably the thing that will keep bothering me until the end of my life. That I will never paint what I had thought out beforehand.

OBERHOLLENZER.

But isn't there also beauty in that?

LOY.

Of course there is beauty in that. But you have the ambition always to be quicker than the painting. Still, you never succeed. Developing a painting is a wonderful contest, a struggle ... you think you've got it, and suddenly it will all blow up in your face. It's crazy how inspiration, or the muse that is present in the room, will interfere. It is probably the same with people who write books and think to themselves: OK, here's my concept! Here's what my novel is going to be like! And then completely different things start happening in the process. That's fantastic, simply amazing!

OBERHOLLENZER.

You don't do any preparatory sketches, Mr Rauch?

RAUCH.

No.

LOY.

I wasn't talking about making »concrete« sketches for a painting. That's impossible, it simply won't work. I couldn't copy a photograph either, that's another thing that won't work. So, nothing choreographed, I would get bored.

RAUCH.

I don't go for sketches in preparation because I don't want to spoil my appetite for the big adventure. If I were to go through everything that needs to be negotiated in conceptual terms with a fine-toothed comb beforehand, the actual execution of the painting would be mere administrative craftsmanship. And there wouldn't be anything left of the mysterious interactions that this medium has in store for me: confusing paradoxes, starting on the left and arriving on the right, or intending to go up and ending up at the bottom. Those are the things that this medium will naturally trigger because they are circulating in these hard-to-pin-down clusters of consequentiality. Even if I have a rather clearly defined initial constellation, e.g. four girl singers on a forest clearing, it is no guarantee at all for staying that way. It just means that I wait for the entire atmosphere of the painting to acknowledge this situation and get attuned to it. The painting will then want to know all sorts of things about these girl singers and it has the authority to completely restyle, restructure and redevelop the personnel. To me it is simply wonderful to surrender to these mysterious happenings, which also includes disappearing temporarily as the author in the midst of these interactions, only to reappear again with unexpected new knowledge.

OBERHOLLENZER.

The only thing you have to decide from the outset is the format. Is that a purely formal decision or is a larger painting also more important?

LOY.

There are various rationales. For instance, if I prepare an exhibition at a gallery I will have a scale model of the room and decide what will be the best way of making use of that space. What are the paintings I already have, which formats will I need for this purpose? And then the decision will follow naturally.

OBERHOLLENZER.

But the painting will be different depending on whether you work on a small canvas or one that measures two by three metres.

LOY.

True, it makes a difference. The format is also part of the painting, it speaks to me and I try and see what I can put on it, what will fit.

RAUCH.

You know, Rosa is a grand master of the small and particularly of the medium-size format.

OBERHOLLENZER.

The exhibition will present many of those.

RAUCH.

I have more of a problem with these formats because I need a »full-size counterpart«. I need to feel that the figures that I evoke on canvas are such that I could grab them by the shoulders, if necessary, could throw them out of the frame, wrestle them down. So, they are figures that meet me on an equal footing. I need this direct confrontation with seemingly real personalities and that's why I have a big problem when it comes to doll's house formats. I don't see myself as someone who crouches in front of these little houses and puts figures into them. Rosa is wonderful at not taking this quite so literally.

LOY.

I have no problem with situations involving scale-models either.

RAUCH.

True, you really have the right approach for dealing with miniaturised scenarios.

OBERHOLLENZER.

I think that will come out nicely in our exhibition – this very different approach to the canvas format.

LOY.

Yes, that may well be. I am not even so much aware of it; to me this is perfectly normal.

OBERHOLLENZER.

Mr Rauch, you once said: »Sometimes a single word can trigger a painting.«[6]

RAUCH.

It can be a word such as »origin« or »wood anemone« or »background« ...

LOY.

... or *Hinter den Gärten.* An association will immediately pop up, and from there it continues like a string of pearls ...

RAUCH.

... sound spaces will open up, colours come wafting in ...

OBERHOLLENZER.

Can I hazard a question - what is your take on verbalising painting? It's a supremely visual medium, and here we are spending a lot of time talking about it. Can that be a problem, can one flog an issue to death or might you, as the artist, reveal too much of what I, as the viewer, should explore and discover on my own?

LOY.

What I like best is when other people explain my paintings to me, I find that very enriching. It's crazy, the sort of stories you get to hear. Then I see that I have basically offered something to the audience, and everyone can draw from it what he or she likes and considers important. That's why I find it very difficult to explain paintings. Every viewer can decipher an image on his own, since we have all learned to deal with images and pictograMs Since we all come from different cultures we all read images differently. We have undergone different experiences. That is also the beauty of it, otherwise I could just as well write a text.

---

6. Holger Broeker meets Neo Rauch, Goethe-Institut Prague, 10 May 2007

RAUCH.

I think I, too, can tell people all sorts of things, and that's what I do without restrictions, when I'm being asked, but I know that many of my colleagues handle that differently. My colleague Daniel Richter once very aptly said he prefers to look at my paintings upside down, because that tells him much more about the way the painting is made, about its mode of action. I find that wonderful, this is what it all boils down to. I can tell a spellbound audience all sorts of things which people actually see or would see for themselves if they just opened their eyes. But now I'm only talking about the eyes which see the story. The eyes behind that, those are the eyes that can analyse what the image has to tell us as a painting. I have recently seen a nice example for this mode of action. There was this man who has special abilities, a special sensitivity like a water-diviner, and he was asked to use his special skill on one of my paintings in order to check whether it was good for the room it hangs in and, thus, good for the owner. The painting shows a cannon, an object which is usually regarded as »evil«, something that wreaks death and destruction. This man, who was not an art expert, said that the image had healing powers. What do I mean by that? Simply that this was obviously a triumph of painting over an object that it depicts. That is the crux. I can tell you stories, many, many stories, but the true story is told by the composition, the colouring, the way the paint is applied: how are those two pasty parts placed next to each other? How does the glossy oil paint run into the next colour? That's the story that painting tells us. And if that is a good story it will make us feel good, it will give us a moment of happiness and a sense of what people can do when they put their heart into it.

LOY.

True, but I have also learned that many people are insecure and do not believe themselves, when they see something in the painting. And then they will ask me: am I right in seeing what I see? And this is why I sometimes give them a little introduction to my approach or to the idea that inspired me to do a particular painting. It's nice to see what sort of dialogue may develop. People will then often trust their own sensations and say, oh, that's interesting, I've seen it exactly like that, or, how exciting! The problem is that nowadays we tend to trust the written word more than we trust our own sensations. So, in conversations like that, people will often be happy because they were right in what they were seeing, and because they have been given more confidence and the conviction that they are always right about what they see. In that way, people can start trusting paintings again, and they can trust their own inner images.

OBERHOLLENZER.

That is also the approach chosen by our museum and our art education team – don't explain paintings, but trust that people have the ability truly to see paintings and sense their impact. And with your paintings in particular we are convinced that we will have wonderful art conversations in front of them. Let me ask you a provocative question in that context: Mr Rauch, rarely in my preparations for an artist have I found so many essays and texts by art historians about someone's work as in your case. Your art is rich in references, and so people try to categorise you in art history terms, relating your work to Romanticism, Surrealism or Expressionism. Will viewers need this knowledge in order to achieve a better understanding – or, emotional awareness, rather – of your paintings?

RAUCH.

No, precisely, they won't. As I said before, my favourite viewer is a viewer who can sense a painting like a plant or a natural process. Like an organism that envelops him, feeds and nourishes him. An embrace from which he will, at best, only reluctantly shake himself free and retain a feeling of enrichment. On the other hand – and I'm partly to blame for this happening quite frequently, of course, because of the special narrative inclination of my paintings – there are those who are always looking for a text and simply try to shave off the superficial information provided by the painting in order to weave that into a story. But subliminally, even they will not escape the subtle impact of a painting that you can't put into words. Except for real dummies, people whose senses are so dulled that they're immune to sensory input. A purely cerebral type of person.

LOY.

The strange thing is also, of course, that even art historians or other experts always need this corset. They have their little boxes and will conclude: okay, this and that applies, so it is this and that. That's the problem - everyone always wants to have a concept. There's a giraffe on the painting, hence it must be Surrealism. But that is the problem: even normal viewers very often don't dare to form their own opinion, because they have read in the paper beforehand how they were supposed to understand the painting, although they do see it differently or understand it as something that has a lot to do with their own experience. These strange mechanisms have crept in and act like a corset.

OBERHOLLENZER.

But sometimes there is this interpretation imperative that you fall victim to yourself: you want to explain everything, pin everything down. For many viewers, however, the fascinating thing about your paintings is that – even if one always feels drawn towards deciphering them – they remain mysterious and enigmatic. This mysterious quality of your works actually makes them so fascinating.

RAUCH.

Yes, there always has to be a residue that's indecipherable. That's the point. And that's the job profile –if you want to use such a technical expression – of painting. To supply what you can't put into words. Anything that I can put into words I don't have to paint anymore. Painting is for the things that lie between, for the many layers that lie between the real and the semi-real and the unreal. You can still deliver a text, however, which appears with a self-important claim to decipherability and a wealth of significance.

LOY.

Everyone would like to solve the mystery; everyone wants to find the philosopher's stone. But that will sometimes send you hurtling to the back row.

RAUCH.

On the other hand, I also have to sound a warning note here: I don't want you to think that my paintings are completely text-free. I do care about laying a trail through the garden that points towards the wilderness. But it's important for the trail to fade away entirely on the other side of the garden fence. To stay with this lovely metaphor: when we pass the nice flower beds and hedges, everything is still okay. There we are still in a terrain for which we have words and that our cognitive mind can read and get the measure of. Then, suddenly, the cognitive mind will not help us any further. We need different faculties in order to just about keep our bearings beyond the garden fence. And this is the polarity that I try to provide with my paintings. At first everything seems to be very clear, and then suddenly everything becomes very up in the air.

OBERHOLLENZER.

In terms of the interaction between life and art, Leipzig is often mentioned in your case as a place of inspiration and a power source. Can you elaborate on how that will come through? Or can you tell me to what extent very personal circumstances – what Mr Spies once described as the »usable past«[7] – play a role in your painting?

LOY.

I'm very much rooted in my region. This part of Germany, the northwest of Saxony, is my breeding ground and topsoil. This is where I live and this is what nourishes and inspires me. It's not only my geographical but also my historical breeding ground. We are from a place that has a very dense cultural fabric. In this region we have a great tradition in painting, in music, literature. The romanticists originated here. It's a kind of subliminal atmosphere we've all grown up with. It's not without reason that we've stayed here, either. In Germany people always ask you: why are you still here? Now that you're successful, why aren't you in New York? But here's where we feel at home, where I can develop my creativity and where I find inspiration.

OBERHOLLENZER.

Mr Rauch, you once characterised your fellow painter Daniel Richter with the following words: „He somehow traces the edges of society's wounds with neon colours, while I try to alleviate the phantom pain of old wounds, wounds from a faraway past, through gentle massages.«[8] Do you think that the medium of painting is more appropriate for showing a certain attitude, an atmosphere, than for making concrete political statements, so that the issues it addresses are much more general in nature?

RAUCH.

Yes, that's the point exactly.

---

7. Neo Rauch im Gespräch mit Werner Spies, in: Stiftung Frieder Burda und Werner Spies (Ed.), Neo Rauch, Exh. Cat. Museum Frieder Burda, Baden-Baden, Ostfildern bei Stuttgart 2011, pp 34–59, German quote on p. 34.

8. Holger Broeker in a conversation with Neo Rauch, as in note 6.

LOY.

The political approach is often very one-dimensional. Something is either good or bad.

RAUCH.

Since the mechanisms of painting are multi-layered and very organic, they are very well suited for portraying the organic complexity of human destiny as it unfolds over time. These mechanisms invite a very compelling analogy to the many-layered aspects of human nature. If I were inclined to a linear observation of history, I would inevitably end up in front of the TV every night, driven by the attempt or urge to draw the essence of that day from the news programme in order to latch it onto the information obtained the day before, and then perhaps address it as a warning lookout or as an artist in the widest sense. But in my experience that doesn't work. That would be an abusive use of the medium.

LOY.

I find it even very disruptive to include these current news iteMs They are so irritating, so subjective; they don't reflect reality as it is at all.

OBERHOLLENZER.

But that also means that you are critical towards a kind of art that uses the »traditional« medium of painting on canvas for a reflection on the new media, for instance by copying images taken from television as a means of addressing this flood of images.

RAUCH.

Don't do that please! Urgent recommendation: just don't go there!

LOY.

Why should I? Why should I copy a television image that shows me a suffering child? Who would benefit from that, who would enjoy that? No clue, I don't understand that at all.

RAUCH.

If I'm allowed to quote Caspar David Friedrich – he once made the following finestatement: »The artist should not only paint what he sees before him, but also what he sees in himself. If, however, he sees nothing within him, then he should also refrain from painting what he sees before him.« So, there are those who are called and chosen, but the medium is subjected to all sorts of unacceptable strains. It's been abused and mistreated and, what's worst, it's flooded by legions of photo copiers. That is a scourge. And what is more, all of them think they have a claim to authority, hanging space and a market presence. That is something one must wholeheartedly reject.

LOY.

We mustn't forget either that many philosophers have started making inroads into art because it's much easier to deal with philosophical issues in art thanto be purely a philosopher. You get much more attention, you get hanging space, you get protection. Many people enter the arts with what they call a concept – and which is actually a philosophy.

RAUCH.

If truth be told, I prefer a painting philosopher to a philosophising painter.

LOY.

Sure, that goes without saying.

OBERHOLLENZER.

Would you like to comment briefly on your training? How did you get to be a painter? Who would have been your inspirations (from art-history), if you have any?

RAUCH.

That would be a rather long story, of course. But to put it in an autobiographical nutshell: *Hochschule für Grafik und Buchkunst* (Academy of Visual Arts, Leipzig). A place which at the time we were there was still suffused by the spirits of people like Max Beckmann, Otto Dix ...

LOY.

... Max Liebermann ...

RAUCH.

... Matthias Grünewald, Oskar Kokoschka ... I could go on with that list for a while. They were the household deities of this institute, who were primarily of great importance for the faculty, and they were also presented to us as great figurative painters that we might want to use as an inspiration. Very much to the contrary of what many people seem to think, it was not a place where students were politically indoctrinated in the spirit of Socialist Realism. That sort of thing was long gone when we were there; no one was even slightly interested in that. Only the teachers, and their teachers, were still busy dressing the wounds they had received from that time. But they didn't hand any of that down to us. It needs to be said again and again. It's important, because many people think that our age group still had to suffer that garbage. Not so, it was really all about creating and developing a concept that could claim global significance. Figurative painting in the best sense of the term. By that I mean the likes of Max Beckmann, Edward Hopper, Lucian Freud, and the list goes on and on...

LOY.

It was originally established as an academy for the art of book design. Painting was added on later. What is so great about that school is that we received an extremely good training in all graphic techniques, photography, book design; you can learn etching, screen printing, lithography, wood printing and xylography, and the workshops are truly well-equipped. It's really a great training, and we're still benefiting from it today. And thank goodness they are still offering all of that, even if it's being continuously reduced to the benefit of the new media. It's a very haptic approach to art of a kind you rarely get at a training institution. In Leipzig they really offer everything except sculpture. That was in Dresden.

RAUCH.

We are having this conversation on the very day that Bernhard Heisig died. Quite a remarkable circumstance. He was the one who made the institution what it was at its best time; he turned it into an island of the blessed for us students, by protecting this island against any external attempts at political indoctrination, by standing up to all that. That is a remarkable fact. He kept the institution free from all that nonsense and the impositions and adversities of the Communist regime. We were blessed with a time of untroubled ease there.

LOY.

It was truly great. There was only one restriction. We all had to be there for the parade on May 1st.

RAUCH.

Parading past the grandstand. That was his only condition, he didn't want to march past on his own, that was out of the question, everyone had to be there. Otherwise, he felt, the house of cards would have collapsed.

OBERHOLLENZER.

With my last question I would like to perhaps link back to where we started. This conversation has shown, I believe, that the two of you are engaged in a very intense dialogue and exchange. There are parallels, but there are also many differences between you. Do you think that aspects of the respective partner are a deliberate or unconscious influence on your work?

LOY.

I'm sure there are unconscious aspects that will creep in. But of course we're also feeding and growing on the same topsoil, or at least a very similar topsoil – we have different approaches to similar things and this will be reflected by the content or colouring of our work. I wouldn't say there are conscious, deliberate influences. Deliberately doesn't work, it simply doesn't.

RAUCH.

There is no way you could do that. It would also be quite rude if I went over and snooped something and then went back and immediately used it on my own canvas. Something like that will happen only at the unconscious level. There are things that we experience together, like seeing certain films or exhibitions together. And then we will carry the atmospheric particles of these experiences back to both our studios.

LOY.

Yes, that may also extend to concerts.

RAUCH.

Those are exactly the things that we have also been struck by, and that encouraged us to set out on this experiment and finally have a joint exhibition. Also for our own benefit, so that we could see it all in full detail. What are the common analogies? What links us? What separates us? And how will the great »both-and« reverberate in us and at the Essl Museum?

LOY.

Yeah, we've been working together in this building for 15 years, we've been married for 25. We're an old couple.

OBERHOLLENZER.

That is a wonderful concluding statement. We really look forward to seeing the results at the exhibition in the Essl Museum. Thank you very much for this conversation.

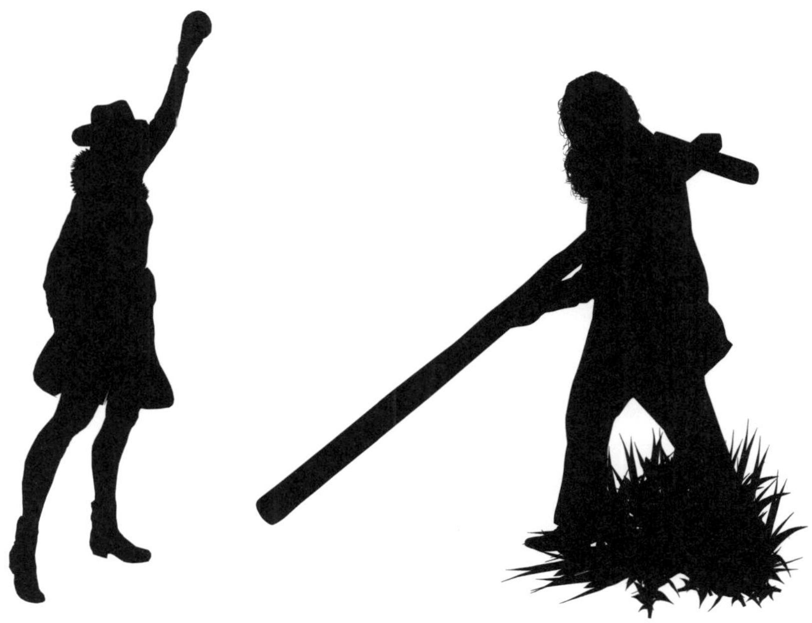

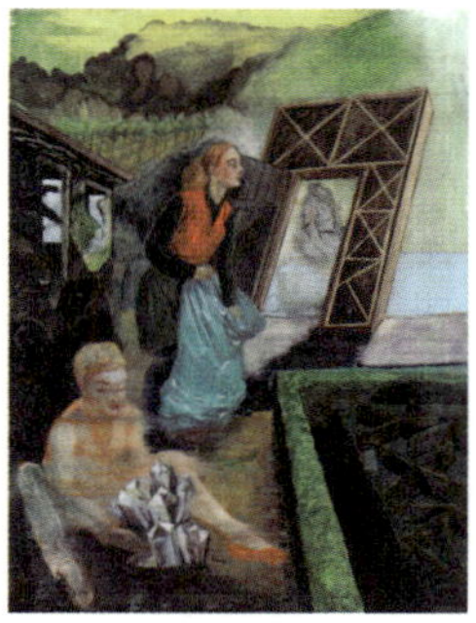

ROSA LOY
Aphrodite, 2011
170 x 130 cm
Kasein auf Leinwand
casein on canvas
S./p. 127

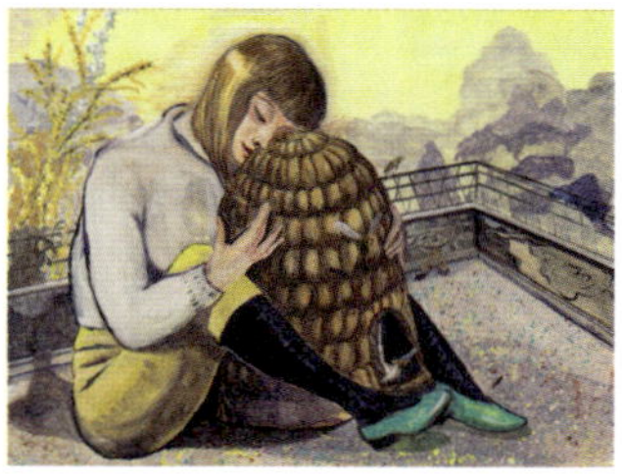

Der Bienenkorb, 2011
60 x 80 cm
Kasein auf Leinwand
casein on canvas
S./p. 167

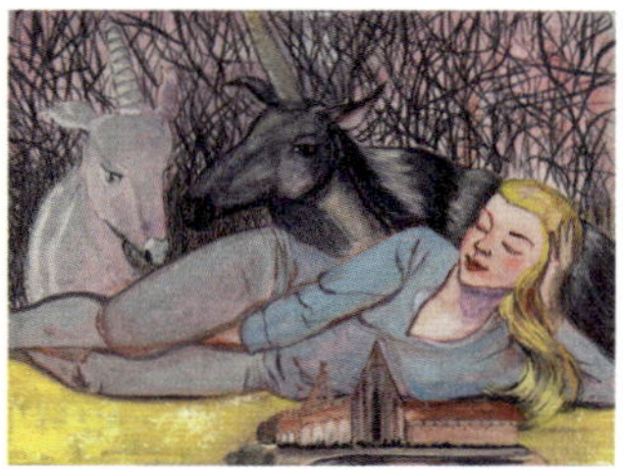

Aus dem Walde, 2011
60 x 80 cm
Kasein auf Leinwand
casein on canvas
S./p. 159

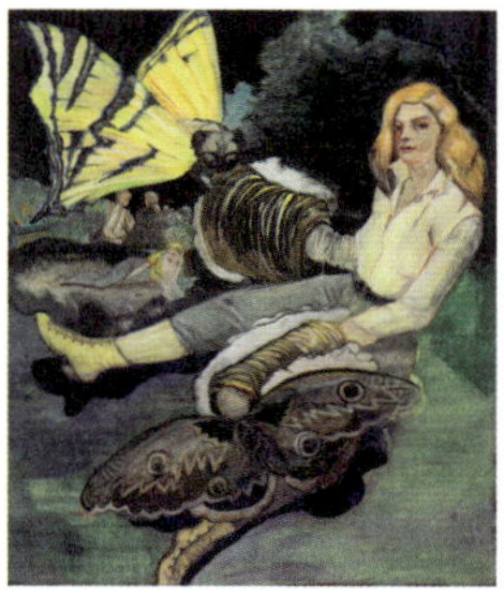

Handhilfe, 2011
130 x 100 cm
Kasein auf Leinwand
casein on canvas
S./p. 161

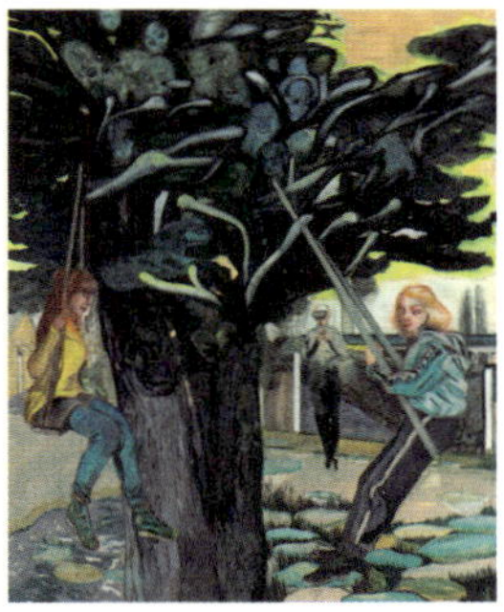

Baumgarten, 2011
220 x 180 cm
Kasein auf Leinwand
casein on canvas
S./p. 39

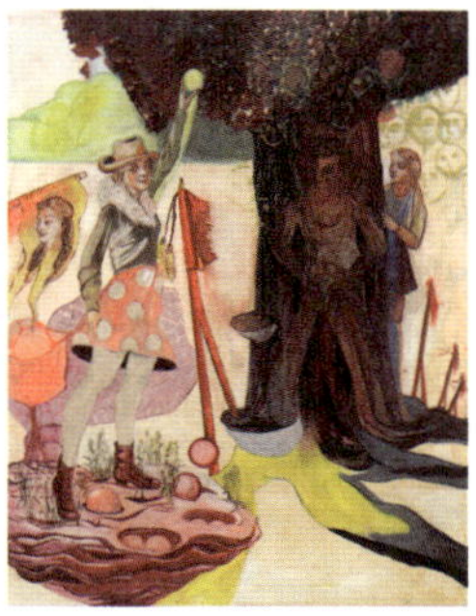

Manna, 2011
220 x 170 cm
Kasein auf Leinwand
casein on canvas
S./p. 45

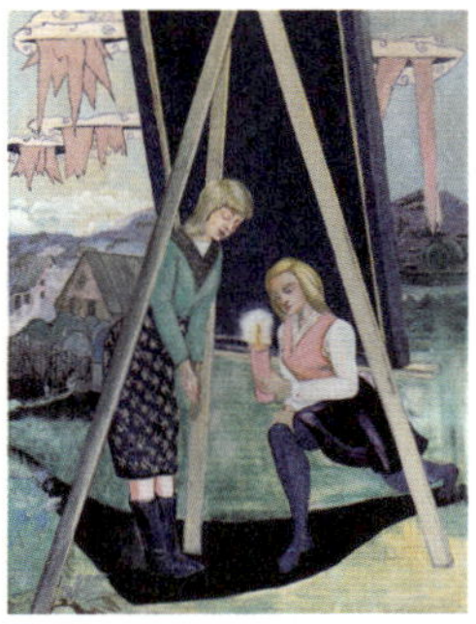

Demut, 2011
170 x 130 cm
Kasein auf Leinwand
casein on canvas
S./p. 35

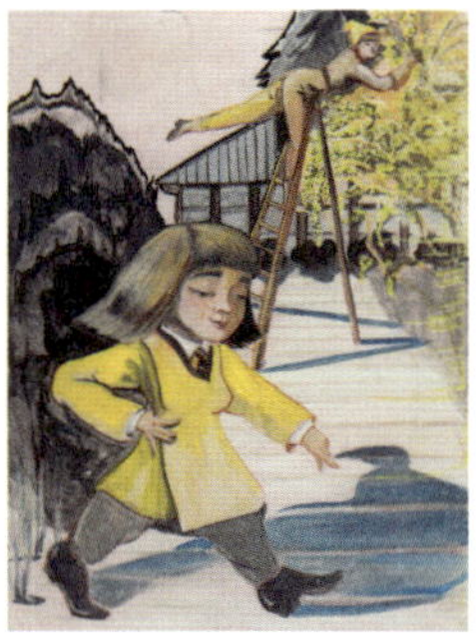

Schatten, 2011
80 x 60 cm
Kasein auf Leinwand
casein on canvas
S./p. 163

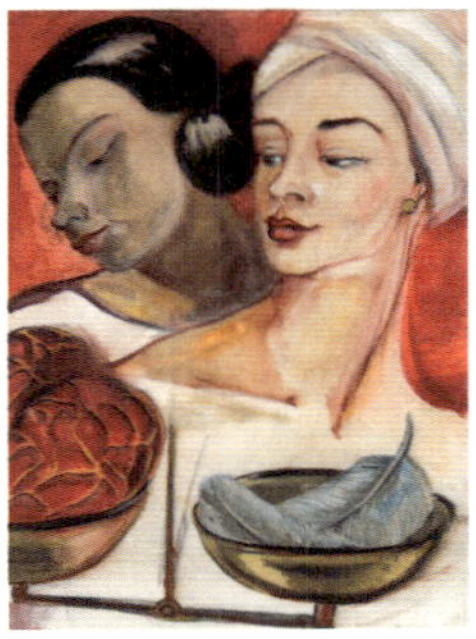

Waage, 2011
40 x 30 cm
Kasein auf Leinwand
casein on canvas
S. / p. 55

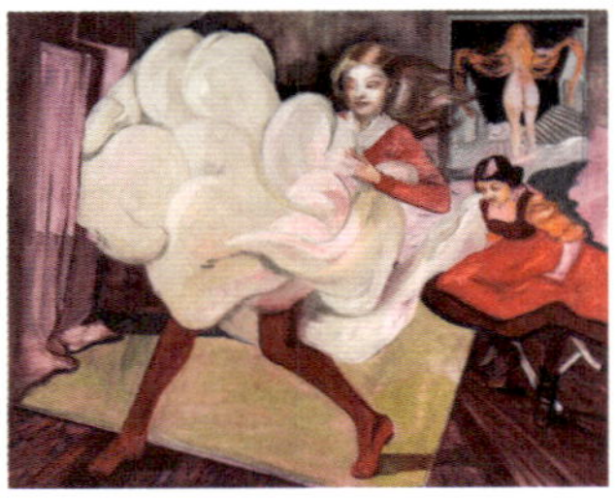

Welle, 2011
120 x 150 cm
Kasein auf Leinwand
casein on canvas
S. / p. 52 – 53

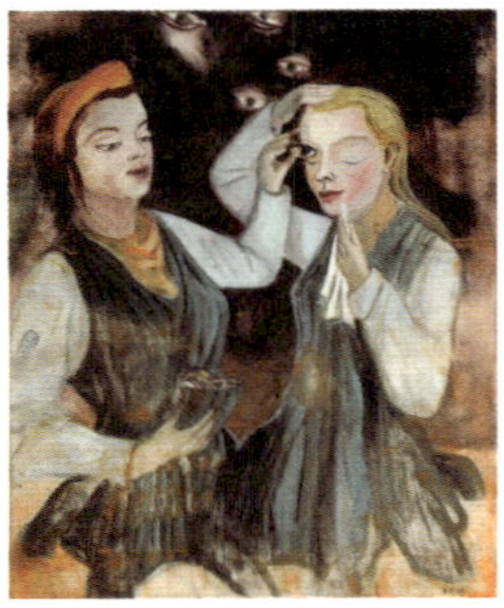

Blank, 2010
52 x 44 cm
Kasein auf Leinwand
casein on canvas
SØR Rusche
Sammlung Oelde/Berlin
S. / p. 119

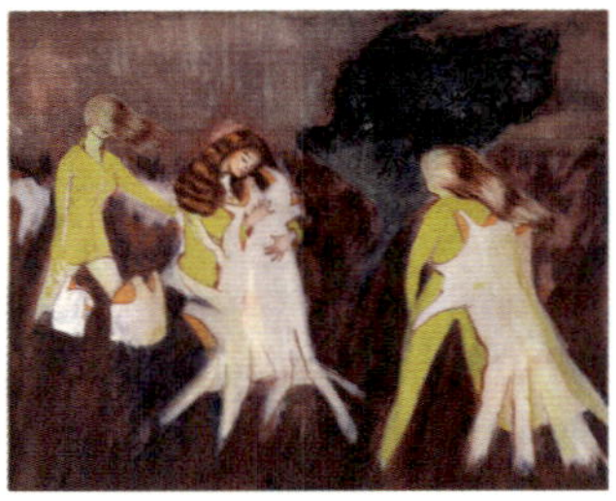

Hort, 2010
56 x 68 cm
Kasein auf Leinwand
casein on canvas
S. / p. 151

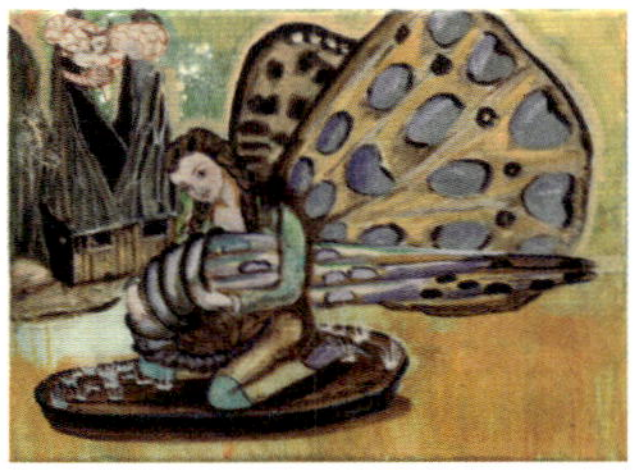

Nächste Runde, 2010
24 x 30 cm
Kasein auf Leinwand
casein on canvas
Sammlung Perlmutt
S. / p. 154

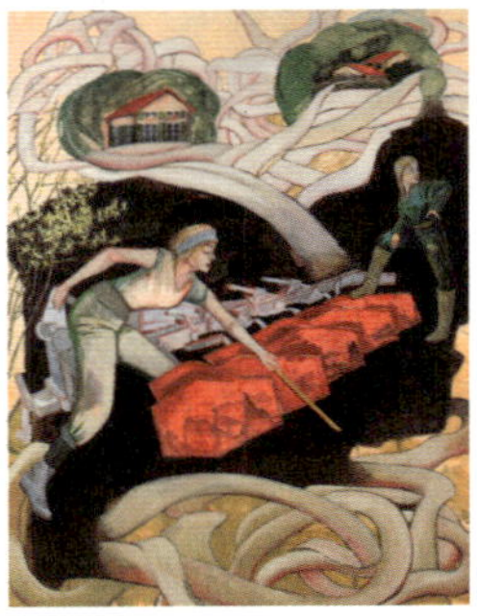

Pflug, 2010
220 x 180 cm
Kasein auf Leinwand
casein on canvas
S. / p. 47

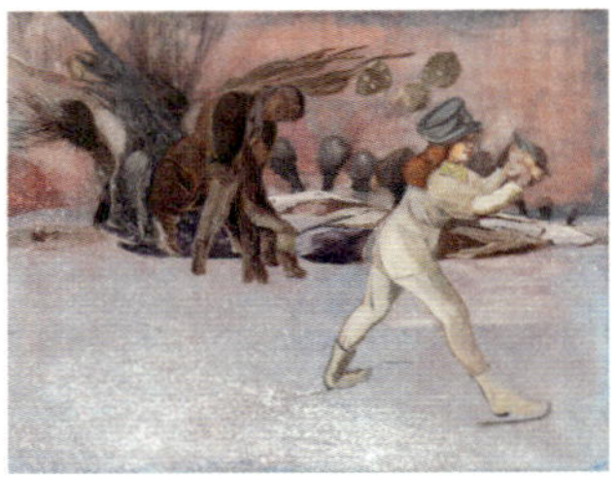

Reich, 2010
130 x 170 cm
Kasein auf Leinwand
casein on canvas
S. / p. 156 – 157

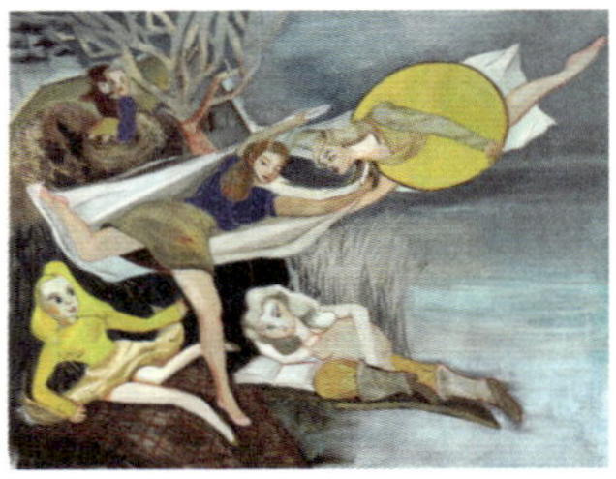

Sinnliche Intelligenz, 2010
130 x 170 cm
Kasein auf Leinwand
casein on canvas
S. / p. 76 – 77

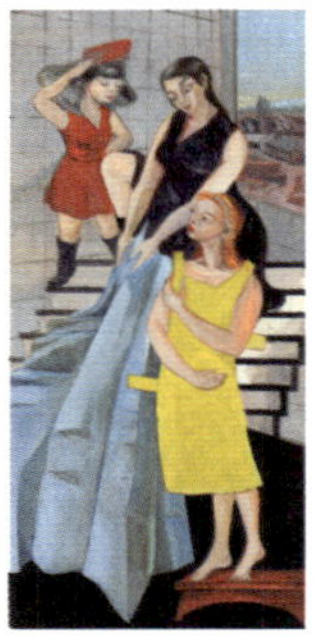

Treppe, 2010
170 x 80 cm
Kasein auf Leinwand
casein on canvas
S. / p. 153

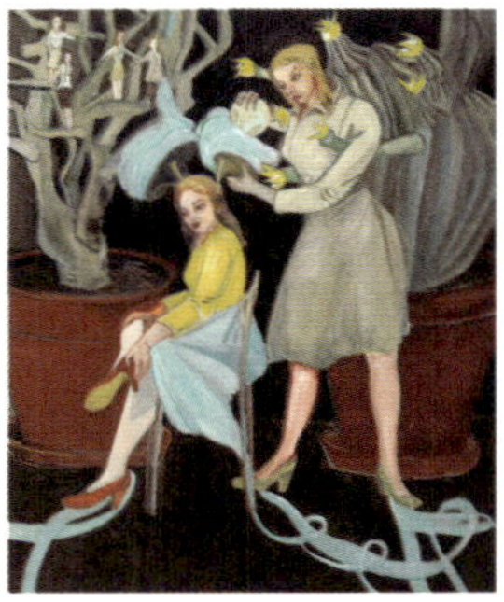

Vermittlung, 2010
130 x 110 cm
Kasein auf Leinwand
casein on canvas
S. / p. 57

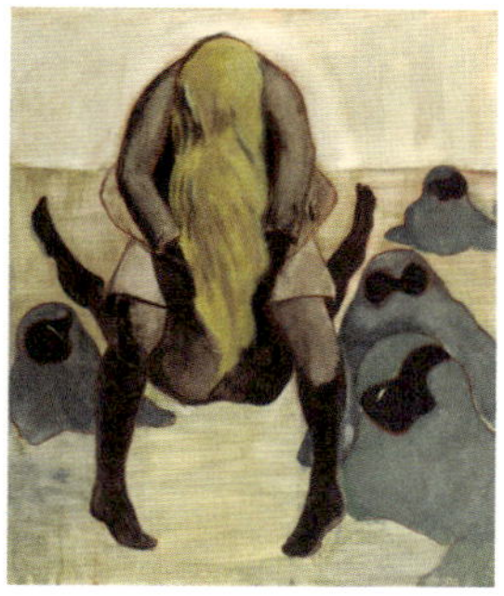

Verpuppung, 2010
64 x 55 cm
Kasein auf Leinwand
casein on canvas
S./p. 59

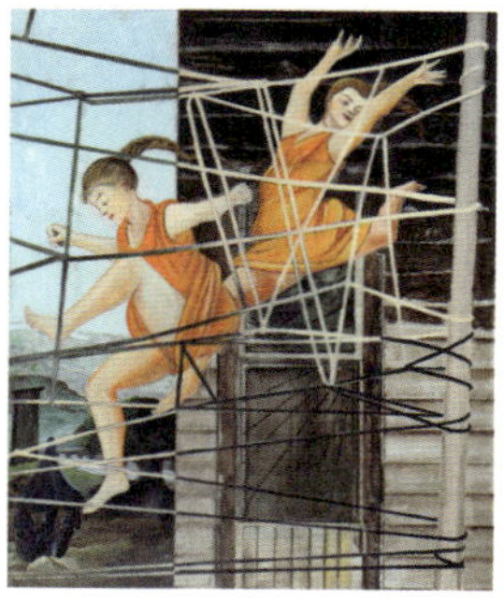

Flip, 2009
130 x 110 cm
Kasein auf Leinwand
casein on canvas
S./p. 75

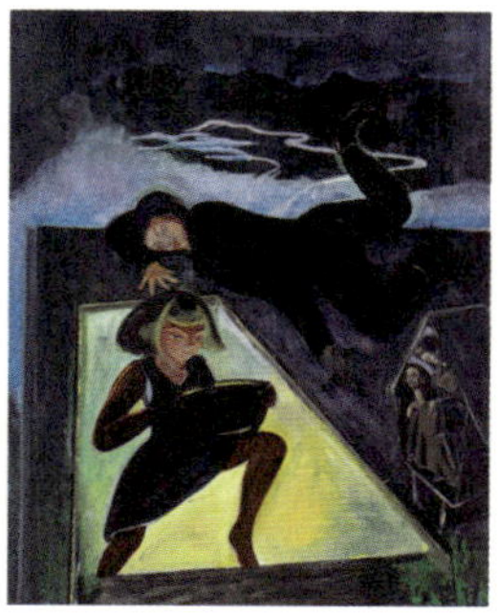

Anbetung, 2009
110 x 90 cm
Kasein auf Leinwand
casein on canvas
S./p. 131

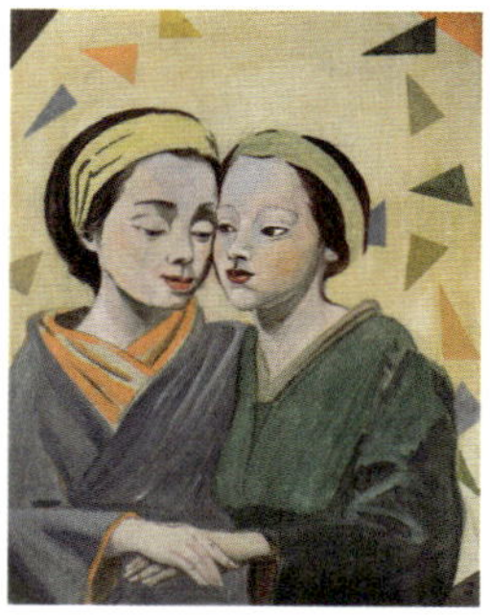

Grüße aus Fernost, 2009
50 x 40 cm
Kasein auf Leinwand
casein on canvas
Sammlung Perlmutt
S./p. 63

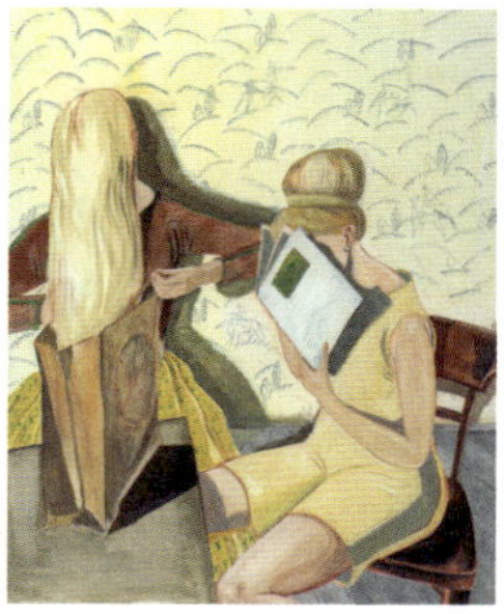

Beute, 2009
110 x 90 cm
Kasein auf Leinwand
casein on canvas
S./p. 145

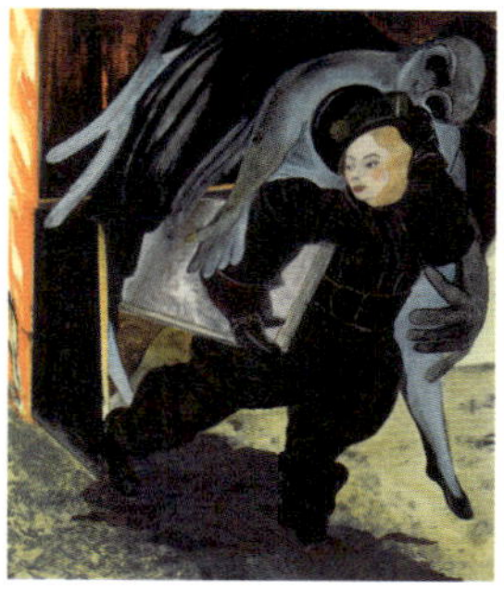

Küchenchaos,2009
130 x 110 cm
Kasein auf Leinwand
casein on canvas
S./p. 121

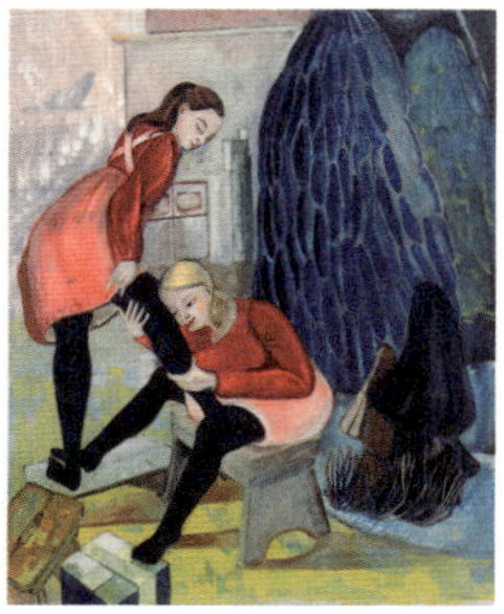

Die alten Geschichten, 2009
97 x 79 cm
Kasein auf Leinwand
casein on canvas
S./p. 129

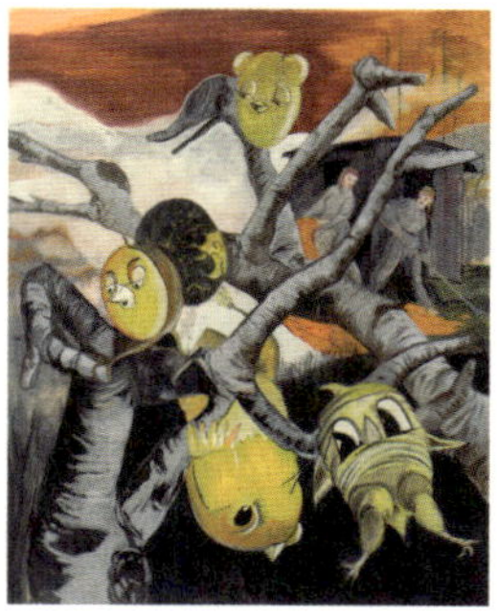

Perlen, 2009
97 x 78 cm
Kasein auf Leinwand
casein on canvas
S./p. 99

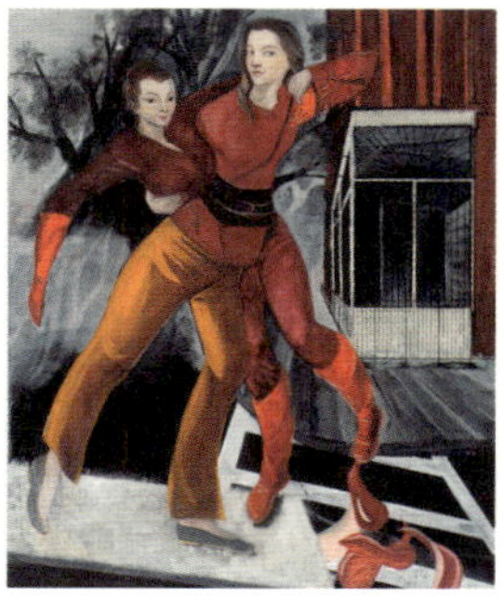

Die andere Seite, 2009
130 x 110 cm
Kasein auf Leinwand
casein on canvas
Sammlung Perlmutt
S./p. 49

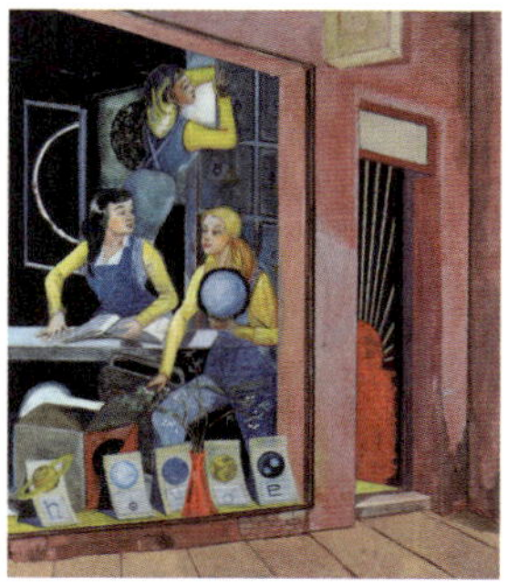

Planetenladen, 2009
240 x 210 cm
Kasein auf Leinwand
casein on canvas
S./p. 67

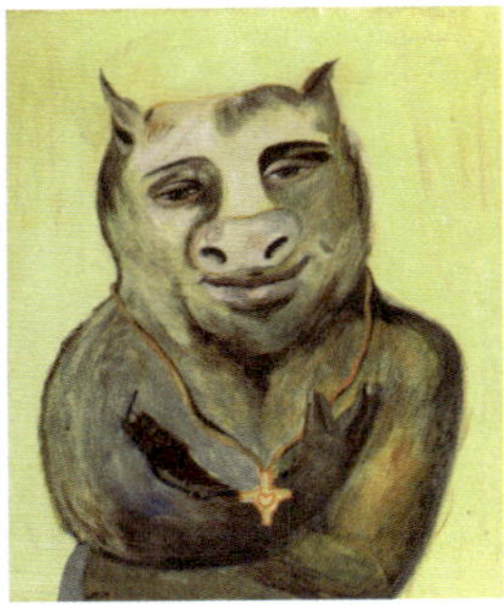

Schweinehund, 2009
52 x 44 cm
Kasein auf Leinwand
casein on canvas
S. / p. 133

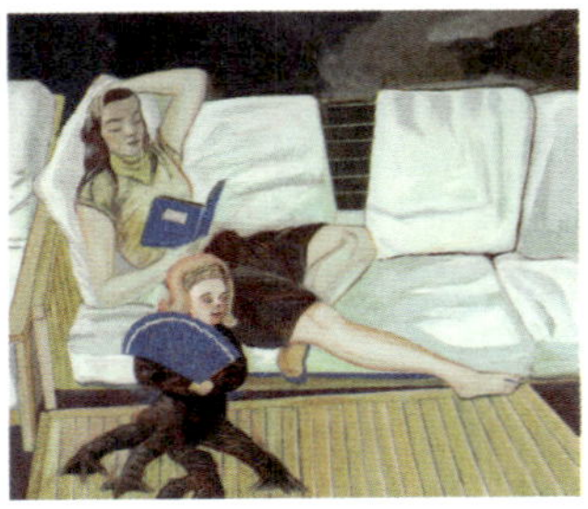

Sonntagnachmittag, 2009
110 x 130 cm
Kasein auf Leinwand
casein on canvas
S. / p. 103

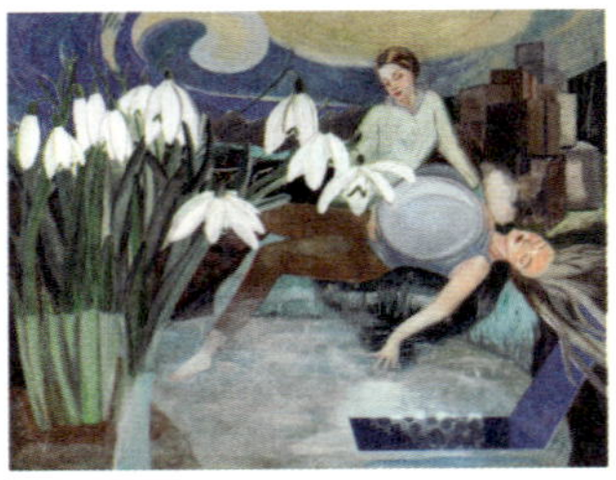

Trost, 2009
210 x 160 cm
Kasein auf Leinwand
casein on canvas
S. / p. 36 – 37

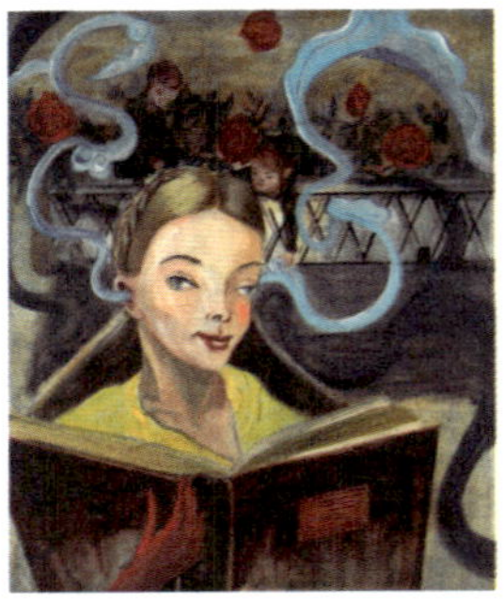

Gehör, 2008
63 x 54 cm
Kasein auf Leinwand
casein on canvas
S. / p. 105

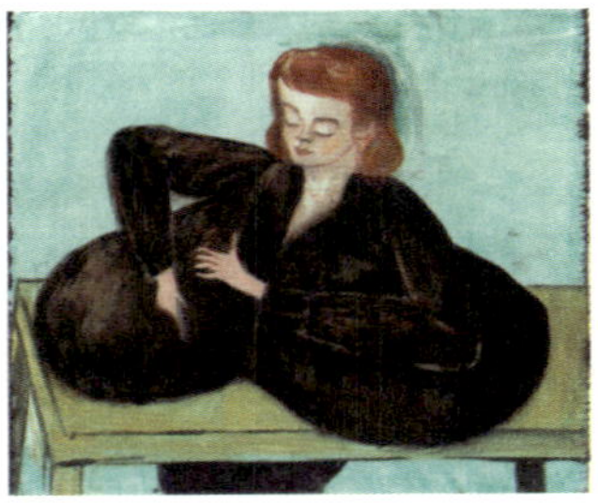

Mama, 2008
44 x 53 cm
Kasein auf Leinwand
casein on canvas
S. / p. 135

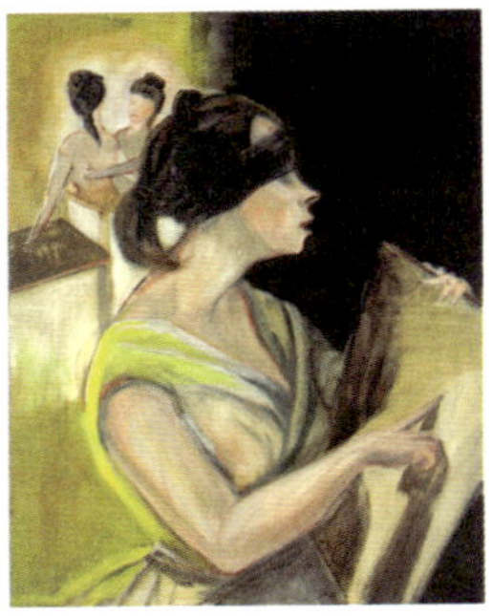

Methode nach D.V., 2008
75 x 60 cm
Kasein auf Leinwand
casein on canvas
S. / p. 149

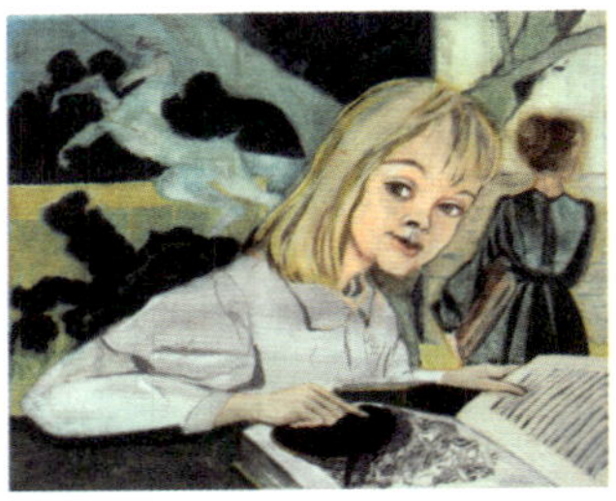

Suche, 2008
40 x 50 cm
Kasein auf Leinwand
casein on canvas
S. / p. 89

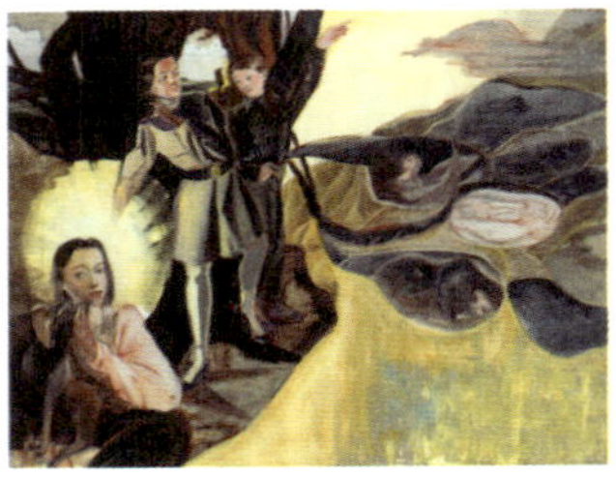

Wanderung, 2008
130 x 170 cm
Kasein auf Leinwand
casein on canvas
Sammlung Perlmutt
S. / p. 84 – 85

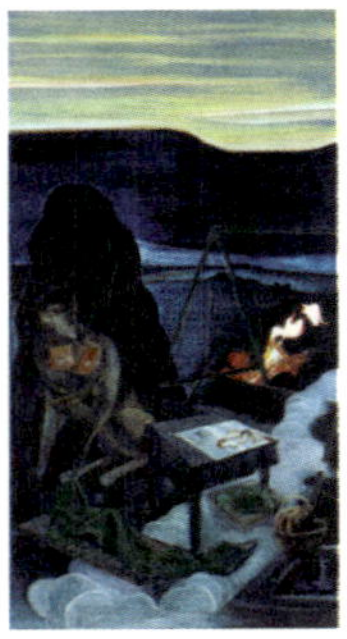

Abend, 2007
266 x 139 cm
Kasein auf Leinwand
casein on canvas
S. / p. 139

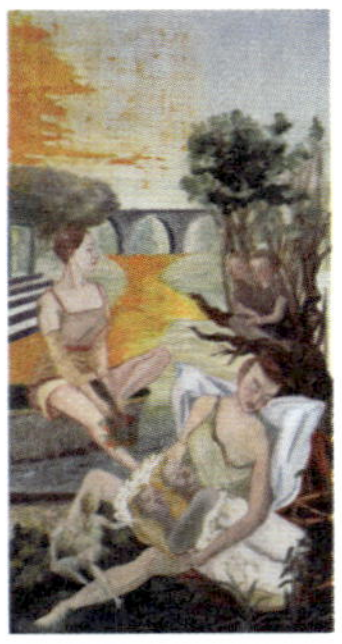

Morgen, 2007
266 x 139 cm
Kasein auf Leinwand
casein on canvas
S. / p. 137

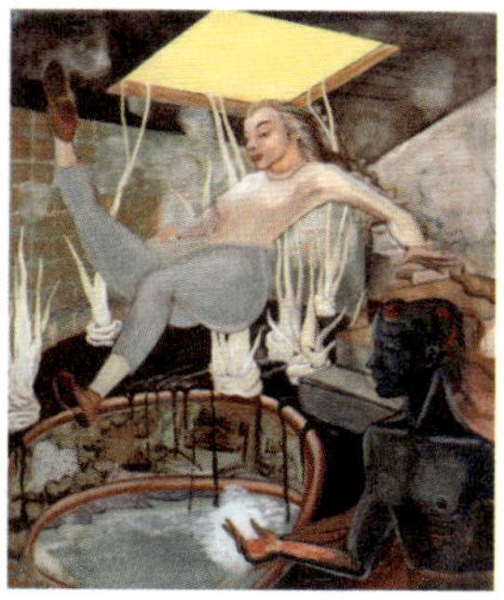

Neue Ebene, 2007
130 x 110 cm
Kasein auf Leinwand
casein on canvas
S./p. 97

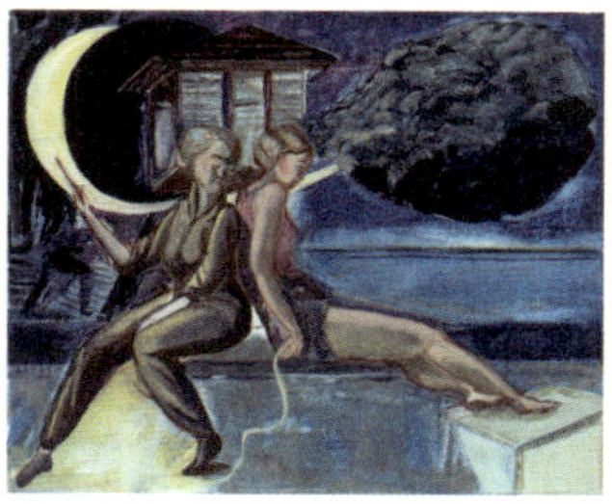

Sichel, 2007
24 x 30 cm
Kasein auf Leinwand
casein on canvas
Sammlung Perlmutt
S./p. 155

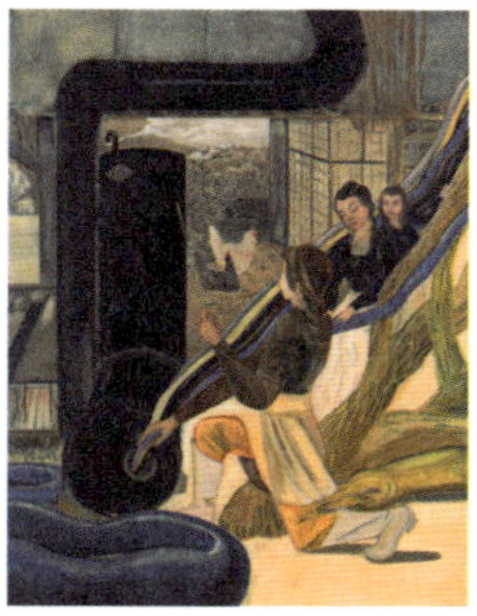

Dampf, 2006
170 x 130 cm
Kasein auf Leinwand
casein on canvas
Sammlung Essl, Inv. Nr. 5702
S./p. 83

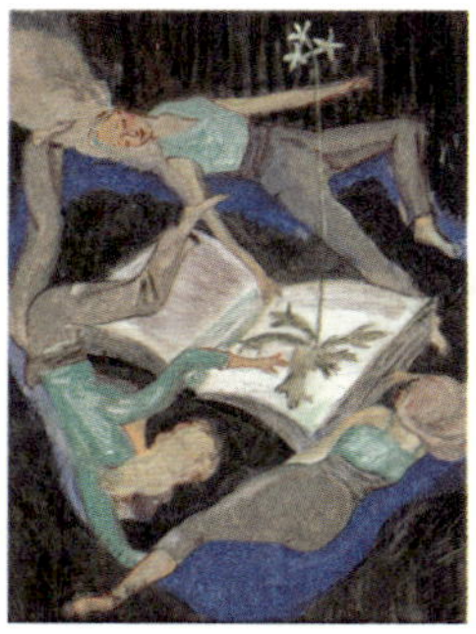

Finger im Buch, 2006
40 x 30 cm
Kasein auf Leinwand
casein on canvas
Sammlung Kamala Leipzig
S./p. 101

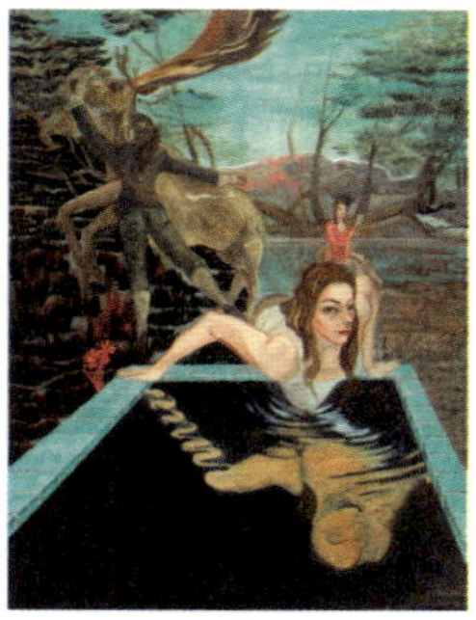

Rote Narzisse, 2006
170 x 130 cm
Kasein auf Leinwand
casein on canvas
Sammlung Essl, Inv. Nr. 5703
S./p. 87

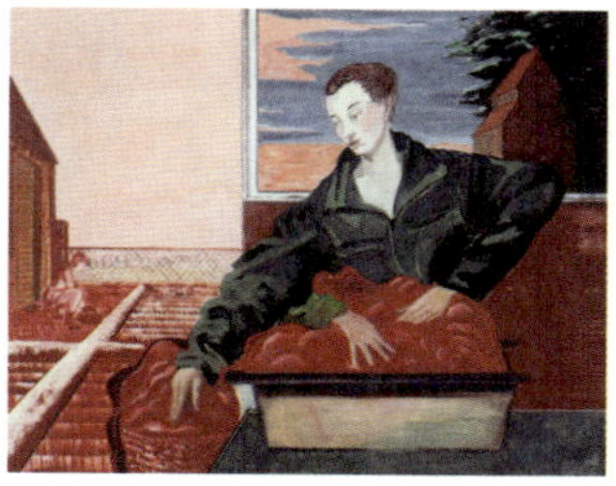

Bestellung, 2003
100 x 130 cm
Kasein auf Leinwand
casein on canvas
Privatsammlung Leipzig
S./p. 51

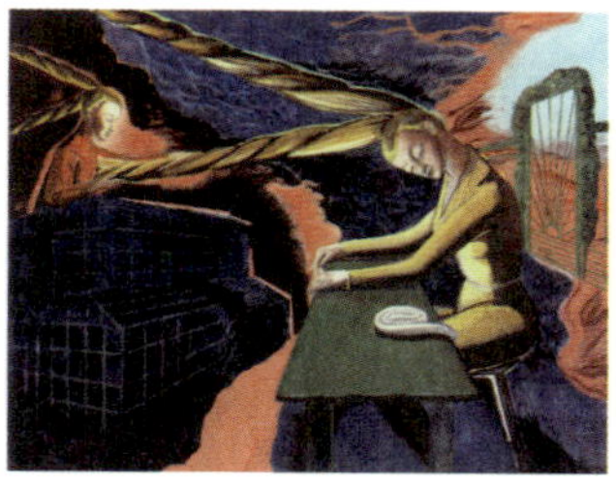

Ruf, 2003
100 x 80 cm
Kasein auf Leinwand
casein on canvas
Sammlung Perlmutt
S./p. 143

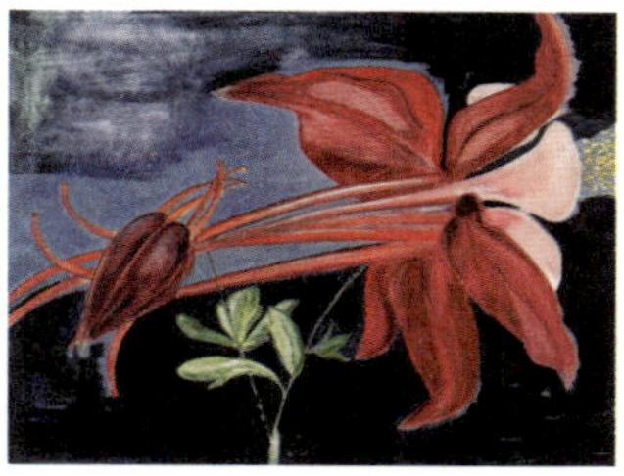

Akelei, 2002
75 x 100 cm
Kasein auf Leinwand
casein on canvas
S./p. 107

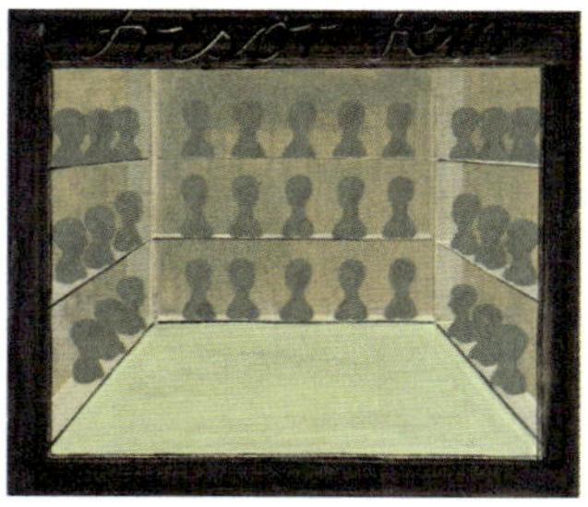

Frisör Fem, 1998
55 x 65 cm
Kasein auf Leinwand
casein on canvas
S./p. 147

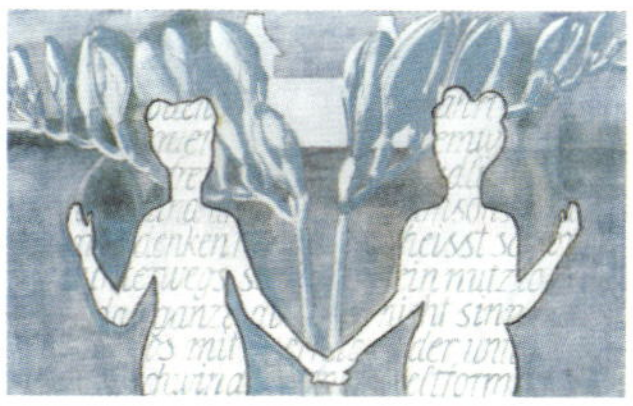

Zweifel, 1997
94 x 148 cm
Kasein auf Leinwand
casein on canvas
S./p. 79

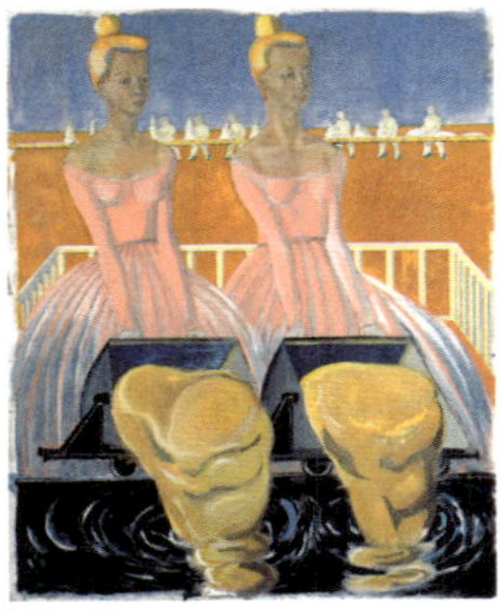

Kleines Kollektiv, 1996
200 x 170 cm
Kasein auf Leinwand
casein on canvas
S. 81

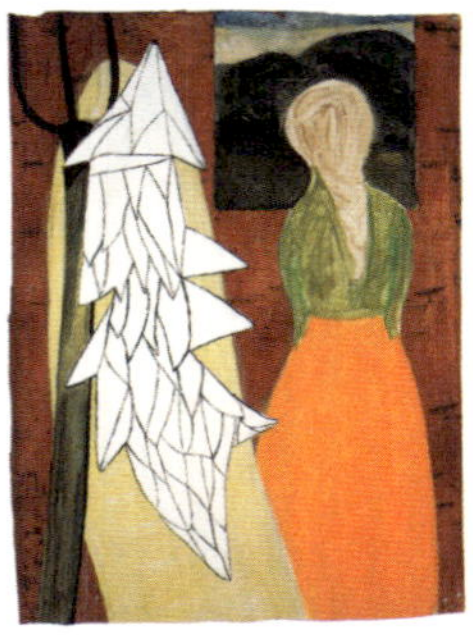

Die Tochter, die kluge,
1995, 100 x 70 cm, Öl und
Eitempera auf Büttenpapier
oil and eggtempera on hand-
made paper
Sammlung Perlmutt
S. 65

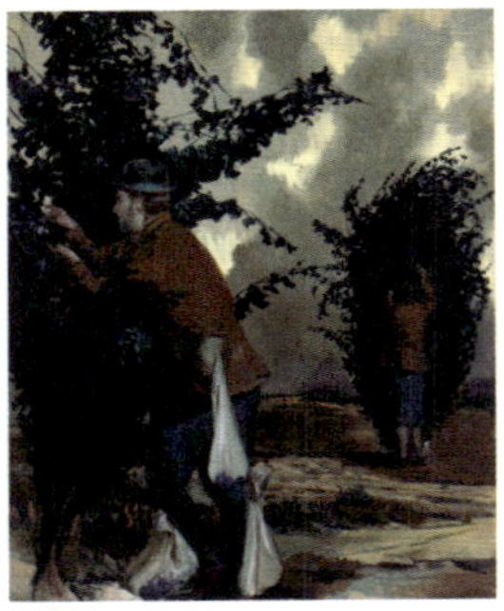

NEO RAUCH

Beerenpflücker, 2011
120 x 100 cm
Öl auf Leinwand
oil on canvas
Privatsammlung
S. 123

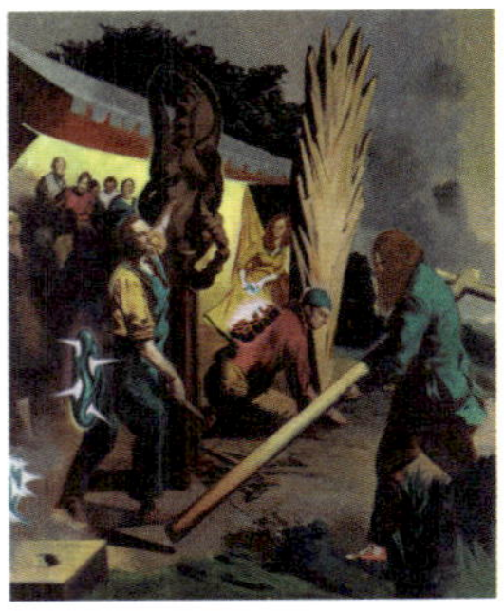

Bergfest, 2010
300 x 250 cm
Öl auf Leinwand
oil on canvas
Sammlung Essl,
Inv. Nr. 6065
S. 93

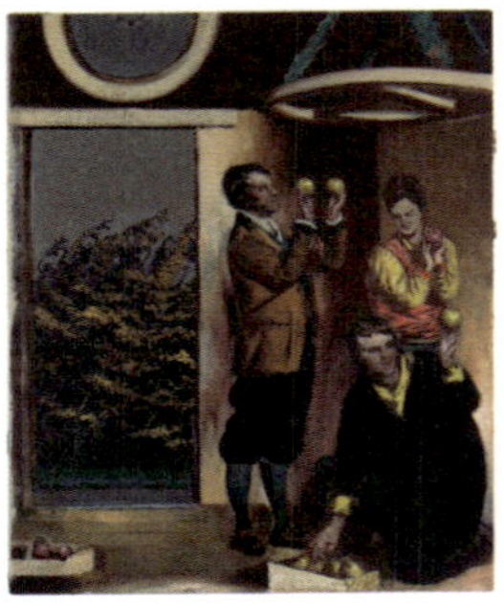

Goldene Äpfel, 2011
60 x 50 cm
Öl auf Leinwand
oil on canvas
Sammlung Perlmutt
S. 115

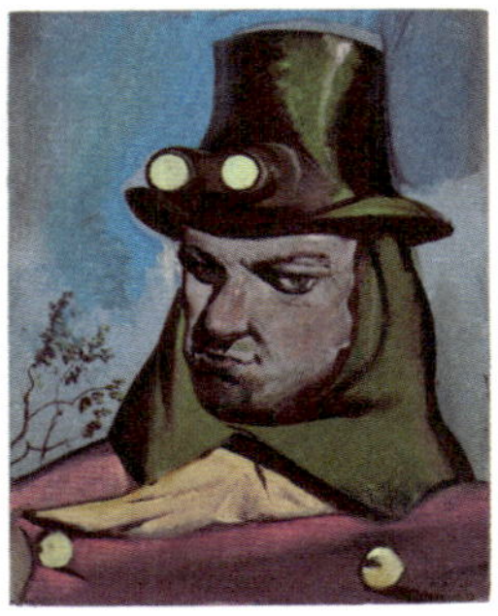

Bergmann, 2010
50 x 40 cm
Öl auf Leinwand
oil on canvas
Sammlung Perlmutt
S. 95

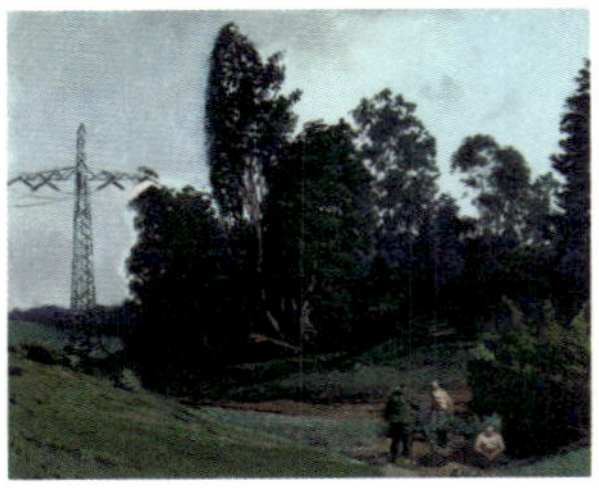

Juni, 2011
130 x 160 cm
Öl auf Leinwand
oil on canvas
Privatsammlung
S. 116 – 117

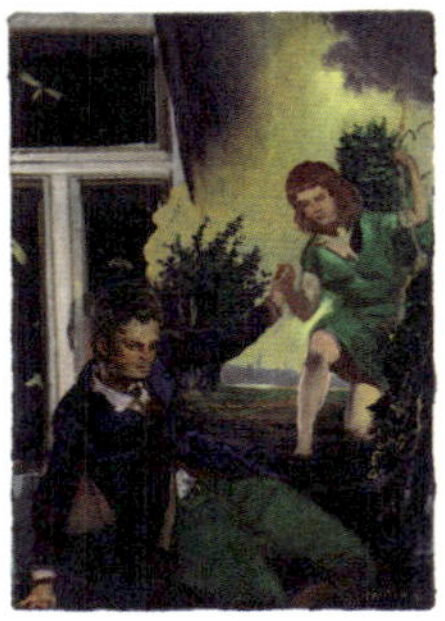

Gärtnerin, 2010
50 x 35 cm
Öl auf Leinwand
oil on canvas
Sammlung Perlmutt
S. 41

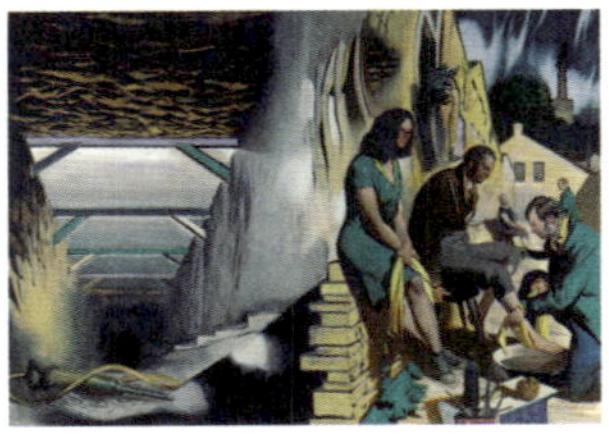

Nach der Schicht, 2011
210 x 300 cm
Öl auf Leinwand
oil on canvas
Sammlung Perlmutt
S. 124 – 125

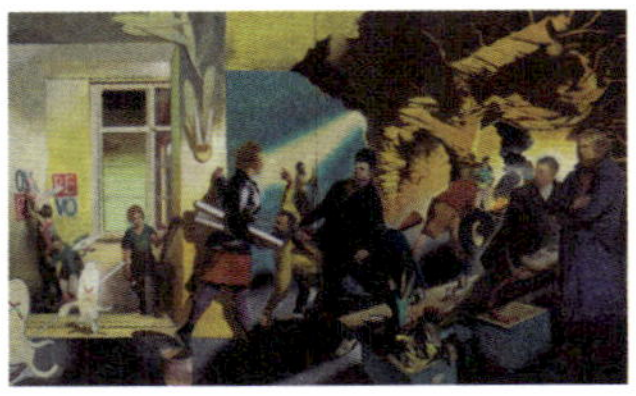

Revo, 2010
300 x 500 cm
Öl auf Leinwand
oil on canvas
Sammlung Essl, Inv. Nr. 6064
S. 140 – 141

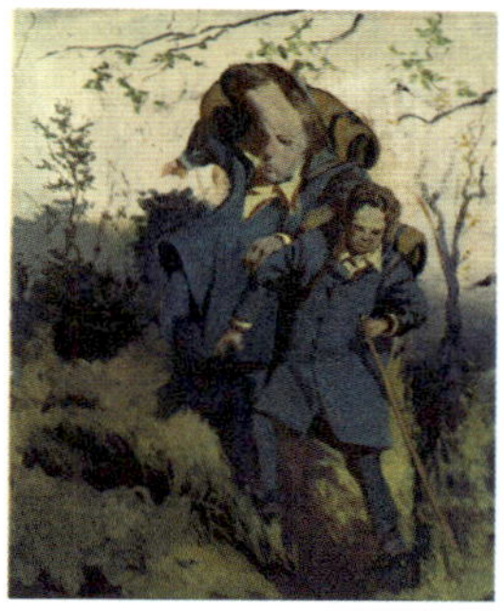

Abstieg, 2009
60 x 50 cm
Öl auf Leinwand
oil on canvas
Sammlung Perlmutt
S./p. 43

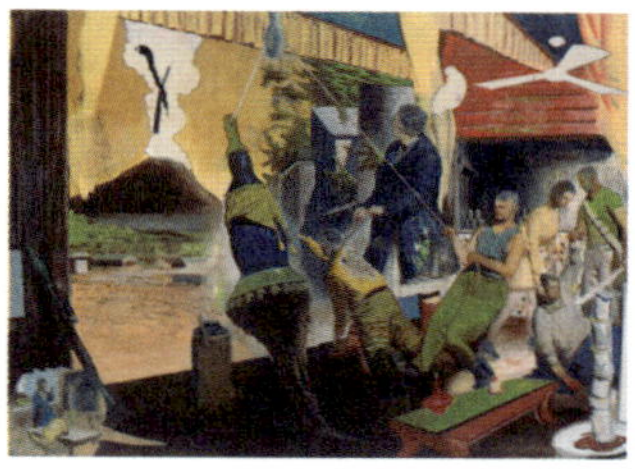

Das alte Lied, 2006
300 x 420 cm
Öl auf Leinwand
oil on canvas
Sammlung Essl, Inv. Nr. 5568
S./p. 60 – 61

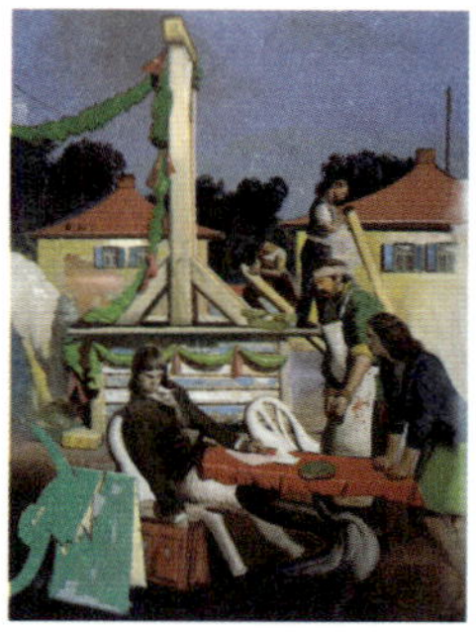

Kommen wir zum Nächsten, 2005
280 x 210 cm
Öl auf Leinwand
oil on canvas
Sammlung Essl, Inv. Nr. 5320
S./p. 111

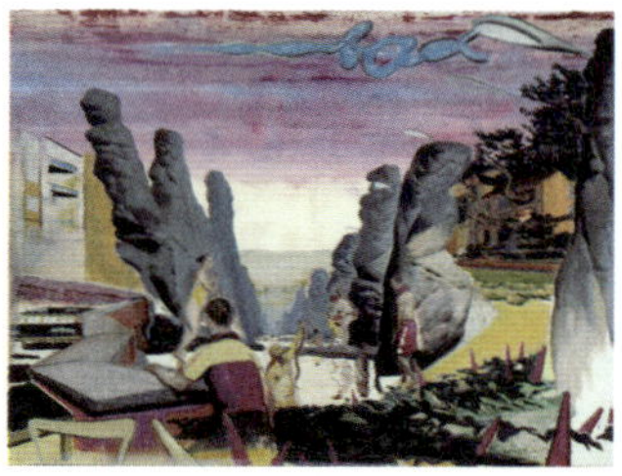

Bad, 2003
199 x 266 cm
Öl auf Papier
oil on paper
Privatsammlung
S./p. 68 – 69

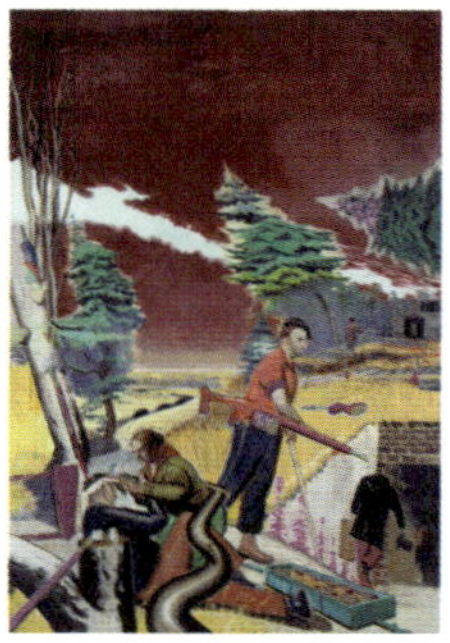

Konvoi, 2003
300 x 210 cm
Öl auf Leinwand
oil on canvas
Ludwig Forum für Internationale Kunst Aachen
S./p. 71

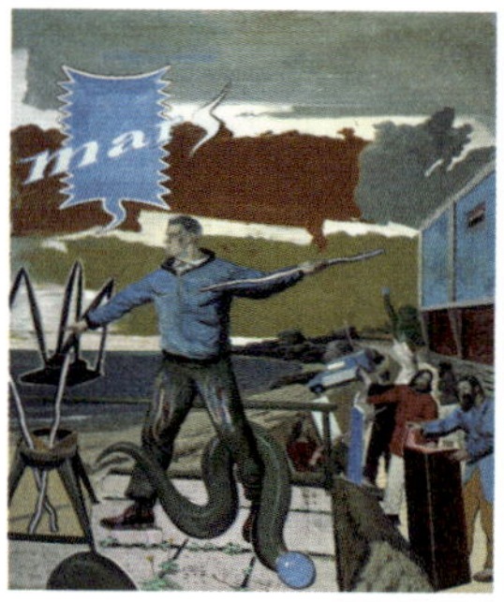

Mars, 2002
250 x 210 cm
Öl auf Leinwand
oil on canvas
Privatsammlung
S./p. 91

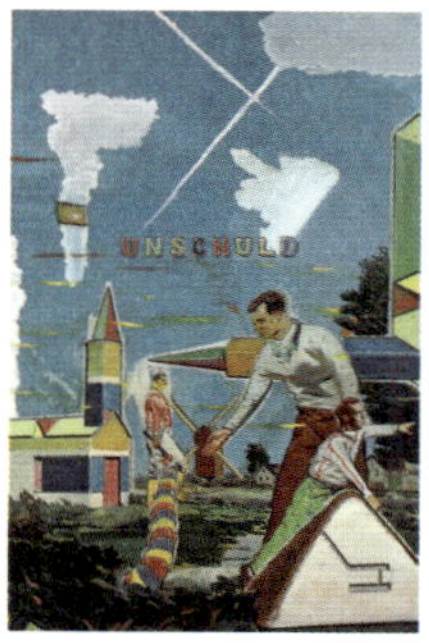

Unschuld, 2001
298 x 200 cm
Öl auf Papier
oil on paper
Sammlung Deutsche Bank
S./p. 165

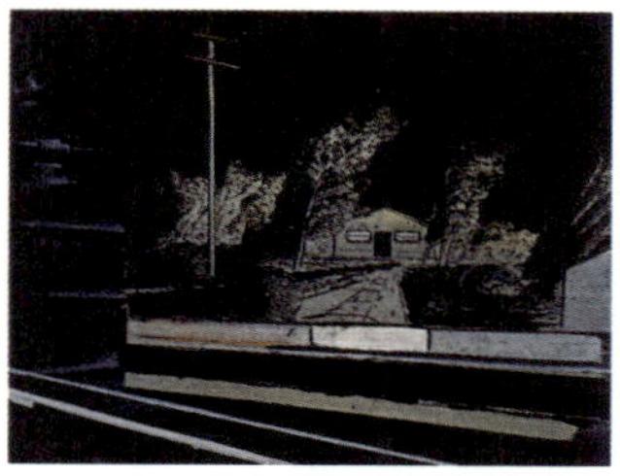

Garten im Sturm, 1997
45 x 60 cm
Öl auf Leinwand
oil on canvas
Privatsammlung
S./p. 109

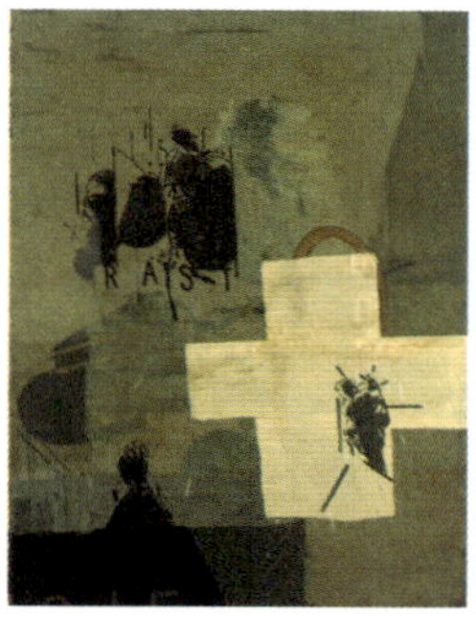

Rast, 1993
250 x 190 cm
Öl auf Leinwand
oil on canvas
Sammlung Essl, Inv. Nr. 5139
S./p. 113

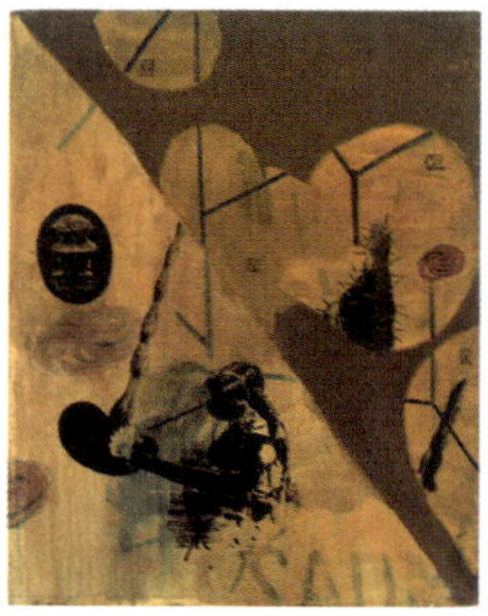

Saum, 1993
250 x 199 cm
Öl auf Leinwand
oil on canvas
Sammlung Essl, Inv. Nr. 5140
S./p. 73

Zeichnungen / Drawings

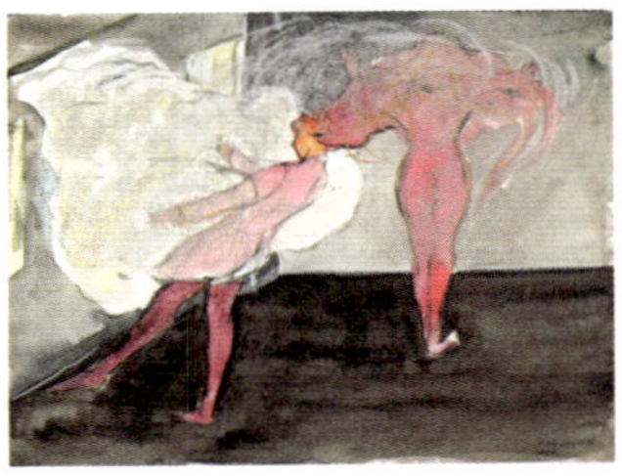

Duo, 2011
23 x 31 cm,
Aquarell und
Artist Pen auf Papier
watercolour and artist pen
on paper
S./p. 177

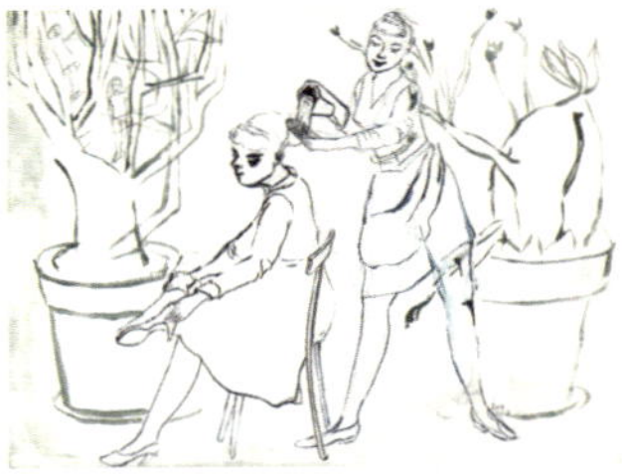

Bereicherung, 2010
23 x 31 cm
Aquarell, Bleistift
und Gesso auf Papier
watercolour, pencil and gesso
on paper
S./p. 174

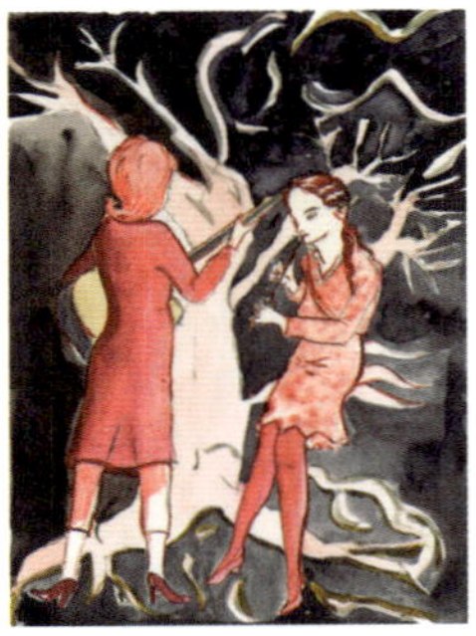

Duo, 2011
31 x 23 cm
Aquarell, Artist Pen und
Polychromos auf Papier
watercolour, artist pen and
polychromos on paper
S./p. 171

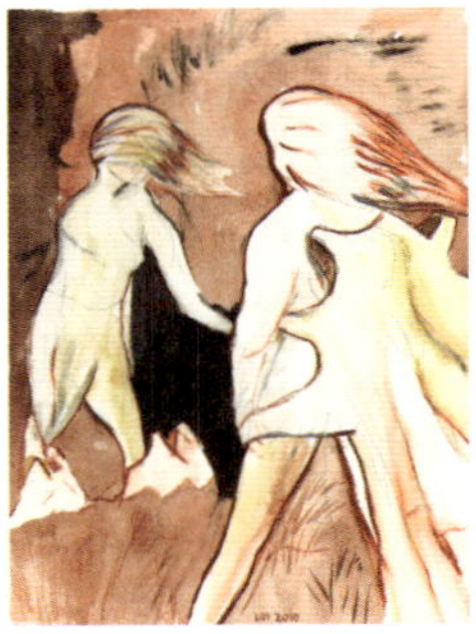

Lüftchen, 2010
31 x 23 cm
Aquarell und Bleistift
auf Papier
watercolour and pencil
on paper
S./p. 172

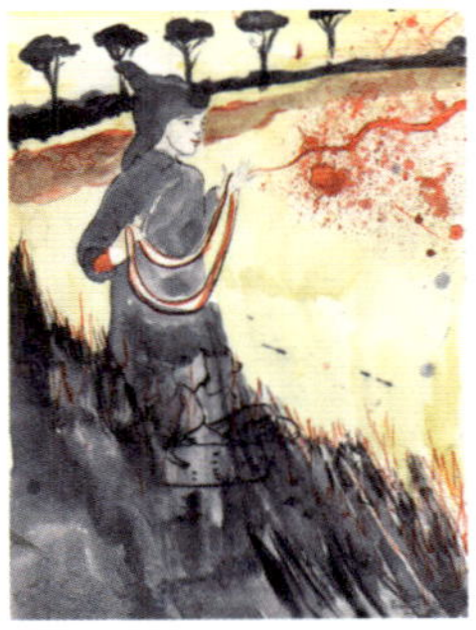

Feld, 2011
31 x 23 cm
Aquarell und Bleistift
auf Papier
watercolour and pencil
on paper
S./p. 170

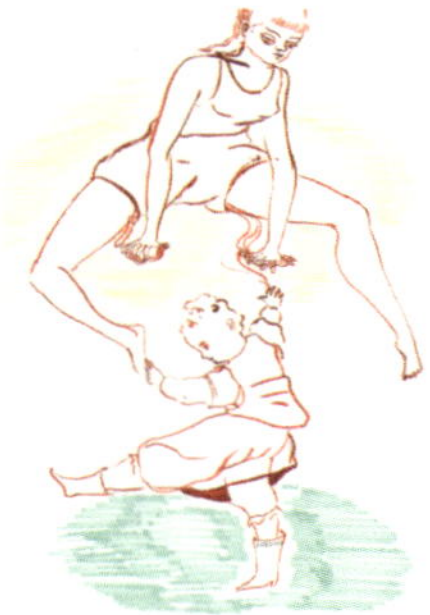

Neue Liga, 2010
31 x 23 cm
Aquarell, Bleistift und Artist
Pen auf Papier
watercolour, pencil and artist
pen on paper
S./p. 176

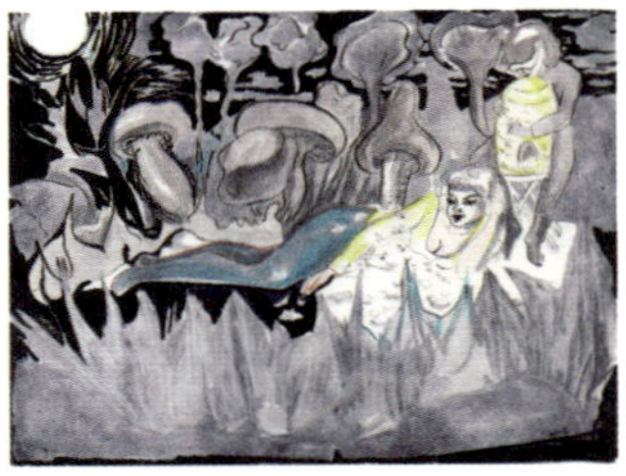

Früchte des Waldes, 2011
23 x 31 cm
Aquarell, Bleistift, Artist Pen
und Polychromos auf Papier
watercolour, pencil, artist pen
and polychromos on paper
S./p. 175

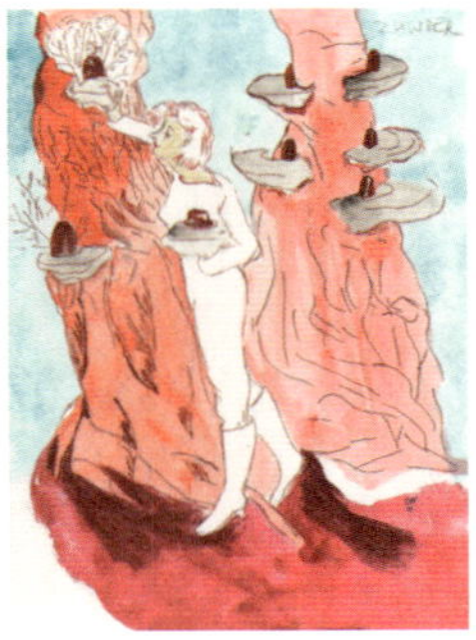

Zunder, 2010
31 x 23 cm
Aquarell und Artist
Pen auf Papier
watercolour and artist
pen on paper
S./p. 173

Neo Rauch

Zeichnungen / Drawings

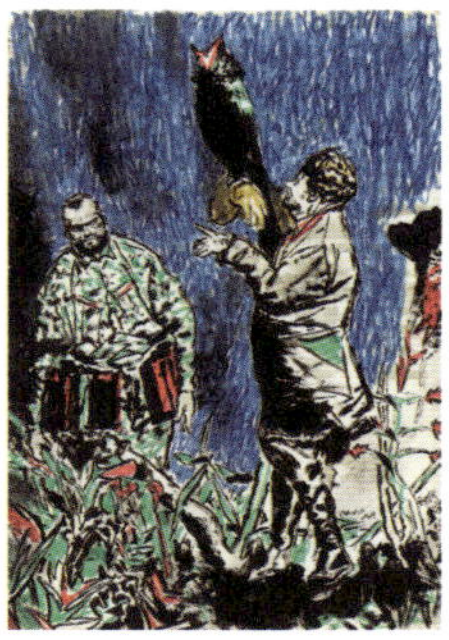

Beobachter, 2011
29,7 x 21 cm
Tuschezeichnung und
Tuschestift auf Papier
ink drawing and ink pen
on paper
Privatsammlung
S. / p. 181

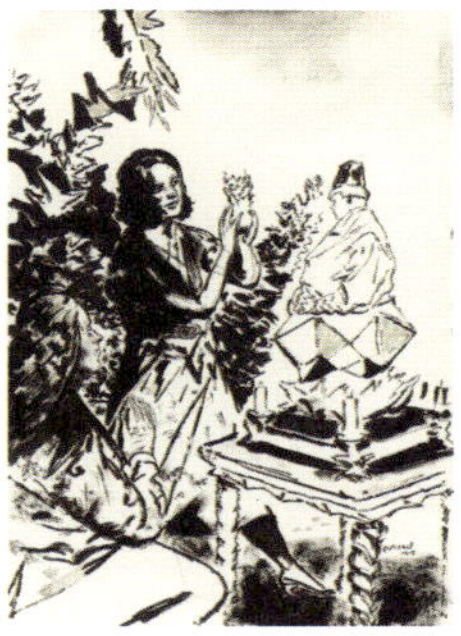

Buschgott, 2011
29,7 x 21 cm
Tuschezeichnung auf Papier
ink drawing on paper
Privatsammlung
S. / p. 184

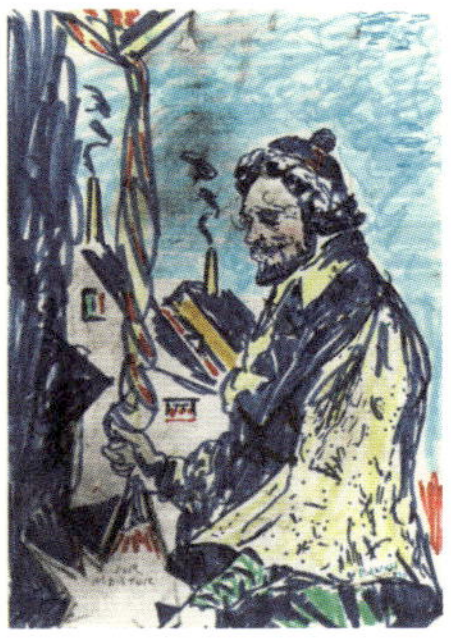

Der Meister, 2011
29,7 x 21 cm
Tuschezeichnung und
Tuschestift auf Papier
ink drawing and ink pen
on paper
Privatsammlung
S. / p. 183

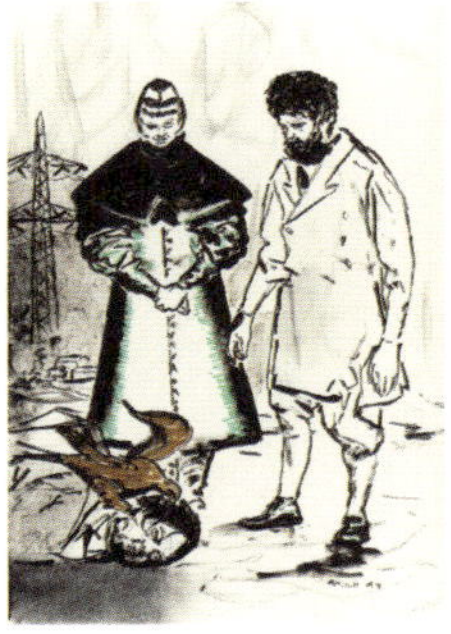

Falke, 2011
29,7 x 21 cm
Tuschezeichnung und
Tuschestift auf Papier
ink drawing and ink pen
on paper
Privatsammlung
S. / p. 182

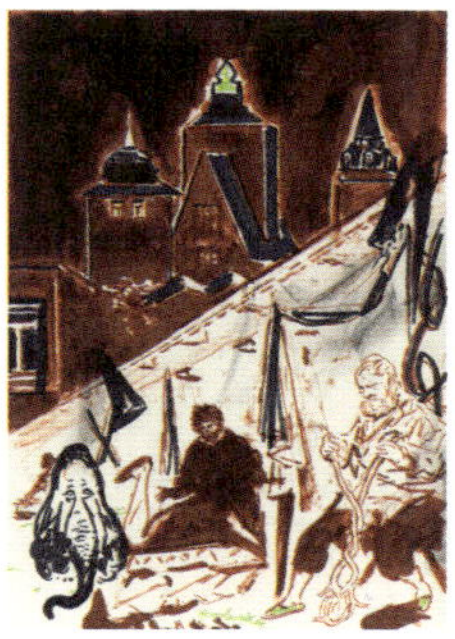

Handwerker, 2011
29,7 x 21 cm
Tuschezeichnung
auf Papier
ink drawing on paper
Privatsammlung
S. / p. 185

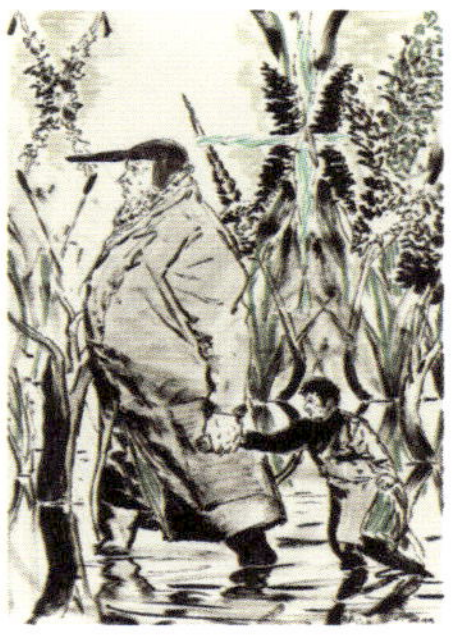

Im Röhricht, 2011
29,7 x 21 cm
Tuschezeichnung und
Tuschestift auf Papier
ink drawing and ink pen
on paper
Privatsammlung
S. / p. 180

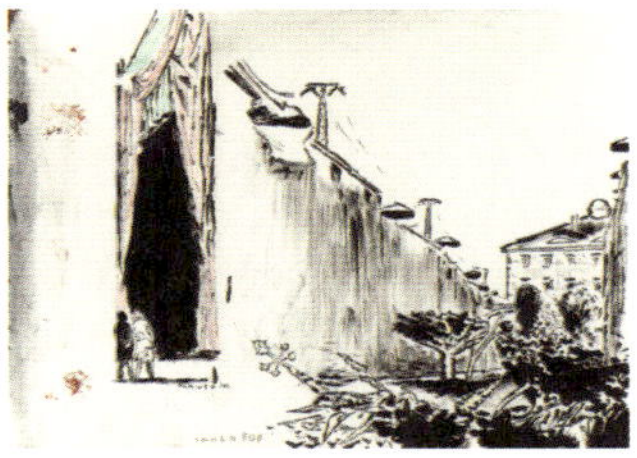

Innenhof, 2011
21 x 29,7 cm
Tuschezeichnung und
Tuschestift auf Papier
ink drawing and ink pen
on paper
Privatsammlung
S. / p. 178

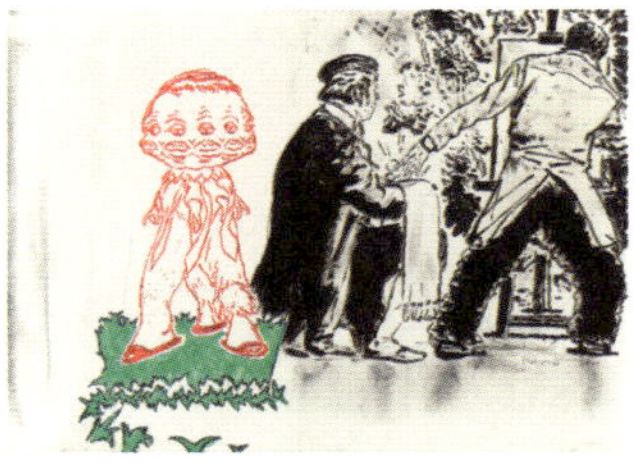

Wirrnis, 2011
21 x 29,7 cm
Tuschezeichnung und
Tuschestift auf Papier
ink drawing and ink pen
on paper
Privatsammlung
S. / p. 179

Biografie/Biography

Biografie

1958	geboren in Zwickau, Deutschland
1976-1985	Studium an der Humboldt Universität in Berlin, Diplom als Gartenbauingenieurin
1985-1990	Studium an der Hochschule für Grafik und Buchkunst Leipzig bei Professor Rolf Felix Müller
1990-1993	Meisterschülerin bei Professor Rolf Münzner

lebt und arbeitet in Leipzig

Biography

1958	born in Zwickau, Germany
1976-1985	studied at the Humboldt University in Berlin, degree in horticulture
1985-1990	studied at the Hochschule für Grafik und Buchkunst Leipzig in the class of Professor Rolf Felix Müller
1990-1993	Master Scholar in the class of Professor Rolf Münzner

lives and works in Leipzig

EINZELAUSSTELLUNGEN / SOLO EXHIBITIONS

(Auswahl / Selection)

2011 Rosa Loy und Neo Rauch. Hinter den Gärten, Essl Museum, Klosterneuburg/Wien, Österreich
Manna, Kunsthalle Gießen, Gießen, Deutschland
Blätterrauschen, Kunstkreis Aichwald e.V., Aichwald, Deutschland

2010 Das Auge sieht mit, Galerie Noah, Augsburg, Deutschland
Jelängerjelieber, mit Nadine Rüfenacht, Galerie Kleindienst, Leipzig, Deutschland

2009 Die geheime Bibliothek, Schlechtriem Brothers, Berlin, Deutschland

2008 Close to me, André Schlechtriem Contemporary, New York, USA

2007 Meine Kreise, Salon André Schlechtriem, New York, USA

2006 Galerie Wilma Tolksdorf, Berlin, Deutschland
Oldenburger Kunstverein, Oldenburg, Deutschland
9 Wege, David Zwirner, New York, USA

2005 Galerie Wilma Tolksdorf, Frankfurt am Main, Deutschland
Galerie der Stadtsparkasse Gütersloh, Woldemar-Winkler-Kunstpreis, Güthersloh, Deutschland

2004 Die Verbündeten, Kunstsammlungen der Städtischen Museen Zwickau, Zwickau, Deutschland
Galerie Kleindienst, Leipzig, Deutschland

2003 Galerie Wilma Tolksdorf, Frankfurt am Main, Deutschland
Die Verbündeten, Kunstsammlung Gera, Gera, Deutschland
Entwistle Gallery, London, UK

2002 Kunstförderpreis der Stadtwerke Halle und Leipzig, Kunstraum B / 2, Leipzig, Deutschland
Kunstverein der Stadt Backnang, Backnang, Deutschland
Entwistle Gallery, London, UK

1999 VEAG Förderpreis für Kunst, VEAG, Berlin, Deutschland

1998 Die Kur-Quelle für Gesundheit und Schönheit, Brühl 65, Leipzig, Deutschland
SPOT Number 5: A little bit of..., Freunde aktueller Kunst e.V., Zwickau, Deutschland

1997 Goldrausch Künstlerinnenstipendium, Berlin, Deutschland

1996 Hotel Leipziger Hof, Leipzig, Deutschland

1995 Bayerische Vereinsbank Leipzig, Leipzig, Deutschland
Jahresstipendium Künstlerförderung Leipzig e.V., Deutschland

1993 Frauenlos, Galerie Fiedler, Leipzig, Deutschland

GRUPPENAUSSTELLUNGEN / GROUP EXHIBITIONS
(Auswahl / Selection)

2011 Mrs Darlings Kiss, ARCH 402 Gallery, London, UK
2010 Quatro foglio, Papierarbeiten aus 4 Städten, Tapetenwerk Leipzig, Leipzig, Deutschland
Korso, Sammlung Philara, Düsseldorf, Deutschland
Die Nacht, Städtische Galerie Delmenhorst, Delmenhorst, Deutschland
Wiedereröffnung / Reopening Galerie Neue Meister, Albertinum, Staatliche Kunstsammlungen Dresden, Dresden, Deutschland
2009 Korso, Werkschauhalle, Leipzig, Deutschland
Trotz und Melancholie, City Art Museum, Helsinki, Finnland
Blattgold, Staatliche Kunstsammlungen Dresden, Dresden, Deutschland
2008 Galerie für Zeitgenössische Kunst, Leipzig, Deutschland
Carte Blanche II: Leipziger Volkszeitung, LVZ-Kunstpreis und Sammlung, Leipzig, Deutschland
2007 Eine Liebe, Max Klinger und die Folgen, Museum der bildenden Künste Leipzig, Leipzig, Deutschland
Made in Leipzig. Bilder aus einer Stadt, Sammlung Essl, Schloss Hartenfels, Torgau, Deutschland
2006 Cold Hearts. Artists from Leipzig, Arario Gallery, Peking, China
Made in Leipzig. Bilder aus einer Stadt, Sammlung Essl, Klosterneuburg/Wien, Österreich
Eine Frage (nach) der Geste, Oper Leipzig, Leipzig, Deutschland
2005 Schönheit der Malerei, Städtische Galerie Delmenhorst, Delmenhorst, Deutschland
David Zwirner, New York, USA
2004 Cold Hearts. Artists from Leipzig, Arario Gallery, Choongchungnam-do, Südkorea
New Leipzig School Painting, The Contemporary Museum, Baltimore, USA
EAST International 2004, Norwich Gallery, Norwich, UK
Happy Days are Here Again, David Zwirner, New York, USA
Fehlfarben, Galerie Neue Meister, Albertinum, Staatliche Kunstsammlungen Dresden, Dresden, Deutschland
Kunstpreis Energie. Die Preisträger 1992-2003, Vattenfall Europe, Cottbus, Deutschland
2003 Mittendrin. Werke im Dialog, Neuerwerbungen des Freistaates Sachsen, Kunstsammlungen Chemnitz, Chemnitz, Deutschland
2002 Wunschbilder, Museum der bildenden Künste Leipzig, Leipzig, Deutschland
2001 The Big ID, James Cohan Gallery, New York, USA
Intime Expeditionen, Goldrausch Projekt, Kunstverein Karlsruhe, Karlsruhe; Haus am Waldsee, Berlin, Deutschland
2000 Bildwechsel, Freunde aktueller Kunst e.V., Zwickau; Kunstsammlung Gera, Gera, Deutschland
Out of Kansas, Popular Bath, London, UK
1999 Visitez ma tente, Karl-Hofer-Gesellschaft, Bahnhof Westend, Berlin, Deutschland
Pictures to Pictures, Arnolfini, Bristol; Norwich Gallery, Norwich, UK
1998 Goldrausch 9, Marstall, Berlin, Deutschland
1997 Lust und Last, Germanisches Nationalmuseum, Nürnberg; Museum der bildenden Künste Leipzig, Leipzig, Deutschland
1996 Sake Bar, Galerie Wilfriede Maaß, Berlin, Deutschland
Junge Kunst, Overbeck-Gesellschaft, Lübeck, Deutschland
1995 Jyväskylä Winter Festival, Jyväskylä, Finnland
1994 Galerie im Depot, Leipzig, Deutschland

Biografie/Biography

Biografie

1960	geboren in Leipzig, Deutschland
1981 – 1986	Studium an der Hochschule für Grafik und Buchkunst Leipzig bei Professor Arno Rink
1986 – 1990	Meisterschüler an der Hochschule für Grafik und Buchkunst Leipzig
1993 – 1998	Assistent an der Hochschule für Grafik und Buchkunst Leipzig
2005 – 2009	Professur für Malerei an der Hochschule für Grafik und Buchkunst Leipzig
seit 2009	Honorarprofessur an der Hochschule für Grafik und Buchkunst Leipzig

lebt und arbeitet in Leipzig

Biography

1960	born in Leipzig, Germany
1981 – 1986	studied painting at the Hochschule für Grafik und Buchkunst Leipzig in the class of Professor Arno Rink
1986 – 1990	Master Scholar at the Hochschule für Grafik und Buchkunst Leipzig
1993 – 1998	Assistant at the Hochschule für Grafik und Buchkunst Leipzig
2005 – 2009	Professorship Painting at the Hochschule für Grafik und Buchkunst Leipzig
since 2009	Honorary Professorship at the Hochschule für Grafik und Buchkunst Leipzig

lives and works in Leipzig

ARBEITEN IM ÖFFENTLICHEN RAUM / PUBLIC ART

2007 Gestaltung der Fenster in der Elisabethkirche im Naumburger Dom, Naumburg, Deutschland
1999 Beitrag zur Gestaltung des Bundestagsgebäudes Paul-Löbe-Haus, Berlin, Deutschland

EINZELAUSSTELLUNGEN / SOLO EXHIBITIONS
(Auswahl / Selection)

2011 Rosa Loy und Neo Rauch: Hinter den Gärten, Essl Museum, Klosterneuburg/Wien, Österreich
Museum Frieder Burda, Baden-Baden, Deutschland
Begleiter – Mythos Realismus, Zacheta – National Gallery of Art, Warschau, Polen
2010 Begleiter, Museum der bildenden Künste Leipzig; Pinakothek der Moderne, München, Deutschland
Palais Beauharnais, Deutsche Botschaft Paris, Paris, Frankreich
2009 Schilfland, Galerie EIGEN + ART Berlin, Deutschland
2008 David Zwirner, New York, USA
2007 para, Max Ernst Museum Brühl, Deutschland
para, Metropolitan Museum of Art, New York, USA
Neue Rollen, Rudolfinum, Prag, Tschechien
2006 Neue Rollen. Bilder 1993 bis heute, Kunstmuseum Wolfsburg, Wolfsburg, Deutschland
Der Zeitraum, Galerie EIGEN + ART Leipzig, Deutschland
2005 Centro de Arte Contemporaneo, Malaga, Spanien
Sammlung der Leipziger Volkszeitung, Honolulu Academy of Arts, Honolulu, USA
2004 Neo Rauch - Arbeiten auf Papier 2003 – 2004, Albertina Wien, Wien, Österreich
2003 Currents, The Saint Louis Art Museum, Saint Louis, USA
2002 Neo Rauch - The Vincent 2002, Bonnefanten Museum, Maastricht, Niederlande
2001 Neo Rauch - Deusche Bank Collection, Deutsche Guggenheim, Berlin, Deutschland
2000 Randgebiet, Galerie für Zeitgenössische Kunst, Leipzig, Deutschland;
Haus der Kunst, München, Deutschland; Kunsthalle Zürich, Zürich, Schweiz
David Zwirner, New York, USA
1997 Kunstpreis der Leipziger Volkszeitung, Museum der bildenden Künste Leipzig, Leipzig, Deutschland
1993 Galerie EIGEN + ART Leipzig, Deutschland

GRUPPENAUSSTELLUNGEN / GROUP EXHIBITIONS

(Auswahl / Selection)

2011 4. Moscow Biennale of Contemporary Art, Moskau, Russland
Kompass – Zeichnungen aus dem MoMA New York, Martin-Gropius-Bau, Berlin, Deutschland
Things are Queer. Highlights der Sammlung UniCredit, Marta Herford, Herford, Deutschland
Ordinary Madness, Carnegie Museum of Art, Pittsburgh, USA
Lebenslinien - Stationen einer Sammlung, Museum Frieder Burda, Baden-Baden, Deutschland
strictly global, Deutsche Bank Group Head Office, Frankurt am Main, Deutschland
Glasmalerei der Moderne, Badisches Landesmuseum, Karlsruhe, Deutschland

2010 Das versprochene Land, Albertinum Dresden, Dresden, Deutschland
German Contemporary Painting. MASP - Museu de Arte de São Paulo, São Paulo, Brasilien
Die Bilder tun was mit mir ... Einblicke in die Sammlung Frieder Burda, Museum Frieder Burda, Baden-Baden, Deutschland
Galerie EIGEN + ART Leipzig, Deutschland
Luc Tuymans: Blick auf Zentraleuropa, Brugge Centraal, Brugge, Belgien

2009 Bilderträume. Die Sammlung Ulla und Heiner Pietzsch, Neue Nationalgalerie, Berlin, Deutschland
Realismus in Leipzig, Drents Museum, Assen, Niederlande
60 Jahre 60 Werke. Kunst aus der Bundesrepublik Deutschland 1949-2009, Martin-Gropius-Bau, Berlin, Deutschland

2008 Life After Death: New Paintings from the Rubell Family Collection, MASS MoCA, North Adams,USA; SITE Santa Fe, New Mexico, USA; Katzen Arts Center Museum, Washington D.C., USA; Frye Art Museum, Seattle, USA; Salt Lake Art Center, Salt Lake City, Utah, USA; Kemper Museum of Contemporary Art, Kansas City, USA
Living Landscapes. A Journey through German Art, National Art Museum of China, Peking, China

2007 Visit(e). Werke aus der Sammlung zeitgenössischer Kunst der Bundesrepublik Deutschland, Palast der Schönen Künste, ING-Kulturzentrum am Kunstberg, Brüssel, Belgien
The Present - Acquisition Monique Zajfen, Stedeliijk Museum Amsterdam, Amsterdam, Niederlande

2006 Made in Leipzig. Bilder aus einer Stadt, Essl Museum, Klosterneuburg/Wien, Österreich
Tokyo Blossoms. Deutsche Bank Collection Meets Zaha Hadid, Hara Museum of Contemporary Art, Tokio, Japan
After Cézanne, The Museum of Contemporary Art, Los Angeles, USA

2005 Generation X. Junge Kunst aus der Sammlung, Kunstmuseum Wolfsburg, Wolfsburg, Deutschland
Contemporary Voices: Works from the UBS Art Collection, Museum of Modern Art, New York, USA
Gegenwärtig: Geschichtenerzähler, Kunsthalle Hamburg, Hamburg, Deutschland

2004 Not Afraid, Rubell Family Collection, Miami, USA
Aus deutscher Sicht, Meisterwerke aus der Sammlung Deutsche Bank, Staatliches Puschkin-Museum für bildende Künste, Moskau, Russland
Territorio Livre - 26th Bienal de São Paulo, São Paulo, Brasilien

2003 Die Erfindung der Vergangenheit, Pinakothek der Moderne, München, Deutschland
OUTLOOK, International Art Exhibition Athens, Athen, Griechenland

2002 Cher Peintre, peins-moi/ Lieber Maler, male mir/ Dear Painter, Paint Me, Schirn Kunsthalle, Frankfurt am Main, Deutschland; Centre Georges Pompidou, Paris, Frankreich; Kunsthalle Wien, Wien, Österreich
Eight Propositions in Contemporary Drawing, Museum of Modern Art, New York, USA

2001 Plateau of Mankind. La Biennale di Venezia, Venedig, Italien

Copyrights & Fotonachweis **Copyrights & Photo Credits**

COPYRIGHTS DER ABGEBILDETEN WERKE
COPYRIGHTS OF THE ILLUSTRATED WORKS

Alle Arbeiten von / All works by Rosa Loy
courtesy Galerie Kleindienst, Leipzig und Michael Kohn Gallery, Los Angeles
© VG Bild-Kunst, Bonn, 2011

Alle Arbeiten von / All works by Neo Rauch
courtesy Galerie EIGEN + ART Leipzig/Berlin und David Zwirner, New York
www.eigen-art.com
© VG Bild-Kunst, Bonn, 2011

FOTONACHWEIS DER WERKE
PHOTO CREDITS OF THE WORKS

Sofern nicht anders angegeben / unless otherwise noted:
Uwe Walter, Berlin

Barbara Klemm, Frankfurt am Main: S. / p. 5
Mischa Nawrata, Wien: S. / p. 83, 87
Uwe Walter, Berlin; courtesy Galerie EIGEN + ART Leipzig/Berlin und David Zwirner, New York: S. / p. 115 – 117, 123, 178 – 185
Uwe Walter, Berlin; courtesy Galerie Kleindienst, Leipzig: S. / p. 51

Impressum / Imprint

ESSL MUSEUM
KUNST DER GEGENWART
AN DER DONAU-AU 1
A-3400 KLOSTERNEUBURG / WIEN

T:+43 (0)2243 37050 – 150
F:+43 (0)2243 37050 – 22
info@essl.museum
www.essl.museum

AUSSTELLUNG / EXHIBITION

Kurator / Curator Rosa Loy und Neo Rauch in Zusamenarbeit mit / in collaboration with Günther Oberhollenzer
Ausstellungsorganisation / Exhibition organized by
Günther Oberhollenzer, Elke Hannemann
(Galerie EIGEN + ART Leipzig / Berlin)
Organisatorische Assistenz / Organizational assistance
Stephanie Damianitsch
Öffentlichkeitsarbeit / Public relations
Erwin Uhrmann, Regina Holler-Strobl
Marketing Barbara Royc, Lisa Grünwald, Katharina Unger, Regina Stierschneider
Ausstellungslogistik / Exhibition logistics
Leone Strizik, Bernhard Gollner
Aufbau-Technik / Exhibition installation
Bernhard Gollner, Clemens Drabek,
Andreas Rottenschlager, Stefan Schuster
Restauratorische Betreuung / In charge of conservation
Ute Kannengießer, Magdalena Duftner
Office Management Andrea Wintoniak
Kunstvermittlung / Educational program
Karin Altmann, Lucie Binder-Sabha, Andreas Hoffer, Markus Hübl, Mela Maresch, Maria-Theresia Moritz, Adelheid Sonderegger, Anton Sutterlüty

KATALOG / CATALOGUE

Katalogredaktion / Editorial staff
Günther Oberhollenzer, Corinna Wolfien (Galerie EIGEN+ART Leipzig/Berlin), Stephanie Damianitsch, Anna Szöke
Archives & Copyrights Ines Ratz, Renate Claudi, Eva Köhler
Grafik / Graphic design
Rosa Loy, Neo Rauch, Christian Sageder
Druck / Printer Holzhausen, Wien
Autoren / Authors Tilo Baumgärtel, Karlheinz Essl, Rosa Loy, Neo Rauch, Günther Oberhollenzer, Bernhart Schwenk
Lektorat / Proof reading Birgit Trinker
Übersetzung / Translation Susanne Watzek

Prestel Verlag, Munich
A member of Verlagsgruppe Random House GmbH

Prestel Verlag
Neumarkter Strasse 28, 81673 Munich
Tel. +49 (0)89 4136-0 • Fax +49 (0)89 4136-2335
www.prestel.de

Prestel Publishing Ltd.
4 Bloomsbury Place, London WC1A 2QA
Tel. +44 (0)20 7323-5004 • Fax +44 (0)20 7636-8004

Prestel Publishing
900 Broadway, Suite 603, New York, NY 10003
Tel. +1 (212) 995-2720 • Fax +1 (212) 995-2733
www.prestel.com

Prestel books are available worldwide. Please contact your nearest bookseller or one of the above addresses for information concerning your local distributor.

Die Deutsche Nationalbibliothek verzeichnet diese Publikation in der Deutschen Nationalbibliografie; detaillierte bibliografische Daten sind im Internet abrufbar unter:
The Deutsche Bibliothek holds a record of this publication in the Deutsche Nationalbibliografie; detailed bibliographical data can be found under:
http://dnb.d-nb.de

The Library of Congress Cataloguing-in-Publication data is available. British Library Cataloguing-in-Publication Data: a catalogue record for this book is available from the British Library.

ISBN 978-3-7913-5142-1

Schrift / Font MrsEaves gestaltet von/designed by Zuzana Licko
Papier / Paper Hello silk & Cordier (Schleipen) Fly®

Dieser Katalog erscheint anlässlich der Ausstellung
This catalogue is published on the occasion of the exhibition
Rosa Loy ⇝ Neo Rauch
Hinter den Gärten
02.09. – 16.11.2011

Danksagungen

Acknowledgements

Wir danken / We would like to thank

den Künstlern / the artists

Rosa Loy
Neo Rauch

Weiters möchten wir danken / further we would like to thank

Galerie EIGEN + ART Leipzig / Berlin
Gerd Harry Lybke, Elke Hannemann, Corinna Wolfien

Galerie Kleindienst, Leipzig
Michael Kohn Gallery, Los Angeles
David Zwirner, New York

den Autoren / the authors

Bernhart Schwenk
Tilo Baumgärtel

allen öffentlichen und privaten Leihgebern / all public and privat lenders

allen Mitarbeiterinnen und Mitarbeitern des Essl Museums, die an diesem Projekt mitgewirkt haben / all employees from the Essl Museum, who have participated in this project